# 答えのない世界を生きる

小坂井敏晶

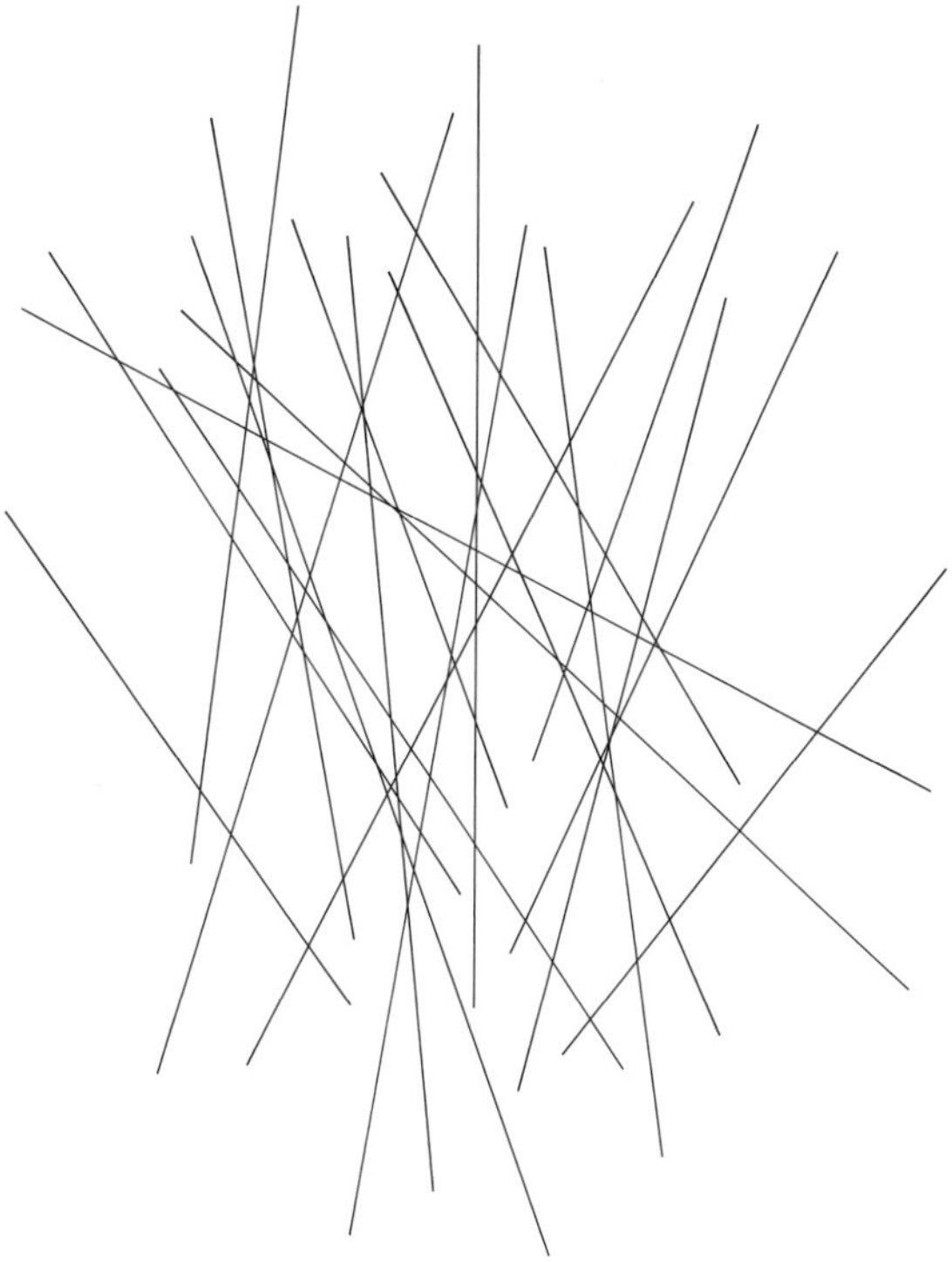

本書は、二〇〇三年五月に現代書館より刊行された
『異邦人のまなざし 在パリ社会心理学者の遊学記』を改題し、
大幅に加筆・修正しました

# はじめに

世界から答えが消え去った。「答えのない世界」とは近代のことである。

臓器移植・人工授精・代理母出産・人工子宮・遺伝子治療・人工多能性幹細胞（ｉＰＳ細胞）など、生物科学や医学の発展と共に、過去には不可能だった、あるいは想像さえされなかった技術を人類は手に入れようとしている。それらは近代精神が成し遂げた偉業だろう。しかし、神は存在せず、善悪は自分たちが決めるのだと悟った人間はパンドラの箱を開けてしまった。生命倫理の分野だけでなく、同性結婚・性別適合手術・近親相姦などの是非を判断する上で、近代以前であれば、聖書などの経典に依拠すれば済んだ。あるいはその解釈だけで事足りた。だが、〈正しさ〉を定める源泉は、もはや失われた。どんなに考え抜いても、人間が決める以上、その先に待つのが〈正しい世界〉である保証はない。無根拠から人間は出発するしかない。どうするのか。これが本書の問いである。

私はパリの大学で社会心理学を教えている。フランスに住む前にもヨーロッパ・中近東・アジアの各地を旅したり、技術通訳として北アフリカのアルジェリアに滞在した。還暦を迎えた私は人生の三分の二近くを外国で過ごした計算になる。家庭環境からも関心からも、フランスと私に接点はなかった。ところが不思議な偶然がいくつも重なり、想像しなかった歩みを辿っていった。ほんの小さな偶然が人の一生を左右する現実に幾度も驚かされてきた。そんな軌跡を綴りながら、異文化の中で私が考えたり感じたことを語ろう。

外国生活にはどんな意義があるのだろうか。自分の生まれ育った土地を離れ、異なる世界観を持つ人々と一緒に暮らすことで何が得られるのか。逆に何を失うのか。あるいはそのような損得勘定で考えること自体がまちがいではないか。

紆余曲折を経た後にたどり着いたフランスの学問界に対して、私は三重の意味で異邦人の位置にいる。第一に母語も文化も異なる環境に生まれ育った外国人として、フランス人とは発想の仕方が違う。第二に普通の大学ではなく、社会科学高等研究院で学際的な研究姿勢を身につけたために、社会心理学に従事する同僚と視点をかなり異にする。そして第三に、そもそも学問が私にとって異質な世界であり、私は学者になるタイプではなかった。以上三つの理由から、フランスの学問界で異邦人として、よそ者の立場から思索を紡いできた。

遠くから眺めるか近づいて凝視するかによって、世界は異なる姿を現す。外から見るか内から見るかで、同じ対象も違う意味を持つ。だから外国人の著す日本論や、海外に住む日本人の体験には意義があるだろう。しかし私がここで語りたいことは、それとは違う。異邦人という位置は外部にあるのでも内部にあるのでもない。遠くにあると同時に近いところ、そんな境界的視野に現れる世界を描いてゆこう。

本書は、二〇〇三年に現代書館から上梓した『異邦人のまなざし　在パリ社会心理学者の遊学記』の改訂版である。出版から一五年近く経ち、学問や大学に対する私の思いは少なからず変化した。新たに考えたことを加筆し、私のフランス生活を再び反省してみた。そして自伝的性格の強かった原著の内容を一般化して、考えるための道しるべとして書き直した。異邦人や少数派が果たす役割をより掘り下げ、開かれた社会の意味を考察する。それに伴い、タイトルを『答えのない世界を生きる』に変更した。大幅に書き直したので、原著の面影はほとんど残っていない。現代書館版を読んだ人にも新たな本として手にとっていただけると思う。

本書の構成を簡単に紹介しておく。第一部では、自分の頭で考えることの意味について議論する。その端緒として、勉強とは知識の蓄積であるという常識を第一章で崩す。知識を増やすのではない。壊すことの方が大切だ。慣れた思考枠を見直すのである。問いとは何か。新たな角度から考える上で矛盾が果たす役割を明らかにしよう。

常識を崩した後に、知識をどう再構成するか。第二章は、その構築プロセスに光を当てる。その際に重要な機能を担うのが型《パタン》である。そして変化や断絶を生む契機について考えよう。高校生にも読んでもらえるよう、平易な記述を心がけたが、この章では、今までに私が発表した考察の論理構造や背景を解析するので、他の章に比べると少し難しいかも知れない。

第三章では大学に視点を移し、人文・社会科学の意義について議論する。自分の頭で考えることの重要性をここでも取り上げる。そのために大学は役に立つのか。文科系学部を縮小・廃止する動きが顕著になってきた。その傾向に警鐘を鳴らし、人文学を守れと反発する識者も少なくない。

「理科系と違い、短期的な経済効果を見込めない文科系も、長期的展望に立てば、経済効果を持つ」

という主張がある。あるいは

「技術やノウハウを教える専門学校とは異なり、価値を創造する場である大学に実利など必要ない」

という意見もある。本書の立場はどちらとも違う。経済効果や価値を重視する見解は原理的な誤りを犯している。正しいとは何を意味するのか。そこから考え直す必要がある。

最初二章の内容は前著『社会心理学講義』（筑摩選書、二〇一三年）と部分的に重複している。考えるためのヒントというテーマが共通するので、繰り返しを避けられなかった。新しい材料を多く追加したし、練り直した論点も少なくない。だが、基本的な議論は削れない。

重複の理由は、私にとって書く意味にもつながっている。本書の叙述が進むにつれて明らかになるが、私は今までずっと一つのことしか追ってこなかった。異文化受容・集団同一性・自由・責任・裁判・正義・宗教・迷信・イデオロギーなど、具体的テーマは変遷しても、その核になる視点はずっと一貫している。そのため、最低限の論点を確認せずには先に進めない。特に、常識に反する主張を頻繁にする私の場合、前提を明確にしておかないと誤読を誘ってしまう。それまでに上梓した拙著全体を読者すべてが知っているわけではないので、不可欠な基礎的事項は繰り返さざるをえない。新しい材料に替えるべく努力はしたが、私の知識や能力では無理な場合が少なくなかった。読者の理解を乞う。

第一部で示す考えに至った背景を第二部で明らかにする。自らの実存に無関係なテーマで人文学の研究はできない。どう学び、考えるか。それは生きる姿勢を問い糺すことに他ならない。第四章では先ず、私が日本を離れ、アルジェリア滞在を経てフランスに定住するまでの道程を綴る。平凡な若者が様々な偶然や困難に出逢い、そのつど真摯に立ち向かってきた。参考書やハウツー本が教えるノウハウには限界がある。学問は頭だけでするのではない。身体の声、魂の叫びが背景にある。

第五章では、私がフランスで学び、大学に就職した経緯を辿る。入学試験どころか、授業も進級試験もない、社会科学高等研究院という風変わりな学校で私は一〇年間学んだ。指導教官と相談しながら論文を書くだけの時間。このような自由は何を意味するのか。そもそも大学は何を学生に教えるのか。フランスと日本の大学はどこが違うのか。学位の内情を明らかにするとともに、フランスの大学制度や教員への就職事情を分析しよう。

第六章では、私が学問界の周辺に留まった事情に触れながらも、私個人の枠を超えて少数派の存在意義を問い直す。頭だけでは考えられないし、学べない。考えるとは、学ぶとは、感情に抗いながら身体全体を投入する運動である。グローバル人材や国際人がしばしば評価される。だが、それは情報の蓄積に価値を置く常識の踏襲にすぎない。そこがすでに誤りの元である。加算的アプローチでは思考枠を壊せない。逆に、慣れた情報や考え方を疑問視する引き算に注目しよう。そこに異邦人の役割がある。
終章では異邦人の葛藤に的を絞る。日本人は明治以降、ずっと西洋を手本にしてきた。今も比較の対象は欧米だ。そこでも加算的発想に囚われている。私はこの現象を〈名誉白人症候群〉と呼んできた。各分野に老舗があり、それを目指して追いつき追い越せという、主流追従の姿勢である。どうしたら二番煎じのアプローチを脱して、自分自身を取り戻せるのか。周辺性・少数派性の意義を正面から見つめ、異質性という埋もれた金脈を掘り起こそう。

「答えのない世界に生きる」

これは、混沌とする社会に生きながらも答えを探せというメッセージではない。
画一的で個性がないとは、日本人自身が繰り返し反省してきた自己像だ。そして、その反動として異端が称揚される。異端を勧める本が巷に溢れる。だが、その異端とは何なのか。犯罪者や精神障害者を含む、すべての逸脱者を肯定する覚悟があるのか。

小さい花や大きな花
一つとして同じものはないから
NO.1にならなくてもいい
もともと特別なOnly one

ＳＭＡＰの歌、『世界に一つだけの花』（作詞作曲・槇原敬之）の最後に出てくる有名なフレーズだ。この考えを甘いとか、自己満足だと笑うこともできる。しかし、ここに大切なものが隠れていると私は思う。異端を勧める本が認めるのは、独創性としてすでに受け入れられた価値観にすぎない。このような馴致された異端を持ち上げても何も変わらない。常識をなぞっているだけだ。

日本人の画一性の原因は、よく言われるような主体性の欠如ではない。移り変わりが激しい流行も、単に他人を模倣するのではなく、本当に素敵だと感じるから、自主的に取り入れているのだろう。だが、同じ〈良いもの〉に皆が引きつけられ、結局、社会全体が均一化してしまう。異端の称揚も根は同じだ。だから、「独創」的な生き方を皆が真似をし、「独創」的な人間が街を埋め尽くす。

「正しい世界に近づこう」

「社会を少しでも良くしたい」

この常識がそもそも問題だ。善意の蔭に潜む罠を暴こう。

「地獄への道は善意で敷き詰められている」

敵は我々自身だ。

# 目次

装丁　太田徹也

# 第一部
# 考えるための道しるべ

# 第一章

# 知識とは何か

常識の疑問視から思索の第一歩が始まる。だが、これが極めて難しい。フランスで私が学んだ最も大切なことは知識でも知恵でもない。人間の世界に答えはない。だから、常識を疑う異邦人の意義がある。この章では、我々の眼を覆う常識の罠を分析しよう。知識の蓄積が理解を深めるという考えがそもそも誤りだ。多くの本は情報、つまり答えを提示する。しかし、そのアプローチこそが我々の眼を曇らせる。

「変われば変わるほど、元のまま」

フランスの諺だ。変化がシステムの内部に留まる限り、システム自体は変化しない。思考枠を覆すためには、どうしたら良いのだろうか。

## 知識が思考の邪魔をする

空の箱にモノを詰めるイメージで知識の獲得は捉えられない。記憶と呼ばれる、この箱には様々な要素がすでに詰まっている。何らかの論理にしたがって整理された情報群の中に新たな要素を追加する状況を想像しよう。そのままでは余分の空間がないから、既存の情報を並べ替えたり、一部の知識を捨てなければ、新しい要素は箱に詰め込めない。

不可能だと思われていたリンゴの無農薬・無肥料栽培に成功した人がいる（石川拓治『奇跡のリンゴ』、幻冬舎、二〇〇八年）。ＮＨＫのテレビ番組で紹介され、後ほど映画にもなった有名な話だ。

木村が過ごした苦労の年月は、結局のところ自分の心でリンゴの木と向かい合えるようになるために必要な時間だったのかもしれない。

木村が「バカになればいい」と言ったのは、そのことだ。

人が生きていくために、経験や知識は欠かせない。何かをなすためには、経験や知識を積み重ねる必要がある。だから経験や知識のない人を、世の中ではバカと言う。けれど人が真に新しい何かに挑むとき、最大の壁になるのはしばしばその経験や知識なのだ。

木村はひとつ失敗をするたびに、ひとつの常識を捨てた。１００も１０００もの失敗を重ねて、ようやく自分が経験や知識など何の役にも立たない世界に挑んでいることを知った。そうして初めて、無垢の心でリンゴの木を眺めることが出来るようになったのだ。

赤ん坊は無知な状態で、この世に生まれる。だが、驚く速さで新しい情報を消化してゆく。年をとるにしたがって構造化される記憶が嬰児にまだ備わっていないからだ。外国語は幼少のうちに学ばなければ、大人になってから努力しても発音や文法の誤りを完全には矯正できない。母語固有の構造ができあがり、他の言語を受けつけなくなるからである。

知識の欠如が問題なのではない。反対に知識の過剰が理解の邪魔をする。第三世界への技術導入がしばしば失敗に終わるのは、低開発国の住民に知識が不足しているからではない。反対に、導入される異文化要素と互換性を持たない知恵があるからだ。

伝染病防止を目的として、生水を飲む習慣を止めさせるようペルーの農村で衛生指導が図られた（E. M. Rogers, *Communication of Innovations: A Cross-cultural Approach*, 5th ed. ［1st edition: 1962］, The Free Press, 2003）。およそ二〇〇世帯を対象に二年間にわたり根気強く指導がなされたが、水を煮沸するようになったのは、わずか一一家族にすぎない。失敗の原因は何だったのか。

この村の人々は、すべての飲食物を「熱いもの」と「冷たいもの」に分ける。ただし両者は、実際の温度によって区別されるのではない。「冷たいもの」とは、〈冷たさ〉を内包する飲食物のことであり、反対に〈冷たさ〉を含まない飲食物が「熱い」と形容される。豚肉や生水は「冷たい」食物であり、アルコールは「熱い」飲み物だ。

「熱い」「冷たい」という状態を熱量の多寡として我々は理解する。この村の人々は反対に、〈冷たさ〉の含有度を基に食品を分類する。だが、この村人を無知だと笑う資格は我々にない。熱とは分子の運動状態（平均運動エネルギー）であり、熱という要素が含まれているわけではない。

健康な人は「冷たいもの」を摂取できるが、病人は「冷たいもの」を口にしてはならない。食事の際に病人は、〈冷たさ〉を取り除くために火を加える。したがって火を使って調理する人は何らかの病気に冒されているはずだ。健康な人が水を煮沸してはいけない。道理に合わない行動は許されない。

衛生指導を村人が受け入れなかったのは無知のためではなかった。煮沸消毒と相容れない世界観を持つからである。食事の時に水を煮沸するようになった一一世帯のうち、一〇家庭が病人を抱えていた。そして残りの一世帯は外国出身者であり、食事観念が異なっていた。つまり衛生指導に理解を示したわけではなかった。水の煮沸を拒んだ女性が反論する。

「細菌が病気を起こすと言うが、そんなものがどこにいるのか。人間でさえ溺れてしまう水の中に生きているなら、細菌とは魚のことなのか。眼に見えないほど小さい細菌が、比べようもなく大きな人間に、どうして害を与えられるのか」

確かに論理的な疑問である。

もう一つ例を出そう。今度は自然科学のケースだ。専門知識を持たないおかげで、イギリスの科学者マイケル・ファラデーはニュートン理論の不備に気がついた。複数の離れた物体が何らの媒介もなく、相互作用を瞬時に及ぼす遠隔作用の概念は不条理であり、物理学では斥けられてきた。手品でないのだから、離れた物体が引き合うはずがない。ところがニュートンの万有引力は、まさしくその不思議な力にほかならない。万有引力の非論理性をニュートン自身承知していて、ベントレー卿に宛てた書簡で語った（A. Koestler, *The Sleepwalkers,* Macmillan, 1959）。

非物質的な他の媒介を経ずして、また相互接触なしに、無生命の単なる物質が他の物質に作用を及ぼすとは考えられない。［……］だからア・プリオリな引力概念を私が提唱したとは絶対に思わないで欲しい。内在的な引力が物質に存在し、物体が真空中で媒介なしに他の物体に作用するなどとは、あまりにも馬鹿げている。

不条理な説明原理に依拠するにもかかわらず、ニュートン理論はおよそ二〇〇年の長きにわたって維持された。天体運動の理論値と観察値が見事に一致したために、理論の根本部分に後代の天文学者が疑問を挟まなかったからだ。ところが独学のファラデーは違った。一八五〇年代になって、ニュートン力学の弱点に鋭い批判を投じる。物理学者としての専門教育を受けず、数学を知らない門外漢だからこそ、問題の重要性に気づいたのだった。遠隔作用というオカルト的説明をしりぞけ、複数の物体の関係を近接作用で説明する道をファラデーは開く。その後、マクスウェルが場の理論として発展させた。

こんなジョークがある。垣根に小さな穴が空いていて、そこから牛が尻尾を出して振っている。それを見た物理学の教授は真剣に悩み出した。

「どうやって牛は、あの小さな穴を通り抜けて垣根の向こうに行ったのだろう」

普通に考えれば何でもないのに専門家はかえって知識が邪魔して、ものが見えなくなる。

二〇〇二年にノーベル化学賞を受賞した田中耕一氏。彼は大学に所属する研究者ではない。在学中には化学とは別の電気工学を専攻し、大学院にも行ってなければ、博士号も持ってない。化学の素人だからこそ、専門家が不可能だと諦めていた高分子の質量計測法に挑戦した。

「専門知識や高い学歴がないおかげで、常識にとらわれないユニークな発見ができた」

と当人も言う。

〈新しいもの〉は〈古いもの〉から生まれてくる。ほんの少しの修正や、ずれにすぎないのに、それがシステム内部での変化に留まらず、暗黙に依拠する思考枠の再検討を通してシステム自体の変貌へと導く。その時、新しいと我々は感ずる。

労働の価値と労働力の価値とを弁別して、資本主義における剰余価値搾取のメカニズムをマルクスは明らかにした。そこで依拠したのはアダム・スミスなど彼以前の思想家が練り上げた労働価値説である。あるいは

「直線の外部の一点を通る平行線は一本だけ存在する」

というユークリッド第五公理の「単なる」否定からロバチェフスキーやボーヤイ、そしてリーマンの新しい幾何学が構築された。いわゆる非ユークリッド幾何学の誕生だ。平行線が二本以上可能という前提

からロバチェフスキーとボーヤイは出発し、逆に、平行線が一本も存在しないという仮定からリーマンは理論を構築した。非連続性は連続性の懐から滲み出てくる。新発見の源は、過去の遺産の周辺部にすでに潜む。

私が他の学者よりも遠くを展望できたとしたら、それは私の先達たる巨人たちの肩に乗っかっていたからである。

ニュートンの有名な言葉だ。既存の知見との連続性をアインシュタインも強調する。先行理論を純化し、その本質をさらに推し進めた「だけ」である（A. Einstein, *Comment je vois le monde*, Flammarion, 1979）。

理論を観測事実に可能な限り合致させるために相対性理論が生まれた。相対性理論を革新的だと考える必要はない。数世紀も前からずっと続く路線の自然な成り行きである。

既存の知識体系から、どう距離を取るか。誰も疑問視しなかった前提の訝しさに、どうしたら気づくか。ノイズと見なされ、忘れられていた要素に、新たな光をどのように当てるか。そこに鍵がある。

## 当たり前なことほど難しい

アイデアが閃く時の典型的パタンとして、フランスの数学者アンリ・ポアンカレは次の逸話を紹介する（J. Hadamard, *Essai sur la psychologie de l'invention dans le domaine mathématique, suivis de H. Poincaré, L'invention mathématique*, Jacques Gabay, 1993［1ère édition, 1975］）。数学の問題を長い間考えていたが、どうしても解けない。疲れたので諦めて、友人と郊外へ遊びに出かけた。その間、数学のことなど忘れていたのに、帰途で乗り合い馬車の踏み台に足を乗せた瞬間に問題の解決が閃いた。この経験を踏まえ、アイデアは

（1）突然やってくる
（2）簡潔な形を取って現れ
（3）絶対に正しいという確信をともなう

とポアンカレは結論づける。何故、アイデアはこのような形をとって生まれるのか。

解決がわかった後では、

「なんだ、そんな簡単なことか」

と拍子抜けすることがある。答えがすでに眼の前にあるのに、常識が邪魔して見えない。コロンブスの卵が良い例だ。何かのきっかけで常識が取り除かれ、それまで隠されていたものが見えるようになる。古い認識枠にとってはノイズでしかなかったために無視されていた要素が、新しい認識枠におかれて急

に重要性を帯びる。

我々は色眼鏡をかけて生活している。レンズが起こす濾過・屈折・歪みを通して外界を把握する。知識を習得し、思考訓練を積み、喜怒哀楽を生きながら、眼を覆うレンズの色は変化する。だが、色が淡くなったり、無色透明になったりはしない。哲学者であろうと科学者であろうと、世界観という色眼鏡は外せない。

戦争責任や慰安婦問題の討論を考えよう。相手の主張を最後まで虚心に聞ける人はまれだ。論者は左翼なのか右翼なのか、味方なのか敵なのか、信用に値するのか政府の御用学者なのか、無意識に分類される。予め用意された思考枠を通して解釈され、共感あるいは怒りや抗弁が浮かぶ。つまりデータを検討した後に結論が導き出されるのではなく、既存の価値観に沿った結論が最初に選ばれる。そして結論に応じて、検討する情報領域が絞られる。客観的な吟味の後に結論が導き出されるのではなく逆に、先取りされた結論の正当化が後から起こる。

『責任という虚構』(東京大学出版会、二〇〇八年)と『社会心理学講義』で自由について議論したが、私の主張を誤読する人は少なくない。自分の信念に合致するデータや事実に注目する一方、自らの世界観にそぐわない情報や判断は迂回されるからである。これを社会心理学では「確証バイアス」と呼ぶ。『社会心理学講義』にこう書いた。

量子力学に依拠して自由を救おうとする試みがあります。素粒子の軌道は確率的にしか予測できない。同様に人間の行為も、多くの人々を観察すれば、社会・心理条件と犯罪率の関係を推測できるかも知れない。しかし、どんなに詳しいデータを集めても、ある特定の個人が犯罪に及ぶかどうかはわからない。だから人間行動は決定論に従わず、責任を負う必要がある。こういう主張です。

しかしこの類推は的外れです。素粒子の運動状態を素粒子自身は意識しない。ましてや素粒子が自分の軌道を主体的に変更できるわけではない。したがって、人間は自己の行為を予測し、意識的に制御できるのかという肝心な点の考察に、この類推は役立ちません。

そもそも問題は人間の行為が決定論に従うかどうかではない。偶然生ずる行為とは何か。勝手に手足が動き出す。不意に殺意を催し、隣人の首を絞める。理由なく生ずる殺意や、制御できない身体運動を自由意志の産物と我々は呼びません。それに身体運動が偶然に原因や理由なく生ずるならば、それは単なる出来事であり、行為とは性質を異にする自然現象です。したがって私の行為と呼ぶことさえできません。

だが、量子力学の非決定論を持ち出して自由を擁護する人は後を絶たない。これは単なる不注意の結果ではない。自然科学と違って、人文・社会科学ではテーマが日常生活と密接に連なる。だから常識という名の偏見が邪魔して考察がかえって難しいのである。

「無知の知」

ソクラテスの逸話が教えるように、無知の自覚は至難の業だ。

常識に思考が搦め捕られているうちは、問題に気づいても解法が見つからない。発想を切り替え、水平思考をしなければならない。ところが常識に囚われているからこそ、まさに発想の転換が難しい。そこで、常識から自由になり、新たな角度から問題に当たる上で、無意識が大きな役割を果たす。

ポアンカレによると発見は、

(1) 意識的に分析し、考え抜く
(2) どうしても解けないので、いったん諦めて問題を忘れる
(3) 突然、解決が見つかる
(4) 答えが正しいかどうかを意識的かつ論理的に検証する

これら四つの段階に分けられる。まず問題にぶつかり苦しむ。次に、慣れ親しんだ思考枠の検閲を逃れ、無意識の次元で情報が解きほぐされる。その後、新たな構造に組み直され、解決が現れる。ここまで来れば残るは、見つかった解決に論理矛盾がないかを意識的に確認する作業だけである。

何気なく本棚から取り出したら、悩みの答えをその本に見つけて驚く。ある時、私は夏目漱石の講演集を手に取った。以前に読んだ記憶はない。だが、何カ所かに傍線が引いてある。そしてしばらく前か

ら引っかかっていた疑問の答えが、そこにあった。つまり、すでに読んだ内容を無意識に「思い出」し、答えがそこにあると「知って」いたために自然と本に手が伸びたのだろう。

「La nuit porte conseil.（夜は助言を身ごもる）」

フランスの諺だ。思い詰めて同じ思考枠に囚われ、解決の糸口が見えない。だが、記憶の文脈が睡眠中にいったん解きほぐされた後に再構成され、他の角度から答えが現れる。

「アイデアは簡潔な形をとって突然にひらめき、絶対に正しいという確信を伴って現れる」

ポアンカレは、こう指摘した。古い世界観の結晶構造が溶解し、絡み合っていた要素群が分離され、新しい結晶構造へと再編成される。この作業が潜在意識の次元で起きるゆえに、急にアイデアが現れたと感じる。だが、脳は問題を処理し続けていた。そして意識に上る時、すでに明確な形をとっているために、簡潔な答えが突然ひらめくと感じ、アイデアの正しさを確信するのである。

自然科学では研究対象が高度に抽象化されるため、理論が常識に反しても問題になりにくい。例えば我々は重力に絶えずさらされているが、ニュートン理論の正否が日々の生活において検証されるわけではない。

「万有引力は本当に存在するのか」

散歩のたびに、そんなことを悩む人はいない。ところが人文・社会科学では、具体的で日常感覚に密着した事象を研究するために、学者の世界観＝常識に邪魔される。その結果、すぐに常識と妥協してしまう。物理学では理論が数式で表現される。ある条件を導入して計算したら、虚数の解が得られた。理論すなわち方程式が正しければ、導かれた解は正しいはずだ。したがって、いかに常識に反する結論に達しても、それを受け容れ、意味を解釈しなければならない。だが、こういう思考法が人文・社会科学では取りにくい。

自然科学者は滅茶苦茶なことを平気で提言する。

「地球は丸い。そして時速一〇万七〇〇〇キロメートル以上（マッハ八七以上）という、ものすごい速度で太陽の周りを回る」

「人間はサルから進化した」

今でこそ当たり前になったが、当時の世界観にとっては非常識極まる主張がなされてきた。

「時間や空間が伸び縮みする」

相対性理論も嘘のような話だ。量子力学にいたれば、ふざけたような学説が横行する。社会科学も、このぐらい大胆にならないといけない。常識をいったん括弧に括り、理論に一人歩きさせる余裕が大切だ。そして珍妙な結論が引き出されても、すぐには斥けないで、常識の誘惑や圧力にねばり強く抵抗する勇気が必要である。

## 矛盾の効用

矛盾にぶつかった時、どんな態度をとるか。矛盾に陥ると、誰でも困る。締め切りの迫った論文を抱える場合など、焦ったり、がっかりして諦めそうになる。すぐに思いつく策はごまかすことだろう。自分の仮説に合わないデータは無視する。ひどい場合は、都合の悪いデータを改竄する誘惑に駆られる。あるいは自分の主張にとって困る理論や論点を過去の研究に見つけても、そのような論文は読まなかったことにする。

もちろん、このような不誠実なやり方はいけない。だが、学者も人の子、嘘もつく。捏造事件が時々発覚してマスコミが騒ぐ。私の関わる社会心理学でもデータ改竄はかなりあるはずだ。あるテーマの総括を試みようと、論文の基データを提出するよう要請したら、

「捨ててしまったので、もうない」

ほとんどの研究者がそう答えたと、あるセミナーで聞いた。

私にも経験がある。いったん却下された共著論文の修正を同僚に任せておいたら、新しい原稿では被験者の数が倍に増えている。驚いた。明らかなデータ改竄である。こんな捏造論文を提出して嘘がばれたら大事だ。私の名前を削除してもらった。瑕疵の多い実験だったから、受理する学会誌はどうせ見つからなかっただろうけど。

だが、矛盾に陥った時にごまかしてはいけないと私が言うのは倫理的観点からではない。矛盾のおかげで、新しい視点に気づくからだ。矛盾はまさしく、従来の理論に問題があると示唆している。せっかくのチャンスをふいにしては、もったいない。

学際的研究の重要性が認められるようになってすでに久しい。それは一般に考えられているように、様々な分野の学者が集まって問題が総合的に分析されるからではない。異質な見方のぶつかり合いを通して矛盾に気づく。そして矛盾との格闘から新しい着想が生まれる。これが学際的研究の意義である。

十七世紀の天文学者ヨハネス・ケプラーを手本に挙げよう（A. Koestler, *The Sleepwalkers, op. cit.*）。

ケプラー以前の学者にとって惑星運動の研究は、周天円と呼ばれる円形の歯車を組み合わせて惑星の動きを描写するだけだった。それはコペルニクスも同様である。宇宙の中心に地球を置く天動説を覆し、理論値と観測値との誤差を飛躍的に小さくした。だが、歯車を組み合わせる発想自体は変わらない。

今でこそ天文学は物理学の一分野になっている。しかしアリストテレス以来、神が定める天の運行と、不完全な人間世界に起きる出来事は性質が違い、同じ原理で説明できるとは考えられなかった。タブーを犯し、物理学的法則で惑星運動を説明しようとしたケプラーは、それまで誰も疑問に思わなかった矛盾に気づく。惑星の公転周期と、太陽から惑星までの距離は当時すでに知られていた。水星は三カ月弱、金星は七カ月弱、火星は二年弱、木星は約一二年、土星は約三〇年というように、太陽から離れるにつれて惑星の公転周期は当然長くなる。ところで、よく注意すると、遠くの惑星は長い距離を回るだけでなく、その速度も遅い。太陽から土星までの距離は、木星までの距離の二倍ある。したがって惑星が一周する距離も二倍だ。ところが時間は二倍の二四年でなく、六年も余分の三〇年かかる。何故なのか。

当時の天文学者の仕事は歯車の組み合わせにすぎなかった。だからケプラーのような疑問は誰も抱かない。天文学の現象を物理学の手法で解こうとして初めて起きる問いだ。

　太陽から何らかの力が出て惑星を動かしている。遠くの惑星に達するまでには力が次第に弱くなる。だから太陽から遠い惑星の運行が遅くなるのにちがいない。

これがケプラーの見つけた答えである。天文学の物理学への統合は、分子生物学の誕生と似ている。物理・化学法則だけで生命現象を解明できるとは、今から数十年前まで信じられなかった。だから生物学は物理や化学と別種の現象を扱うと考えられてきた。その後、分子生物学が成立し、生命現象を科学のアプローチに還元した。ケプラーの着想はニュートンに継承され、後に万有引力の概念として結実する。矛盾を前に妥協してはならない。逆に矛盾を突き詰める姿勢から画期的なアイデアが生み出される。

現象を条件ごとに分類し、異なる説明をそれぞれに適用するアプローチが社会科学には多い。例えば二つの変数を組み合わせて四つのケースを抽出し、対比する。異文化受容であれば、文化接触が自発か強制か、直接的か間接的かによって分類し、各タイプを植民地型とか、内発的受容型などと命名した後、それぞれのメカニズムを分析する。だが、こういう解釈はつまらない。

次の例がわかりやすいだろう。十九世紀末、光速度に関して、ニュートンの粒子理論とマクスウェルの電磁波理論との間に矛盾があった。光は粒子か波か。その答えによって光の速度が異なる。三つの解法が可能だ。

（a）どちらかの理論が誤り
（b）ある条件の場合はニュートン理論、他の条件ではマクスウェル理論が適用される
（c）アインシュタインの特殊相対性理論が示すように、両者の間に本質的な矛盾はない。絶対時間と絶対空間という大前提を放棄すればよい

（a）は最も初歩的で浅薄なやり方だ。（b）の射程も短い。こういう安易な解決ではなく、（c）のように、当然視されている前提を疑う方が斬新な新理論を生む。リンゴは落ちるが、月が落ちないのは何故かと問いかけ、一見矛盾する二つの現象に万有引力という単一の説明を与えたニュートンの方法を思い出そう。現象を細分化したり、付帯条件をつける（b）の方向は、リンゴの落下と月の浮遊それぞれに別の法則を当てはめる解法である。そうではなく逆に、理論が潰れても良いから、矛盾をより突き詰

める。すると不思議にも矛盾がいつしか消えている。

変数を増やし、複雑な分析システムを構築する（b）を水平的アプローチと呼ぶならば、ニュートンやアインシュタインに見られる一般化への意志、つまり（c）のやり方は垂直的アプローチだ。単純でありながら多くの現象を説明できる理論が望ましい。逆に、多くの変数を含む複雑な理論や、適用条件を限定したり、応用範囲が狭い理論の価値は低い。

拙著『民族という虚構』（東京大学出版会、二〇〇二年）は、ユダヤ人・アラブ人・日本人・関西人・白人・黒人・アジア人など、国民・民族・人種・宗教・地域などの準拠枠を区別せずに分析した。それらすべてを貫く集団の一般法則を抽出するためだ。対して、これら概念の区別を詳細に行なう議論が多いが、そのような水平的アプローチは問題の核心に到達せず、表層をなぞるだけである。垂直的アプローチは違う。国民・民族・種族・人種・宗教・地域という範疇の間に細かい違いはあっても、それは本質的な問題ではない。集団はすべて社会的範疇にすぎない。ユダヤ人やアラブ人を国民と同じ次元で扱うのは、それら集団を実体化するからではない。反対に、人種も民族も国民も社会的虚構であって、客観的性質に支えられる実体ではないからである。

あるとき突然、眼から鱗が落ちる。

「ああ、そうだったのか」

慣れ親しんだ文脈から問題が切り離され、他の文脈におかれる。脈絡のなかった知識が結びつき、矛盾が解ける。その瞬間、悟りのような感覚が生まれる。

「εὕρηκα（わかったぞ）！」

裸であるのも忘れ、街に走り出したアルキメデスの逸話。ギリシアの植民都市シラクサの王が純金の王冠を作らせた。ところが、金細工師が他の材料を混入して不当な儲けをしたという噂が広まる。そこで王はアルキメデスに命じる。

「混ぜ物が含まれているかどうか調べよ」

王冠を溶かして体積を調べれば簡単にわかるが、それは許されない。万策尽きてアルキメデスは困り果てる。疲れを癒すために風呂に入り、浴槽から湯が溢れるのをぼんやりと眺めていた。すると突然、解決が閃く。

「王冠と同じ重さの金塊を用意し、天秤の両側にそれぞれを釣り下げ、水を張った容器に沈めればよい。両者の重さは同じだから、比重が違えば、体積も異なる。したがって水による浮力が違い、天秤はどちらかに傾くはずだ」

こうしてアルキメデスは答えを見つけた。

風呂に入る時、湯のここち良さは感じても、体積測定という知的行為には結びつかない。風呂に入ったり出たりすると、水面が波立ち、高さが上下する。だが、頭を悩ませていた問題の解法に、そんな当たり前の現象が結びつくなどと、アルキメデスは思いもしなかった。言われてみれば、難しいことではない。しかし、常識がそれを見えなくしていた。

発見が画期的であればあるほど、いったん発見された後には簡単に見えてしまう。［……］既存の事実・情報・機能・技術の出会いや組み合わせ、そして統合から創造が生まれる。要素自体が平凡であればあるほど、組合せの結果として出てくる新発明に我々は驚く。潮の満ち干や月相の変化を人類は大昔から知っていたし、熟した果実が大地に落ちる様子も当たり前だと思っていた。しかしこれら既存のデータや、その他ありきたりの情報を組み合わせてニュートンは重力の法則を発見し、我々の世界観を根底から覆したのだった。（A. Koestler, *The Act of Creation*, Penguin Books, 1964）

先入観を捨てる大切さ。そしてその難しさ。発想の転換を邪魔する最大の敵は知識の桎梏である。

## 異質性の金脈

デカルトの有名な章句

「我思う、故に我あり」

はラテン語で cogito, ergo sum という。cogito（我思う）の原意は、いろいろなものを混ぜてかき回すこと

(co + agito) である。異なる世界観との格闘から新しいアイデアが生まれてくる。

欧米で脚光を浴びる学者や芸術家の中には外国出身者が多い。コンピュータの父ジョン・フォン・ノイマンはハンガリー出身のユダヤ系アメリカ人。タイプは違うが、アインシュタインにしばしば比較される天才だ。劇作家のウジェーヌ・イヨネスコはルーマニア出身のフランス人。ノーベル賞を二度受賞したマリー・キュリーはポーランドで生まれ育ち、パリで研究した。ノーベル化学賞を受賞し、科学哲学の分野にも貢献したイリヤ・プリゴジンはロシア出身ベルギー人。科学論の世界で名をなしたユダヤ系作家アーサー・ケストラーはハンガリーで育ったのち、イギリスに渡り、英語で作品を書いた。ハンガリー語・ドイツ語・フランス語・英語・イーディッシュ語・ヘブライ語・ロシア語を流暢に話した。精神分析学者で作家活動も旺盛にこなすジュリア・クリステヴァはブルガリア出身のフランス人である。パリ第七大学の教授だった。

私が従事する社会心理学をとっても、教科書に必ず出てくるマザファー・シェリフはトルコ出身のアメリカ人だし、社会心理学の基礎をうち立てたクルト・レヴィンはドイツ出身で、ナチスの手を逃れるために米国に亡命したユダヤ人学者だ。影響研究で有名なソロモン・アッシュはポーランドのワルシャワで生まれ、十三歳の時、アメリカ合衆国に移住した。私がパリで薫陶を受けたセルジュ・モスコヴィッシはルーマニア出身のフランス人である。彼も数カ国語を話した。

音楽や美術の世界にいたっては、多すぎて例を挙げるまでもない。仕事の性質からして国境を越える芸術において、外国出身者の活躍が目覚ましくても不思議ではない。

一九〇一年度（第一回）から二〇〇一年度までのノーベル物理学賞受賞者の経歴を調べてみた。合計一六六名のうち、同じ国に住み続け、生まれた国で研究を行なった者は六三人（三八パーセント）しかいない。同数の六三人は、両親または片方が外国人であったり、移民の子だったり、あるいは本人が幼少の時に外国に移住したか、若い頃に長い年月を外国で過ごした。そして残りの四〇名（二四パーセント）は、研究に決定的影響を与えた時期や、幼少あるいは多感な思春期に外国生活を経験している。つまり六割以上の受賞者が異邦人としての生活体験を持つ。ここに挙げた数字は、ノーベル財団による簡単な紹介を基にした試算だ。受賞者の経歴を詳しく検討すれば、外国との繋がりがもっと出てくる可能性もある。この結果は単なる偶然だろうか。

優秀な学者・芸術家がユダヤ系に多い。歴史的に迫害を受け続けたので、どこの土地でも生きられるように子どもの教育に熱心だという事情もある。ユダヤ教の伝統も教育重視に与かっているだろう。しかしより重要なのは、異なる文化の狭間に彼らが生きる事実だと私は思う。数カ国語を自由に操るユダヤ人は多い。それも多様な世界観を培う要因である。

量子力学の理論的発展に多大な貢献をした、フランスのノーベル物理学賞受賞者ルイ・ド＝ブロイも初めは歴史学を志す門外漢だった。波動だと思われていた光が粒子的性質も持つなら、粒子である電子が波動の性質を持ってもおかしくない。当時では突拍子もない、素人しか思いつかない着想だった。カール・マルクスは経済学者か社会学者か哲学者か、あるいはジャーナリストなのかわからない多彩な活動をしながら、画期的な思想を生み出した。

科学や学問の進歩に貢献するのは、新事実の発見だけではない。より重要なのは、事実を把握する思考枠の見直し、つまりメタレベルでの再構築である。

多くの留学生が日本から欧米に毎年出かけ、研鑽に励む。哲学を学ぶためにドイツに留学したり、生命科学の研究者が米国の最先端研究所で研修する。本場に行き、日本では得られない情報を収集し、その分野で権威をなす教授の薫陶を受ける。

だが、留学に期待する最大の恩恵は、進んだ情報を本場で得る輸入業にはない。異文化からもたらされる知識は、加算的に作用して既存の世界観を豊かにするのではない。新しい知識を加えるのではなく、今ある価値体系を崩す。これこそが留学の目的だ。

自らの思考枠の偏重に気づくことの大切さ。具体例を一つ挙げよう。七〇カ国の教科書を集めて、「アメリカ大陸発見」の記述を様々な国出身の研究者一五人で分析した時のことだ（J. Pérez Siller (Ed.), *La « Découverte » de l'Amérique ? Les regards sur l'autre à travers les manuels scolaires du monde*, L'Harmattan/Georg-Eckert-Institut, 1992）。日本の教科書を数冊読んで私が抱いた最初の印象は、

「当たり前のことしか書いてない、こんなものをどうコメントしろと言うのか」

という戸惑いだった。しかし他国の教科書の内容を知るにつれて、いかに日本の教科書が例外であるか

に驚いた。

アルジェリアやモロッコなど北アフリカ諸国の教科書は、アラブ人の功績を評価する視点からアメリカ大陸発見を理解する。中世の未開地帯にすぎなかったヨーロッパが偉業を成し遂げた背景には、羅針盤やアストロラーベの発明などアラブ世界が発展させた科学技術の存在を忘れてはならない。コロンブスに針路を決定させた地球球体説もアラブ人が提唱した理論だ。アメリカ大陸発見に必要な知識のうちでヨーロッパ人が創出したものは何もなく、アラブ人がすでに考え出したものをヨーロッパ人が技術的に向上させたにすぎない。こう教える。あるいはヨーロッパだけに奴隷貿易の責任を課し、自らもアフリカの黒人を奴隷にしていた事実は不問にされる。

奴隷貿易の犠牲者を多く出した、サハラ砂漠以南に位置するアフリカ諸国の教科書は非人道的行為の説明に多くの頁を割く。それはアパルトヘイト廃止以前の南アフリカ共和国の教科書が奴隷貿易に触れないのと対照的である。

先住民の殺戮と支配によって建設されたアメリカ合衆国とカナダの場合も、南アフリカ共和国の教科書とよく似た記述を採る。インディアンと呼ばれる人々が原住民としてではなく、ベーリング海峡を渡ってヨーロッパ人よりいち早くアメリカ大陸に上陸した植民者として描かれる。アメリカ大陸発見は原住民とヨーロッパ植民者との間に繰り広げられた闘争の歴史ではなく、インディアンも含めて世界各地から新天地に人々が次々と入植していった冒険物語にすり替えられる。インディアンは原住民ではなく、他の集団より早く入植した先住民にすぎなくなり、彼らの居住権が相対化される。

虐殺の犠牲になった原住民、奴隷として連行されたアフリカ人、イベリア半島からやってきた征服者が入り交じって形成された中南米諸国の場合は、自らの同一性を問う観点から新旧両大陸の関係が描かれる。しかし同じ地域にあっても、土地略奪や先住民掃滅戦を経てヨーロッパからの移民のみで国家を建設したアルゼンチンの視線はもっぱらヨーロッパに向けられ、原住民が視野に入っていない。

欧州諸国の教科書では、ヨーロッパという包括的単位を史上初めて誕生させた契機としてアメリカ大陸発見が規定される。ギリシア・ローマ・シャルルマーニュ・神聖ローマ帝国など欧州内部の指標を起点にするのではなく、異質の他者との出会いがヨーロッパという同一性の礎石を据えたという視点だ。

研究会を重ね、諸外国の教科書の内容を知るにつれ、日本の教科書との違いが浮き彫りになってきた。特に注目されるのはキリスト教の果たした役割の軽視である。政治経済的要因を重視し、ヨーロッパ諸国間での覇権争いとしてアメリカ大陸発見を理解する。旧ソ連と中華人民共和国を例外とすれば、どの国の教科書でもローマ法王が宗教的権威として登場する。ところが日本の教科書だけは、敵対する勢力間の紛争を解決するための政治的調停者のイメージが押し出されている。このような覇権主義的な歴史理解の背景に、日本が西洋に向かい合った過去の歴史の投影があるのは言うまでもない。

常識から目を覚ますためには他者と対話する必要がある。ただし、違う考えを持つ人々は国内にもたくさんいる。様々な社会階層の人々と意見を闘わす。老若男女が抱く価値観の差異を積極的に感じ取る。これも異文化受容である。関心領域以外の本や雑誌を読んだり、違う職業の人々の世界に触れるのも同じ意味を持つ。

少数派がアンチテーゼを突きつける。だが、多数派の常識を少数派が凌駕しても、少数派の考えが踏襲されるだけではつまらない。多数派の常識と対峙するだけでなく、対立の前提をも乗り越える。異質な考えの衝突から生ずる破壊と再構築の絶え間ない運動。少数派は、その起爆装置だ。自らの変革を通して同時に世界を変えてゆく。そこに少数派の存在意義がある。

矛盾に対して安易な妥協を求めてはならない。逆に矛盾を極限まで突き詰める意志が世界観の再構成を胎動させる。矛盾や対立がなければ、常識を見直す躍動は起きない。活火山から溢れ出るマグマのように、現在を破壊しながら新たに再構築する力は、おとなしくひとつの世界に収まる状況からは生まれない。

## 独創性神話

以上は創造的思考のためのハウツーではない。第三章で詳らかにするが、創造性や新しいアイデアなどは二の次である。自分の頭で考えろと私が言うのは、そんな意味ではない。もっと大切なことが人間にはある。誤解がないように、ここで私の立場を少し説明しておこう。

自然科学では新しい発見が次々と生まれる。大自然のパズルを解く醍醐味を知った者にとって、新現象や未知の物質を見つけたり、それまで謎だった問いの答えが閃いた時の喜びは格別に違いない。しかし人文学では新しい発見など、世界中を見回しても一世紀にいくつと数えられるほどしかない。自然科学と同じ意味で学問の役割を評価するならば、人文学は役に立たない。

文科系の学問は己を知るための手段である。自分を取り巻く社会の仕組みを読み解き、自分がどのように生きているのかを探る行為だ。時間が許す限り、力のある限り、自らの疑問につき合ってゆけばよい。

「どうしたら独創的な研究ができるのか」

自問したことのない研究者はいないだろう。だが、この問いは出発点から誤っている。斬新なテーマやアプローチを見つけようとする時、すでに他人との比較で考えている。そこが、そもそも独創的でない。

ノーベル賞をはじめとして、独創性が評価されるのは何故か。まずは知的遊戯としての喜び。これは科学を支える動機であり、知に対する人間の欲望、好奇心がその底にある。人間は問うことをやめられない。

だが、それが良いかどうかは別の話だ。鉄道・自動車・航空機が発明されたおかげで、遠距離の移動が可能になった。抗生物質が発見され、医学が進み、多くの命が救われるようになった。だが、技術の進歩が良い結果を生むとは限らない。癌の特効薬が発見されれば、癌で苦しむ多くの人々を救うことができる。だが、医学の発展により死亡者が激減すれば、世界の人口が爆発的に増加し、食料をめぐる熾烈な闘いが生ずるに違いない。あるいはドローンが開発され、先進国の軍事的優位が確実になるとともに、戦争の意味が劇的に変わる。核分裂と核融合の原理を知らなければ、原爆も水爆も発明されなかった。独創性が進歩につながるという考えは単純すぎないか。

文科系学問の場合、ゲームとしての独創性はほとんど期待できない。流行の移り変わりぐらいの意味しかないだろう。スカートが長くなったり短くなったり、ネクタイの幅が変わるのと、どこが違うのか。そして有効性に関して言えば、文科系学問は無力だ。こうして改めて考えると、独創性を評価する意味がわからなくなる。

企業にとって創造性は大切である。新製品を発売して市場占有率を増やすわけだから。だが、それは自分たちが儲けるためだ。新開発の商品が売れると、社会が良くなるのか。そうとは限らないだろう。毎年、夥しい商品が垂れ流され、消費者の購買意欲を広告が煽る。流行を捏造し、物を売る。確かに資本主義はこうして利益を生み出す。それが単なる資源の無駄遣いであっても、消費増加による景気回復を皆が望む。本や雑誌のほとんどは消費物にすぎない。一時の暇つぶしだ。たくさん売れる商品を作るべく出版社は工夫する。売れれば、雇用が維持され、関係者は喜ぶ。だが、どうして、それが社会全体にとって良いことなのか。有名人や芸能人の私生活を暴くゴシップ週刊誌に存在意義があるのか。

人間や社会を対象にする学問において大切なのは創造性ではない。自分自身と向き合うことだと私は思う。そして、その困難さを自覚することだ。研究のレベルなど、どうでもよい。人文学を勉強しても世界の問題は解決しない。それで社会が少しでも良くなるわけではない。自分が納得するために考える。それ以外のことは誰にもできない。

独創性と言うが、本当に新しいアイデアは自然科学でも稀だ。フランスの作家ポール・ヴァレリーがアインシュタインに尋ねたエピソードがある。一九二二年四月六日、アインシュタインがフランス哲学学会に招聘された。相対性理論に関するパリ講演の後、いつも手帳にアイデアを書き留める癖で知られるヴァレリーが尋ねた。

「博士は手帳をお持ちでないようですが、アイデアをどうやって覚えておくのですか」

アインシュタインは答えた。

「いや、アイデアなんて稀にしか見つかりません。私が見つけたアイデアは生涯でたった二つです」

独創性の呪縛から解放されよう。他人の目を気にせず、自分の疑問だけを追えばよい。独創的な研究を目指す者は、自分の見つけた問いや答えがすでに他の人によって発表されていると、がっかりする。だが、それは本来おかしなことだ。

自ずからの実存的問いを追い続ける人間も、答えを他の人が提示していないかと、まず探す。独創性を求めるからではない。他人の頭を使って解決できるならば、誰も自分で答えを探したりしない。カントやハイデガーのような難解な本でも、自分自身で書くことを思えば、読むのは遥かに簡単だ。しかし誰も満足な答えを与えてくれないから、仕方なしに自分で探すのである。

## 答えではなく、問いを学ぶ

テレビ・雑誌・本を通して日本人は豊富な知識を持つ。

「トランス脂肪酸を含む食品を摂りすぎると心臓病を引きおこす」

「炭水化物を摂る前に、野菜を食べると太らない」

日本の書籍市場はハウツーの花盛りだ。平均的フランス人に比べると、日本人は多くのノウハウを知っている。だが、疑問を抱いて自分の頭で考える姿勢は、どうだろうか。

医学部卒業生の圧倒的多数は臨床医になる。そのために正しい治療の仕方、つまり答えを大学で学ぶ。各自の創意工夫で勝手な治療をされては困る。医学が技術だと言われる所以である。簿記の勉強や外国語の学習、料理の修業も本質は技術だ。対して哲学や人文・社会科学では、答えよりも問いの立て方、つまり考え方自体を学ぶ。

法学・語学・経営学などの実学を除けば、文科系学問は実際の生活にほとんど役立たない。しかし、これは悲観論ではない。人間の世界は謎ばかりだ。それなのに性急な答えを無理に求めると、問いが小さくなってしまう。社会問題を扱う本を読むと、解決のための提案が状況分析の後に必ず出てくる。対応策が見つからなければ、出版を躊躇するほどだ。だが、人間の姿が見えないのに、答えがわかるはずがない。答えをすぐに出そうとする者は現実を正視しない。知らず知らずに根本的な問題から逃げている。

大切なのは、答えよりも問いである。科学でも哲学でも、常識と距離を取ることが最も重要だ。だが、それが一番難しい。思考が堂々巡りして閉塞状態に陥る時、たいてい問いの立て方がまちがっている。授業で私がよく挙げる寓話がある。

ある夜、散歩していると、街灯の下で捜し物をする人に出会う。鍵を落としたので家に帰れず困っていると言う。一緒に捜すが、落とし物は見つからない。そこで、この近くで落としたのは確かなのかと確認すると、こんな答えが返ってくる。
「鍵を落としたのは他の場所なのですが、そこは暗くて何も見えません。だから街灯近くの明るいところで捜しているのです」

街灯の光は常識の喩えだ。我々は探すべきところを探さずに、慣れた思考枠に囚われている。
これが出発点である。

「古典的問いを知る」

「なぜ物質に重さがあるのか」
「時間は流れるのか」
「心とは何か」
「人の絆はどう生まれ、維持されるのか」
「犯罪は異常現象か」

だが、問いを学ぶとは、それだけでない。これらの問いは、ある意味ですでに答えだ。思考枠が前もって限定されている。問いを自ら見つける訓練をする。これが、問いを学ぶことの本当の意味である。

自分の頭で考えるためには、どうしたらよいか。専門用語を避けて平易な言葉で語る。これが第一歩だ。科学でも哲学でも基礎的な事柄ほど難しい。術語に頼らず日常語で表現する時、分かっていたつもりの部分に論理飛躍があると気づいたり、問題解決の新たな可能性が発見される。

アインシュタインの伝記や想い出を読むと、自分の頭で考える彼の姿勢に感服する。共同研究を行なったポーランド出身の物理学者レオポルト・インフェルトは『アインシュタインの世界』（武谷三男・篠原正瑛訳、講談社ブルーバックス、一九七五年）の中で、相対性理論を生み出した学者の想い出をこう語る（一部ひらがなを漢字に替え、句読点を省略した）。

どんな仕事でもすべて自分の力で自主的にやりとげよう。これがアインシュタインの習慣であったが、この習慣は極端にまで守られていた。あるとき私は、ある計算をやらされることになった。この計算はたくさんの本に引用されているので、改めて計算してみるまでもなかったのである。そこで私はアインシュタインに向かって、こう言った。

「それよりも本から引用しましょう。その方がうんと時間の節約になりますから……」

しかしアインシュタインは自分で計算を続けた。そして一言、こういっただけだった。

「その方が速くゆくでしょう。しかし私は本を調べて引用するというやり方をとっくに忘れてしまったのでね」


大切なのは、自分自身の疑問を持ち、それに何らかの答えを与えることだ。だが、研究者の多くが学校の悪癖に囚われている。

「科学が実験データを解釈するように、テクストの解釈が哲学者の仕事だ」

日本の大学院生に言われて唖然とした。何を研究しているかではなく、

「誰を研究しているのですか」

と尋ねられ、辟易する。カントにおける主体概念、ハイデガーにおける時間概念、レヴィナスにおける責任概念……。そんなものは、どうでもよい。

「自分にとって、主体とは、時間とは、責任とは何なのか」

これらの問いに対して、

「自分は、どうアプローチして、どのような答えを出すのか」

本当に大切なのは、それだけだ。パスカルが言ったか、デカルトが言ったか、そんなことはどうでもよい。

「街角のタバコ屋のお婆さんが言った」

と書き換えても、その命題は正しいのか。内容が正しいかどうかを自分で判断する。大切なのはそれだけである。例えばカントに依拠して、ある命題を提示する。もしカントを誤解しているとしても、そんなことは問題でない。大切なのは提示された命題の妥当性であり、説得力である。

「中国の経典を誤読したおかげで道元は斬新な思想を生み出した」

と、どこかで読んだ。高橋和巳の小説『邪宗門』に説教の場面が出てくる（傍点は原文）。学問分野を問わず、ものを考えようとするすべての人間への戒めだと思う。

> 教団には三行、四先師、五問という根本要諦があろう。その五問というのは、特別教育をうけられたわけでもない開祖が、ご自身の経歴に即して、自分自身でものを考えられはじめたことを記念したものじゃ。［……］日本民族は頭のいい人種だという。明治維新以降だけを考えても、頭のいい人は山といた。それなのになぜ頭のいい秀才が世なおしのことを考え

ず、愚直な一婦人が秀才にできぬことをなそうとしたか。それは秀才たちがヨーロッパからいろんな制度や文物や理論をまなび、木に竹をつぐようにしてその結論だけを移植しようとしたのにたいして、開祖は解決ではなくすぐれた疑問を、自分自身で提出されたからだった。人の解決を盗むのはやさしい。カントがどう言ったかヘーゲルがどう言ったか、博引旁証の才は山といよう。思想とはなにか思惟とはなにか、それぞれの哲学者の言葉を引用して、それぞれに答えよう。だが、「思うとは自分のどたまで思うこと」ということを日本人はまず肝に銘じねばならぬ。でなければ日本人はかつて禹域［中国］に内面的に従属し、今またヨーロッパに追従するように、永遠に利口な猿となりはてるであろう。

自らの問いを持つ大切さ。釈迦族の王子ガウタマ・シッダールタが王城の東門で老人を見かけた。そして南門で病人に出会い、西門では死者を知る。人生の苦しみに気づき、北門から出家したという四門出遊の説話。心の叫びに苦悩する者だけが宗教の道に進めばよい。そうでなければ、権力闘争に明け暮れたり、お布施の計算や駐車場経営に熱心な坊主になるのがおちだろう。

予備校で話をした際に質問が出た。

「海外の研究者生活に憧れているのですが、どうしたらなれますか」

質問の出発点がそもそもおかしい。自分で解かずにはいられない問題があるから自然と研究生活に入るのではないか。フランスに住みだした頃、高校の同級生ＳＫへの手紙に書いた。

「いつか日本のシッダールタか、現代の親鸞になりたい」

そしたら、彼の返事にこうあった。

「そんなものより、小坂井敏晶になれ」

# 第二章
# 自分の頭で考えるために

常識と闘う重要性、そしてその難しさについて考えてきた。常識を崩した後に、思考をどう紡ぐか。この章では、破壊に続く再構成のプロセスを具体例を通して検討しよう。矛盾をどう解くか。妥協してはならない。自説が壊れても良い。逆に矛盾を突き詰める姿勢がより深い解決を導く。

「正言若反（真理は偽りのように響く）」

老子の言葉である。解決は思わぬ方向からやってくる。

## 型が自由を生む

型の重視は一見、自分の頭で考えることと矛盾するように見える。だが実は型こそが自由な思考を可能にする。ダブルバインドという有名な概念を生み出した文化人類学者グレゴリー・ベイトソンは言う（G. Bateson, *Steps to an Ecology of Mind: Collected Essays in Anthropology, Psychiatry, Evolution, and Epistemology*, University of Chicago Press, 1972）。

> 自然界のすべての現象を律する同じタイプのプロセスを発見すべきだという少々神秘的な信念を私は抱いた。例えば結晶構造と社会構造とを、あるいはミミズの分節と玄武岩の円柱を形成するプロセスを同様に貫く法則が発見されるという考えだ。［……］今日なら同じ言い方はしない。ある分野を研究するのに有効な精神活動のタイプは他の分野にも役立つ。こう言うだろう。例外なくすべての分野を通して不変なのは自然の形相《エイドス》ではなく、科学の形相なのだと。

世界が同一構造の繰り返しだから型が有効なのではない。人間の思考パタン、世界を理解するためのカテゴリーが限られているからだ。そして認識枠が共有されなければ、解釈は他者に伝達できない。

明治維新に貢献した福澤諭吉はこう諭した。

> 文明開化とは、すでにできあがった制度や技術の摂取ではない。それらを培う精神の受容である。

これも型の学習だ。英語の表現を考えるとわかりやすい。civilizationという名詞はcivilizeという動詞から派生した。文明とは、（1）文明化した結果として、すでにできあがった状態と、（2）文明化という動的なプロセスの両方を意味する（丸山眞男『「文明論之概略」を読む』上巻、岩波新書、一九八六年）。

和魂洋才などという単純な発想とは訣別せよ。文明の外形を取り入れるのではなく、文明化という動的なプロセスを学べ。

福澤はこう説いた。実際の文章を引用しよう。

外国の文明を取りて半開の国に施すには、固より取捨の宣なかる可からず。然りと雖ども、文明には外に見はるゝ事物と内に存する精神と二様の区別あり。外の文明はこれを取るに易く、内の文明はこれを求むるに難し。国の文明を謀るには、其の難を先にして易を後にし、難きものを得るの度に従てよく其の深浅を測り、乃ちこれに易きものを施して、正しく其の深浅の度に適せしめざる可からず（福澤諭吉『文明論之概略』岩波文庫、一九六二年）。

わかるとは、どういうことか。科学や哲学だけでなく、一般に理解とは、未知の事項や現象を既知の枠組みに取り込む行為である。

「そんな角度から捉えるのか、そんな発想もあったのか、そんな現象によく結びつけるものだ」

驚くような解釈に出逢う。それでも何らかの既知の枠組みに置かれるのは変わらない。そうでなければ、そもそも理解不可能である。太陽系の構造をヒントに原子模型を導いたニュージーランド出身の物理学者アーネスト・ラザフォードの例のように、既知の概念との類似を通して新現象が把握される。

どの分野にも基本の型がある。古典音楽の多くはソナタ形式で書かれている。ほとんどの交響曲は四楽章、協奏曲は三楽章で構成される。何故か。役人根性のように、単に過去の慣習に倣う保守性が理由ではないだろう。映画・芝居・小説・詩にも基礎的な文法がある。音楽や絵画ではコントラストが命だ。緩急をつけたり、精神が休まるところが要る。ピアニッシモの後にフォルティシモが突然来るから迫力が出る。フォルテばかりでは喧しいだけだ。料理もそうだろう。初めから最後までメイン・ディッシュでは食欲が減退する。手品は驚きが命である。演技が続くと慣れのために不思議さが減る。そのため、目先を変えたり、より強い現象が後に来るように手順を組み立てる。

ドラマには葛藤がある。『ロメオとジュリエット』には、超えられない宗教の壁が出発点にある。義理と人情のはざまで苦しむヤクザ映画の設定や、家族を持ちながら、妻や夫とは別の人を愛する物語もそうだ。葛藤がなければ、ドラマにならない。これも型である。

「それなら、お前と縁を切る」

親が子どもにこう叫ぶシーンも、将来は個人主義化が進んで、何の意味か理解できない人間ばかりになるかも知れない。韓流ドラマで異母兄妹・姉弟が恋に陥り、苦しむ。しかし近親相姦タブーを知らない社会ならば、そもそも問題が生じない。婚姻制度が崩壊すれば、不倫に悩むドラマ設定は無意味になる。そして禁止がなければ、ドラマは生まれない。

物語の矛盾や障害が、学問における問題設定にあたる。林檎は落下するのに、どうして月は落ちないのか。光は波と粒子の性質を同時に持つ。なぜ、そんなことが可能なのか。そんな矛盾をめぐってドラマが進行する。芝居や映画の結末は、研究における問いへの答えである。矛盾が大きければ大きいほど、我々はドラマに心躍らせる。謎が解けそうにないほど、推理小説は面白い。それは学問の世界も変わらない。

映画のシナリオ参考書を繙こう（S. Field, *Screenplay. The Foundations of Screenwriting*, Delta Book, 2005 [1st edition: 1979]）。

（1）物語の開始（何の話か）
（2）主人公の目的を妨げる状況展開
（3）物語の結末

これら三つの部分で映画は構成される。学術書の骨組みも同じだ。

（1）問題設定

（2）問題解決の道筋提示

（3）結論

映画と異なり、学術書では虚構を生み出すわけではない。結論までの道程に障害物を故意に置かなくても、始めから難題が山積みだ。（1）の問題設定が大きいほど、（2）の展開に醍醐味が出る。だから、できるだけ有意義な問いを見つけることが肝心である。そして、そのような考察から意外な結論が導かれるならば、映画の構造とそっくりになる。

二ノ宮知子の人気漫画『のだめカンタービレ』。奇想天外な天才ピアニストと秀才指揮者のカップルをめぐる物語だ。そこに、こんな解説を見つけた。ベートーヴェンは後期ピアノ作品において、それまでの構築性の高い作風を崩して、メロディーの美しさを追求した。第三交響曲や第五交響曲のように、同じモチーフ（動機）の執拗な繰り返しが躍動感を生む。だが、そのような反復はメロディーの美しさを犠牲にする。そこで後期の作品では構築性＝論理性を崩して、他の可能性を探したという。

指揮者レナード・バーンスタインがベートーヴェン第五交響曲の成り立ちを説明する（YouTubeで“Bernstein Explains Beethoven's Fifth”と入れると、四つのパートに分かれて出てくる）。この曲は何度も書き換えられて、完成するまでに八年を要した。バーンスタインはピアノとオーケストラで変遷を再現する。初期の譜面と比較すると、最終版では第一楽章コーダ（終結部）の対称性が崩されている。初めはバッハの音楽のように論理的でシンメトリックな美しい終わり方だった。だが、それでは感情を揺さぶる迫力が出ない。そこで対称性を崩し、次に来る音の予測からずらすことで、力強さを表現したらしい。音楽の素養がない私に分析の妥当性は判断できないが、これも型の話である。

読書する際、情報だけのつまみ食いはつまらない。内容を超えて、著者の思考パタンを学ぼう。ダーウィン、アインシュタイン、マルクス、ドイツの社会学者マックス・ヴェーバー、フランスの社会学者アレクシス・ド・トクヴィルやエミール・デュルケム、スイスの言語学者フェルディナン・ド・ソシュール、オーストリア出身の精神分析学者ジークムント・フロイトや経済学者フリードリヒ・ハイエク、そして私がパリで薫陶を受けた社会心理学者セルジュ・モスコヴィッシなどの著作から、私は矛盾の解き方を教わった。メタレベルの型と言っても良い。本から内容だけを読み取るのは消費者の発想だ。対して、自ら生産する意志を持つ者の眼には型が見える。絵画・音楽・落語・手品・陶芸・将棋・碁・麻雀・スポーツなども同じである。有名シェフと同じ料理ができても、それだけでは真似にすぎない。どのように新しいレシピを生み出すか。その方法を弟子は学ぶ。学び方をメタレベルで学ぶのである。

禅僧であり、教育者でもある無着成恭氏が、型破りと形無しの違いをラジオの子ども電話相談で尋ねられ、上手いことを言った。

「型のある人間が型を破ると型破り、型のない人間が型を破ったら形無しですよ」

パリ社会科学高等研究院で教えるドイツ出身の哲学者ハインツ・ヴィスマンは、ドイツと比較してフランス思想界の自由を指摘する（東洋大学哲学科編纂『哲学の現場，そして教育——世界の哲学者に聞く』知泉書館、二〇〇七年）。

「フランス人が個性を発揮し、積極的な逸脱を通して創意工夫するのは、フランス文化に共通する型に支えられるおかげだ」

枠組みを共有するからこそ、冒険に駆られ、自由になれる。

一例を出そう。形式を重んじるフランスでは、緒言で問題設定が明白になり、結論もそこですでに示唆する書き方を中等教育の段階から教える。国を問わず、これは学術書・論文の基本だが、フランスでは特にやかましい。フランスに移住した一九八〇年代初頭、私は先ず歴史学部に籍を置いたのだが、試験に先立つ教師の説明に驚いた。

「二〇点満点のうち一二点を構成の適切さで判断し、残りの八点だけを内容で決める」

小説にも映画にも時間が流れる。小道に沿って散策するように、時間の進行とともに物語が展開する。しかし学術論文では論理構造を空間化して、時間を排除する構成を採る。林の中に自然にできた散歩道と、左右対称の幾何学的構図で人工的に作られたヴェルサイユ宮殿を比べよう。推理小説の物語進行は前者、学術論文の構成は後者に似ている。論文では最初に問いを提示し、同時に答えも示唆する。全体の展望を把握すると共に、要素の論理関係が明示される。ヴェルサイユ宮殿の比喩で言えば、建物や池の配置を言語化するようなものだ。林の小道をそぞろ歩きする時、景色の出現順序は意味を持っても、空間的な位置関係は重要でない。そこが違う。

通訳としてアルジェリアに滞在中、冷凍技術に関する国際セミナーがあった。

「生鮮食品に比べて、冷凍食品の品質はどうなのか」

会場の質問にフランス人講演者はすぐさま答える。

「質は三つの観点から分析できる。ⓐ有害微生物の有無、ⓑ栄養価、ⓒ味である。さてⓐに関しては……」

全体の展望を提示するとともに、挙げられた三つの要素は並列に置かれている。どれから説明を開始してもよい。あるいは㋐故に㋑と因果関係を示してから、本論に入る場合もある。要素の関係を意識すれば、論理の筋道が明確になる。三段論法なら理解できるが、三十段論法では何のことかわからない。人間の記憶力に限界があるからだ。未開社会では

「一、二、三、たくさん」

と数えるという冗談があるが、実は人間の認知能力は誰でもそんなに変わらない。

行政学院（Ecole Nationale d'Administration、頭文字を取って通称ＥＮＡ）やパリ政治学院（Institut d'études politiques de Paris）などでは型を叩き込む。だからエリートは質問が発せられるや否や、反射的に三部構成で論を組み立てる。問いが複雑で答えがすぐにまとまらなくとも、とにかく、こう話を始める。

「三つの観点からお答えします」

説明を続けていくうちに、実は二つしか論点がなかったり、四つ以上の要素が現れる、お粗末な答弁も

ある。それでも最初に論理構造を示す。フランスでは、そのぐらい型にうるさい。

アインシュタインやポアンカレが強調するように、アイデアはまずイメージとして現れることが多く、比喩が大きな力を発揮する。これも型だ。私の研究例を出そう。

## 比喩と型

日本の人口は百年ほどで総入れ替えされる。それなのに何故、年月が経っても日本人はいつも日本人なのか。社会や文化が変化するにもかかわらず、集団同一性がなぜ維持されるのか。変化すれば、同一性は保たれない。逆に同一性を維持すれば、変化できない。この矛盾をどう解くか。

日本の西洋化を扱った『異文化受容のパラドックス』（朝日選書、一九九六年）と、集団同一性に関する一般理論化を試みた『民族という虚構』（東京大学出版会、二〇〇二年）の課題だった。

「日本は〈閉ざされた社会〉であり、かつ〈開かれた文化〉である」

丸山眞男はこう形容した（「原型・古層・執拗低音」武田清子編『日本文化のかくれた形』所収、岩波書店、一九八四年）。実は「開国」（一九五九年、『近代主義』筑摩書房、現代日本思想体系34所収、一九六四年）や『日本の思想』（岩波新書、一九六一年）の時点で丸山は、〈閉ざされた社会〉と〈開かれた社会〉と書いていたが、一九八一年の講演「原型・古層・執拗低音」で初めて〈開かれた文化〉と表現した。ただ、そこでも

「〈閉じた社会（文化）〉と〈開いた社会（文化）〉」

と書くなど、社会と文化という言葉を丸山は互換的に使っている。だが、「〈閉じた社会〉と〈開いた社会〉」／「〈閉じた社会〉と〈開いた文化〉」という二つの対立構図には認識論上の重要な違いがある。

外国文化の要素を取り入れ、絶え間なく変化するにもかかわらず、同一性を保ち続ける日本文化を説明する上で二つのイメージが私にあった。一つは、外部を内部に取り込みながらも同一性を保持するアメーバとの相似であり、もう一つは免疫との類推である。

ギリシア哲学者ヘラクレイトスが挙げた「ナイル川のパラドクス」に、アメーバの無定形性は似ている。川を構成する水は絶えず移り動くから、同じ水がいつもあるわけではない。しかし川の水がいくら変わっても、ナイル川自体は常にそこにある。システムを構成する要素が変化しながらも、システム自体には変容が起きない。こういう事態である。ところで、このような場合、内容としてではなく、関係あるいは構造としての同一性以外に考えられない。アメーバの比喩から出発すれば、社会＝文化という一つのシステムに同時に成立する二つの相として変化と同一性を把握する。そのため、この矛盾を止揚するのは極めて難しい。

だが、免疫の比喩から考えれば、社会（人間の相互作用）と文化（意味・象徴体系）という二つのシステムの区別により、この古典的難問を回避できる。高等動物には免疫があり、外来の異物から身体を防御する。人間の消化管の内面には微細な襞が無数にあり、襞をすべて伸ばせば四〇〇平方メートル、シングルスのテニスコート二面分に相当するという。身体は単純化すると一本の土管のようなものだ。胃や腸の中は身体の内部ではなく、解剖学的にみれば外部に位置する。皮膚や感覚器官に加え、消化管内腔の粘膜を介して我々は外界とコミュニケーションを保つ。だが、何でも無条件に取り入れるのではない。自己破壊の危険がある異物は濾過装置にかけて排除しながら、物質・情報・エネルギーを外界と交換する。つまり自己を閉じながら、同時に外部に開いている。閉鎖のおかげで開放が可能になる。同様に、私は自問した。

「閉鎖と開放とを反対概念として捉える前提がそもそもおかしい。日本社会は閉ざされているのにもかかわらず、文化が開くのではない。社会が閉ざされるからこそ、文化が開くのではないか」

比喩に頼って論理をごまかすのではない。思考の型として比喩を活用するのであり、具体的な説明は別に提示しなければならない。影響源である西洋と、影響を受け入れる日本との距離および媒介的関係、そして凝集性の高い日本社会のコミュニケーション構造に私は注目して、西洋化メカニズムの形式を抽出した。しかし詳細に関しては拙著を参照していただこう。

比喩について、もう少し敷衍する。日本は古代から大陸文化の強い影響に曝されてきた。それゆえ、日本思想から外来要素を排除すれば、タマネギの皮剝きのように、あとには何も残らない。だが、〈日本的なもの〉がまったくないわけでもない。日本の思想や教義は内容としては外来である。しかし日本文化に入る際に一定の変容を受け、大幅な修正が起きる。仏教はその代表例だ。そこで丸山眞男は提唱する。

要素としてではなく、外来思想が修正されるパタンに、恒常的な〈日本的なもの〉を見い出すべきだ（「原型・古層・執拗低音」）。

〈日本的なもの〉と言っても、そのようなモノがあるわけではない。実体化を避けるために丸山はいくつかの比喩的表現を試みる。「プロトタイプ」「原型」「古層」などを経て、最終的に音楽用語の「バッソ・オスティナート（執拗低音）」に行き着く。日本思想史を奏でる「主旋律」は中国大陸あるいはヨーロッパという外部から渡来した。だが、そのまま響かないで、日本文化の「低音部」に執拗に繰り返される一定の「音型」によって変質をこうむり、異なる響き方をする。

変化する要素もあるが、他方恒常的要素もある、とか、断絶面もあるが、にもかかわらず連続面もある、というのではなく、まさに変化するその変化の仕方というか、変化のパタン自身に何度も繰り返される音型がある（「原型・古層・執拗低音」）。

丸山の示唆に導かれ、この「バッソ・オスティナート」を免疫の比喩に私は翻訳した。それはすでに説明したとおりである。理由は、「音型」のままだとブラック・ボックスとして扱われてしまうからだ。内部機構を明らかにするために、社会（人間の相互作用）と文化（意味・象徴体系）という二つのシステムを区別し、「バッソ・オスティナート」を「音型」という実体的な構造ではなく、メカニズムあるいはプロセスとして解析したのである。

その際、ケプラーとニュートンの理論を比較したアインシュタインの指摘にヒントを得た（A. Einstein, « La mécanique de Newton et son influence sur la formation de la physique théorique », in *Œuvres choisies, vol. 5, Sciences, Éthiques, Philosophie*, Seuil/CNRS, 1991, p. 235-241）。

惑星が太陽の周りをどのように移動するかという問いに対しては確かに、これら［ケプラー］の法則によって完全な答えが与えられている。すなわち軌道が楕円形を描くこと、均等な時間内に同じ面積が通過されること、楕円の長軸と公転周期との関係などについてである。しかしこれらの法則は因果関係の必要性には答えない。［……］これらの法則は包括的に捉えた運動を問題にするのであり、あるシステムの運動状態が直後の状態を生ぜしめる機制は検討されない。今日の言葉で語るならば、これらは積分的法則であり、微分的法則ではない。

「積分的」「微分的」という表現は数学的意味で使用されている。だが、それぞれ「包括的」「局所的」と読み換えれば、どうだろう。アインシュタインが積分的と規定するケプラーの法則は現象描写にすぎず、ニュートンの法則に至ってはじめてプロセス自体に光が当たる。

「何故、太陽と惑星は一定の関係を維持し続けるのか」

このような疑問にケプラー法則は答えない。太陽と惑星群の全体を一つの系として捉え、包括的に記述するからである。それに対してニュートンの分析では、太陽や惑星の関係がアプリオリに与えられない。それぞれの天体を一つの独立した個体（より正確には質点）に還元した上で、万有引力という概念を媒介にして、いったん切り離された天体群を再び結びつける論理構成を採る。同様に、「バッソ・オスティナート」という静的な構造を動的プロセスに変換するアプローチが必要だった。

## 古典から型を学ぶ

〈閉ざされた社会〉と〈開かれた文化〉が共存する謎は、丸山眞男のおかげで解けた。さらに日本の異文化受容プロセスを析出する上で、アインシュタインの解説に助けられた。残る問題は、集団が変化しながら同一性を保つパラドクスをどう解くかだ。

変化が生じれば、同一性は実際には破られる。だが、その変化に気づかなければ、あるいは自発的に変化したと錯覚すれば、同一性の感覚は維持される。

これが私の到達した答えである。フランスの歴史家エルネスト・ルナンは言った（E. Renan, « Qu'est-ce qu'une nation ? », in *Discours et conférences*, Pocket, 1992 [1ère édition, 1887]）。

忘却、そしてさらに言えば歴史上の誤謬が国民形成のための本質的要因をなす。したがって歴史研究の発展は国民にとって危険な試みなのである。

先達が磨き上げた型が、ここでも役立った。「テセウスの舟」と呼ばれる、ギリシア時代から議論されてきたテーマがある。テセウスはギリシア神話に登場する女神エーゲの息子だ。

漁師が木の舟を漕いで毎朝、魚を捕りに行く。木の舟はだんだん傷んでくる。腐るところもあるだろうし、岩にぶつけたりもするだろう。だから、ときどき新しい板で修理する。舟はどんどん悪くなり、修復されてゆく。修理の度に部品が替るから、いつかはすべての材料が交換される。そこで疑問がおこる。これは最初の舟と同じ舟なのか。毎日使ってきた舟だから同じ舟のような気がする。だが、最初の舟の材料はもう残っていない。それでも同じ舟と言えるのか。

目前で舟を破壊してみよう。そして前の舟と同じ構造になるように、新しい材料で舟をその場で建造する。この場合、舟の連続性は感じられない。新しい舟が元の舟の復元コピーにすぎないのは明白だ。ところで、一〇〇年かけて徐々に材料を替えようが一瞬で替えようが、すべての材料が新しくなった事実は同じである。そしてどちらの場合も舟の形は維持されている。しかし心理的には違う気がする。すべての部品が交換されても、その期間が十分長ければ、同じ舟だと感じる。同一性が対象自体に備わる性質ではなく、心理現象であることが、こうしてわかる。

同一性を保証するのは、舟の材料でもなければ、形でもない。同一性の根拠は当該対象の外部に隠れている。異なる状態を人間が同一化する。これが同一性の正体だ。時間の経過を超越して継続する本質が同一性を支えるのではない。対象の不変を信じる人間が同一性を錯覚するのである。

構成部品が間断なく入れ替わる舟と同様に、集団も構成員が不断に交代する。それにもかかわらず、集団が同一性を保つと感じるのは、構成員が一度にすべて交換されず、少しずつ連続的に置換されるからだ。死ぬ者がいて、生まれる者がいる。毎日交換される日本人の割合は総人口の〇・〇〇二パーセントほどにすぎない。ある状態から次の状態への移行が滑らかに行なわれるおかげで、日本人と呼ばれる同一性の感覚が維持される。それに他の動物と異なり、ヒトの生殖活動は季節の限定を受けないので集団の更新時期が特定されない。そのため変遷が切れ目なく連続的になされるという事情も同一性の錯覚を容易にする。我々の世界は数限りない断続の群れから成る。だが、他者との相互作用が密かに生み出す虚構のおかげで集団の連続性が感じられる。

以上は、ギリシア時代のヘラクレイトスやアリストテレス、あるいは紀元二世紀ごろの仏教中観派ナーガールジュナ、そして中世のトマス・アクィナス、近代に入ってからはトマス・ホッブズやデヴィッド・ヒュームなどが彫琢してきた型だ。それを私は借用しただけである。

奇術師が白いハンカチを丸めると純白の鳩に変わる。実際にはそんなこと無理だから、ハンカチを鳩とすり替えるしかない。ハンカチが消失して鳩が出現するのであり、モノの次元で変化は起きていない。すり替えではなく、ハンカチが鳩に変わったと感知されるためには、手品を見ている観客によって両者が同一化される必要がある。ハンカチが消えて数分後に鳩が現れても、変化が起きたとは思わない。あるいは奇術師の手からハンカチが消えた直後に、舞台の袖から虎が現れても、ハンカチが虎に変身したと思う観客はいない。白いハンカチが同じくらいの大きさの白い鳩に同じ場所で瞬時にすり替えられるから、変化を感じるのである。空間と時間の連続性が同一性と変化を両立させる。テセウスの舟と同じ原理だ。

## 開かれた社会の論理構造

問題を処理する論理構造だけでなく、本や論文の構成にも型が役立つ。『社会心理学講義』のサブタイトル、「〈閉ざされた社会〉と〈開かれた社会〉」は脱稿の少し前に思いついた。しかし、たったこれだけのことで全体の構成が大きく変わるから不思議だ。社会システムの同一性維持と変化を縦軸に、〈閉ざされた社会〉と〈開かれた社会〉を横軸に意識したおかげで論理構造がはっきりし、有機的な骨格が浮上した。表現は似ているが、先に述べた日本の異文化受容とは別の問題設定である。〈閉ざされた社会〉／〈開かれた社会〉の対立は、フランスの哲学者アンリ・ベルクソン（H. Bergson, *Les deux sources de la morale et de la religion*, PUF, 2003［1ère édition: 1932］）とオーストリアの哲学者カール・ポパー（K. Popper, *The Open Society and its Enemies*, Routledge, 1945）が提示した有名な構図だ。ただし、先達と異なる角度から私は迫った。

〈開かれた社会〉の意味を考える上で、チェコ出身の数学者クルト・ゲーデルの不完全性定理が頭にあった。どんな数学体系にも、証明不可能な命題が必ず存在する。つまり自己完結する、閉じた理論体系は原理的にありえない。体系内部で証明不可能なら、当該の体系を超えるメタレベルからしか、その命題の正否は判断できない。

この定理との類推から、次のように考えた。社会が閉じた系をなすならば、そこに発生する意見・価値観・行動はシステム内部の論理だけで処理され、正否が判断できる。規範に反する異端者の考えは否定され、多数派に吸収される。社会心理学のほとんどの理論はホメオスタシス・モデルに依拠する。ホメオスタシスとは、振り子やサーモスタットのように定点から離れると負のフィードバックがかかり、元の状態に戻ろうとするシステムのことである。攪乱要素の排除を通して社会の安定が保たれる、つまり社会を閉鎖システムとして捉えている。レオン・フェスティンガーの有名な「認知不協和理論(Theory of Cognitive Dissonance)」は、その典型である。

それに対し、モスコヴィッシの少数派影響理論は、社会を開かれた系として把握する。当該システムの論理だけでは正否を決定できない異端者の意見・価値観・行動が、システム内部に必ず存在する。社会は開かれた系をなし、攪乱要因が発生する。この攪乱要因は社会の既存規範に吸収されず、社会の構造を変革してゆく。これがモスコヴィッシの発生モデルである。

ゲーデル定理を根拠に論を組み立てたのではない。数学の素養がない私には、残念ながらゲーデルの論文は理解できない。だから一般読者向けの解説書を読んだだけで、本当のところはわからない。定理が成立するために、どのような条件が必要なのかも私は知らない。だが、ゲーデル定理の単なる比喩的援用ではなく、デュルケム・モスコヴィッシ・ハイエクのアプローチを総合して同じような結論に達したのは、『社会心理学講義』をまとめて得た大きな収穫だった。彼ら三人の思想はすでに知っていた。しかし一緒にして考える機会がなかった。〈閉ざされた社会〉／〈開かれた社会〉という枠組みを通して、ゲーデル定理と同じ型だと気がついた。

この枠組みを意識したおかげで、次にやる課題もはっきりした。今準備中の『正義という虚構』では、政治哲学の落とし穴を検討する。一般的に政治学や法学は、共同体に生きる市民の権利関係を公共空間として把握する。正当な権力関係を規定し、それを遵守するための政策や制度を練り上げる。部分と全体の関係を問うと言っても良いだろう。

しかし、この発想には時間が抜け落ちている。『社会心理学講義』で議論したように、それでは正統性の定立が不可能だ。人の絆は合理的に構築できない。権利や権力という明示的な論理関係だけでなく、権威という社会心理現象が加わって初めて、権利・権力関係に正統性が付与される。

公共空間として論理的に人間関係を捉えれば、社会は閉ざされたシステムをなす。論理性とは何を意味するのか。ある数学定理が証明される瞬間は歴史上の具体的一時点だ。例えばピタゴラスの定理が発見されたのは紀元前五世紀であり、イギリスの数学者アンドリュー・ワイルズによってフェルマーの最終定理が証明されたのは一九九四年である。しかし論理的な意味で定理は最初から公理に含まれている。そうでなければ演繹できない。必然的に至る論理的道筋の明示が演繹だからである。もし歴史が同じ論理構造に従うならば、世界は原初から決定されていることになる。だが、世界の初期状態から何らかの法則に従って現在が生まれるならば、それは本来の意味での歴史ではない。歴史とは、未来予測が不可能だということであり、時間が流れるとは、未来が決定されていないという意味である。

したがって時間を排除し、〈正しい世界〉を論理的に抽出する政治哲学の試みは、ルソーの社会契約論が失敗したように原理的な問題を抱えている。権利関係で規定される公共空間としてではなく、虚構が生み出す時空間として社会を捉える必要がある（さしあたっては『責任という虚構』第六章「社会秩序と〈外部〉」を参照）。

## 社会変化と進化論

『社会心理学講義』にはダーウィン進化論が何度も顔を出す。これも型の話だ。誤読がしばしばあるので補足しよう。

進化論を持ち出したのは変化の論理構造を明確にするためである。ネオ・ダーウィニズムを援用して人間社会を説明したのではない。この学説は突然変異と自然淘汰という二つの柱に支えられる。突然変異、つまり再生産の失敗が原因で多様性が生まれる。そして従来から生息する多数派よりも、新たに発生した少数派の生き残る率が高ければ、次第に置換されて種が変遷する。こういう構図である。つまり種という〈全体〉の変化を、〈部分〉の漸進的置換によって説明する。実際に種の変化を担うのは個体であって、種という実体は存在しない。環境に適した個体の選別を通して集合としての種が進化する。

社会を開放システムとして理解する上で、何故ダーウィン説が役立つのか。理由は二つある。まず、変化という概念が想像以上に難解であり、ダーウィンが突破口を切り開いたからだ（変化がなぜ難問なのかは『増補　民族という虚構』「補考　虚構論」［ちくま学芸文庫、二〇一一年］あるいは『社会心理学講義』第11講および第12講を参照）。

進化論はもともと、生物界の多様性を説明するために考え出された。ラマルクもダーウィンも、種が変化する説明原理として進化論を構想したのではない。多様な生物を初めから神が作ったという旧約聖書の創世記を否定し、進化の結果、生物は多様化したという仮説を立てたのである。

　進化はそもそも、この世界にはなぜこんなにも沢山の生物がいるのか、すなわち多様性の説明原理として考えられたものだ。進化論は生物多様性は、神が各々の生物種を現在あるように創ったからではなく、進化の結果である、と主張する（池田清彦『生命の形式　同一性と時間』哲学書房、二〇〇二年）。

ところでラマルクとダーウィンは、すでに対比したケプラーとニュートンのような型をそれぞれ踏襲している。多様性を説明する方法には、大きく分けて三種類ある。

第一のタイプは、神の摂理を持ち出す創造論だ。多様な生物界は最初から神が与えたのであり、生物に進化は起きないという立場である。長い進化の過程を経て人間が誕生したのではなく、神の姿に似せて、世界の最初にアダムとイヴが作られたという物語を信じる米国人は今でも多い。二〇一二年に行なわれたギャラップ社の世論調査によると、四六パーセントの米国人がこの説を信じており、三二パーセントは進化を認めるものの、神の導きによって進化が生じたと考えている。進化に神は関係ないと認める人はわずか一五パーセントにすぎない。

第二のタイプはラマルク理論であり、同じ法則に従って、時間の経過とともに、どの生物も複雑性が増すと主張する。したがって早く誕生した種ほど、進化の歴史が長く、より複雑な様相を示す。こうして多様性を理解する。

　ラマルク進化論の基本構想はデカルト的な機械論である。ラマルクは生物の自然発生が昔も今も生じていることを擁護した上で、自然発生した有機体は、統一進化法則とでも呼ぶべき普遍的法則の下で徐々に秩序を増していくと考えたのである。［……］ラマルクの考えによれば、大昔に自然発生した有機体は、この統一法則の下で秩序を増し、今や高等な生物に進化しているのである。一方、最近自然発生した有機体は今の所まだ下等生物にとどまっている（池田前掲書）。

ラマルクの着想と異なり、第三のタイプであるダーウィン理論は、すべての生物に共通する発展法則の存在を否定する。

ダーウィンの進化論の基本構想はラマルクとは全く違っている。ダーウィンはすべての生物に当てはまる発展法則といったものを排除した。［……］ダーウィンが進化の要因として力説したのは同一性ではなく、状況依存的、文脈依存的な出来事である。［……］ある形質が適応的か否かは、形質の側からは決まらず、状況依存的である他はない。同じ形質がある状況では有利になり、別の状況では不利になる。有利・不利を決める決定論的な法則は存在しない。自然選択説の要諦はここにある。［……］生物が徐々に高等になったのは、生物に秩序を増大させる何らかの法則が内在しているからではなく、自然選択の結果たまたまそうなったにすぎないのである（池田前掲書）。

ラマルク説は変化を内在的に説明する。どのような法則に従うにせよ、すべての生物の進化が同じ道のりを辿って複雑化し、その状態に至る時間の長さで進化の度合いが決まると考える以上、神を引っ張り出す創造論と同様に、変化の原因はブラック・ボックスに閉じ込められる。ケプラーの認識論と同様、それでは変化の現象描写にすぎず、プロセス自体の説明ができない。内在的とは、そういう意味である。対してダーウィン理論は自然淘汰という外的要因で変化を説明するため、科学の因果論的アプローチに馴染む。生命を把握する上で、生気論（vitalism）が物理化学プロセスの還元主義に取って代わられた理由も同じである。内在論は変化の原因を必然的にブラック・ボックスに送り込み、説明不能に陥るからだ。

「内因　対　外因」という構図は認識論の重要なテーマをなす。アリストテレスとガリレイの対比がよく知られている。アリストテレスによると、すべての物体は固有の性質を持つ。重い石が落下するのは、その本来の場所に戻ろうとするからだ。確かに、同じ重さの石を落としても空中と水中とでは落下速度が異なるように、当該の物体を囲む環境も物体運動に影響を及ぼす。しかし落下速度の違いを物体と環境との相互作用の結果だとアリストテレスは考えず、あくまでも物体固有の性質を攪乱する要因として環境を把握した。

反してガリレイは物体を環境から切り離さない。物体がおかれている環境との相互作用として物理現象を分析する。社会心理学者クルト・レヴィンの有名な論文から引用しよう（K. Lewin, *A Dynamic Theory of Personality*, McGraw-Hill, 1935）。

> アリストテレス的理解においては、当該の物体が本来持つ性質から生ずるプロセスを無理に変更し、「攪乱」するという意味でのみ環境が考慮される。物体運動を起こすベクトルは

物体固有の特性によって完全に決定される。つまりベクトルの状態は物体と環境との関係に依存しない。どの時間における環境条件にも無関係な、物体だけに固有な性質として把握される。軽い物体が上方に向かう傾向は、その物体自体の性質に由来する。［……］しかし近代物理学においては、軽い物体の上方への移動を、この物体とそれを取り巻く環境との関係から引き起こされる現象だと考える。それだけでない。物体の重量自体が環境との関係に依存する概念なのである。

重量とは物体に作用する重力の大きさである。したがって同じ物体でも地上と月面では重量が異なる。月の重力は地球の六分の一しかない。よって重量も六分の一になる。物体の重量自体が環境との関係に依存する概念であるとは、こういう意味だ。運動の原因が物体に内在すると考えるアリストテレスと、運動の原因を物体と切り離し、運動をプロセスとして把握するガリレイ。前者はブラック・ボックスに原因を閉じ込める。後者は外因の関係態として物理現象を理解し、ブラック・ボックスを放棄する。ケプラー／ラマルクの包括的アプローチとニュートン／ダーウィンの局所的アプローチの対比に似ている。

変化概念を置換現象に変換したおかげで、同一性と変化のパラドクスをダーウィンは回避した。『社会心理学講義』第11講で示したように、経済史家の大塚久雄（大塚久雄・高橋幸八郎・松田智雄編著『西洋経済史講座』I所収の大塚「緒言」、岩波書店、一九六〇年）もマルクス（例えばマルクス／エンゲルス『ドイツ・イデオロギー』）もモスコヴィッシ（S. Moscovici, *Social Influence and Social Change*, Academic Press, 1976）も、そしてフランスの社会心理学者ジェラール・ルメンヌも同じ戦略を採用している（G. Lemaine, "Social differenciation and social originality", *European Journal of Social Psychology*, 4, 1974, 17-52）。

ダーウィン進化論をモデルに考察した、もう一つの理由は、歴史には法則が存在しない事実をダーウィン（正確にはネオ・ダーウィニズム）が説得力を持って示したからだ。突然変異と自然淘汰という二つの概念によって、変化のメカニズムは説明される。しかし、偶然生ずる突然変異と、その個体がたまたま生まれ落ちた環境条件に応じて生存率が左右される以上、どの方向に世界が変遷するかは原理的にわからない。つまり未来は決定されていない。変化は必ず生じ、そのメカニズムは突然変異と自然淘汰という二つの原理に集約される。しかしそれでも、変化を司る法則は存在しない。まるで魔法のようなアイデアをダーウィンが見つけたのである。

こうして私は〈開かれた社会〉を把握した。社会には必ず逸脱者が生まれ、それが契機となり社会が変遷する。同じ型の理解である（未来予測不可能性と決定論の間に矛盾がない事実、そして根拠なく世界が生まれるのにもかかわらず、〈真理〉があると錯覚するメカニズムに関しては『責任という虚構』第六章「社会秩序と〈外部〉」および『社会心理学講義』第14講「時間と社会」を参照）。

## 自己防衛が理解を妨げる

ところで、日本の西洋化を解明する道のりは平坦でなかった。社会の閉鎖と文化の開放が相補的関係にあるという結論を隠し、邪魔したのは支配概念だった。日本の西洋化については多くの学者が研究しているが、黒船到来・原爆・進駐軍がよく引き合いに出されるように、

「支配されたから、西洋文化を受け入れた」

という説明が日本では主流を占める。

私も初めの頃は、そう考えていた。ところがフランスに住み始めて諸国の人々と話すうちに、日本の西洋化を支配概念で説明する無理に気づいた。日本のテレビ広告には多くの白人が登場し、日常会話にも西洋起源のカタカナ語が飛び出す。この事実を紹介すると、フランス人も他の外国人も一様に驚く。

「日本は西洋によって一度も支配されたことがない国だ。なぜ西洋化が起きるのか」

例えばアルジェリアは一八三〇年にフランスの植民地にされ、一九六二年に独立を勝ち取るまで一三〇年間虐げられた。ヨーロッパ植民地主義は十五世紀後半から徐々に侵略を進め、世界の多くの人々を支配した。例外的に独立を守ったのはタイと日本ぐらいだ。それに日本の場合は隷属の憂き目を見なかっただけでなく、反対に植民地を持った。他国を大規模に占領した国は非西洋圏では日本しかない。

開国時の黒船、広島と長崎に投下された原爆、敗戦直後の米軍駐留は当時の人々に激しい衝撃を与え

た。一八五三年、ペリー提督が軍艦四隻を率いて浦賀に入港したと報じられるや、大騒ぎになった。一九四五年の無条件降伏により、男は奴隷として酷使されるか皆殺しにされ、女は強姦されると恐れた。だが、大量虐殺や奴隷化は実際には起きなかった。

アルジェリア人・朝鮮人・アメリカ先住民（インディアン）などに課された状況と、日本がたどった道程は比較の対象にもならない。言語を奪われ、姓名の変更を余儀なくされ、経済・政治・文化のあらゆる分野で従属状態におかれた人々と、逆に帝国主義勢力として植民地を持った日本は同列におけない。

支配概念によって西洋化を説明するのは、日本を欧米とばかり比較するからだろう。近代を創り出す過程で西欧は世界のほとんどの人々を征服し、足元にひれ伏させた。この植民地勢力の老舗に比べれば、幸徳秋水が「空威張《からいばり》的飴細工《あめざいく》的」と揶揄した、後発帝国主義国である日本は脆弱な存在にしか映らない。世界に生きる諸民族から西洋と日本だけを切り離して比較するから、日本を被支配国だと誤認するのである。広島と長崎への原爆投下の非難には熱心でも、アジア各地で日本軍が行なった残虐行為には鈍感で、被害者意識ばかり旺盛な事実とつながっていないだろうか。この発想をもっと滑稽にした論議をフランスの新聞紙上で見つけた。

「アメリカ言語・文化帝国主義の侵略をアフリカは受けている。これに対抗してフランス文化を守れ」

ここには強者の覇権主義だけが現れていて、圧倒的多数の人々が視野から落ちている。イギリスに次ぐ強大な植民地帝国を過去に誇ったフランスは、アフリカ諸国にフランス語を強制してきた。こうして生まれたフランス語圏の維持を目的として、「フランス・アフリカ諸国首脳会議」が定期的に開催されている。

日本が十九世紀中葉に出会った西洋は、文化的な存在である前に何よりも先ず、強大な経済力を背景とした帝国主義勢力として、あるいはもっと端的に言って、ひとつの恐るべき〈力〉として姿を現した。危機的状況の中で日本は、西洋という〈力〉に対抗するもう一つの〈力〉として自らを形成してゆく。そこから、異質な力である西洋と、競合する力としての日本、という図式が出来上がり、それ以外の地域は両者によって支配される単なる対象と見做されるようになった（吉田悟郎「自国史と世界史」、比較史・比較歴史教育研究会編『自国史と世界史』未来社、一九八五年所収、一七－三二頁）。この歴史事情は我々の意識に今でも深い痕跡を留めている。

もし抑圧や脅威によって異文化受容が生じるなら、日本は世界で最も西洋文化を拒否した国でなければならない。こんなことを考えているうちに、日本の西洋化を支配概念で捉える通説に疑問を持つようになった。

だが、頭で理解しただけでは何にも変わらない。この研究を始めたのは、フランスに住みだして五年ぐらい経った頃で、「西洋世界」と「日本人としての私」との関係に頭を悩ませていた時期だ。日本の西洋化の研究は私自身のアイデンティティに関わっていた。

日本の西洋化を理解する鍵をモスコヴィッシの少数派影響理論がくれた。影響は力では説明できない。だが、その考えを受け入れるにも時間がかかった。

「深い変化をもたらし、長く持続する真の影響は少数派のみが起こす。世界を変革するのは異端者だ」

こう主張するモスコヴィッシを誤解し、セミナーで噛みついた。

「そんなことを言うのは、各地に存在する支配や抑圧の事実を隠蔽しようと企むからではないか」

差別・抑圧状況を非難するあまり、少数派の潜在的な〈力〉を見失うとしたら、それこそ支配側の罠に陥るだけだ。反動どころか逆に、少数派影響理論は支配の悪循環を断ち切る可能性を提示している。だが、素直にそう理解できる心の余裕はまだなかった。

第四章で詳らかにする、合計二年半にわたるアルジェリア滞在が、新しい見方を私にもたらした。支配概念にこだわる気持ちは、西洋への憧れと同時に反発する心理、また南北問題が深刻化する中で先進工業国、つまり支配側に自らが属す罪悪感と結びついていた。ところが第三世界で実際に生活し、理想と現実の落差を知ったおかげで考えが変化した。搾取される南側の住民も実は自由や平等を求めているのではない。被支配側にいるのが嫌なだけで、国内で権力を掌握し支配側にまわった者は第三世界内部で同じ搾取を繰り返している。そんな事実に気づいた時、データが違う意味を帯び始めた。

慣れ親しんだ思考枠から抜け出すためには、研究対象だけ見ていても駄目である。問題に対峙する人間の世界観や生き方が変わる必要がある。人文学では多くの場合、自分自身が研究対象に含まれる。男女差別に関心を持つのはたいてい女性であり、少数民族出身者ならば、人種差別やアイデンティティ危機をテーマに選びやすい。それは研究活動が自分探しにつながっているからである。だからこそ、思考枠を崩すのが難しい。自らの存在を正当化する基盤が危うくなるからだ。時には棄教や改宗にも似た辛い体験をすることもある。そのような深い省察を経て初めて、豊かな見方が現れてくる。研究は頭だけではできない。腑《はらわた》を切り刻み、苦渋に涙を流す身体運動だ。ハウツー本が提案するような情報のつまみ食いとは無縁の作業である。

## 思考枠を感情が変える

我が子を失って悲嘆にくれる若い母の物語が仏教にある（長尾雅人「仏教の思想と歴史」『世界の名著 大乗仏典』中央公論社、一九六七年所収）。

「赤ん坊を生き返らせて欲しい」

母親は会う人ごとに訴えていた。人々は同情し、

「ガウタマ・シッダールタという高僧に頼めば、奇跡を起こしてくれるかも知れない」

と勧める。気を取り直した母親は、死んだ子を抱いて釈迦に会いに行く。

「それは気の毒な話だ。赤ん坊を生き返らせてあげよう。村へ帰って芥子の実を二、三粒貰ってきなさい」

彼女は喜んで走り去ろうとする。その時、釈迦は付け加える。

「ただし芥子粒は、死者を一度も出したことのない家から貰ってこなければならない」

半狂乱の母親にその真意は計り知れない。村にとって返した彼女に、人々は喜んで芥子粒を差し出す。だが、第二の条件に対しては、

「とんでもない。うちでは父や母だけでなく、娘も亡くしている」

そんな答えしか返ってこない。最初のうちは希望を捨てずに尋ね歩くが、家から家を駆けめぐるうちに釈迦の言葉の意味が分かってきた。

「生きとし生けるものは、いつか必ず死ぬ」

ほとんど村をまわった頃には狂乱が消え去り、心の平安を取り戻したという。

この説話には重要な教訓が三つある。（1）悟った後では、

「こんな当たり前のことが、どうして分からなかったのか」

と当人も訝るほど、答えは自明である。（2）単に頭で考えるだけでは、答えに到達できない。実際に身体を動かし、積極的に努力して初めて悟りが開く。そして最も大切な点、（3）求める救い、つまり子の復活を願う心がまさしく問題を生んでいた。答えこそが問題だった。無理な解決を諦めた時、同時

に苦悩が消え、救われる。釈迦の出した謎解きが袋小路から母親を連れ出し、解放する。禅の公案も同じ論理の仕組みだ。

これが本当の理解であり、教育である。新しい知識を付け加えても、既存システムの内部に変化が留まるうちは堂々巡りを繰り返す。どうすれば、システム自体を変化させられるか。

米国の哲学者ウィリアム・ジェームズは、自己がいったん解体された後、新たな自己として再生される過程に注目して宗教体験を捉えた（W. James, *The Varieties of Religious Experiences*, The Library of America, 1990［1st edition: 1901-1902］）。古い世界観が溶解し、絡み合っていた要素群が分離される。解体作業に伴って自己同一性が崩壊し、不安に苛まれる日々が続く。しかしある時、何かの原因から自己が再構成され、悟りにいたる。

社会心理学の父と呼ばれるクルト・レヴィンは「解凍」「変化」「再凍結」という三段階プロセスで心理変化を捉えた（K. Lewin, *Resolving Social Conflicts; Selected Papers on Group Dynamics*, Harper & Row, 1948）。異質な要素の乱入によりシステムが不安定な状態になる。その後、新しい平衡点にシステムが収斂して再び安定状態に落ち着く。このプロセスの最初において感情が大きな役割を果たす。理詰めで説得しても、思考枠は壊れない。胸中の琴線に触れないと本当の変化は起こらない。

必要でかつ十分な要素だけで数学の証明は構成される。対して、私の書き方は数学の証明を念頭に置きながらも、弁護士の法廷弁論のように、読者を説得するために多様な材料を用いながら、同じ論点を繰り返す。政治演説は特に繰り返しが多い。弁護士の力説と同じで、必要十分条件だけ提示しても聞き手は納得しない。論理と感情の両方を揺さぶる必要がある。マーティン・ルーサー・キングの名演説「I have a dream.」は、その典型だ。最初の方でOne hundred years later（一〇〇年を経た今日）という句、次にNow is the time（今こそ、その時だ）がそれぞれ続けて四回繰り返される。後半の佳境に入るとI have a dream（私には夢がある）という句が八回、そして演説の終結部に達するとLet freedom ring from（……から自由の鐘を鳴り響かせよう）と一〇回も繰り返される。演説全体を十分の一に縮めても趣旨は通じる。だが、それでは人の心は動かされない。そして感動がなければ、信条も行為も変わらない。

ハリウッド映画のシナリオ参考書を著したカール・イグレシアスは助言する（K. Iglesias, *Writing for Emotional Impact*, WingSpan Press, 2005)。

> テーマは直接表に出さず、ストーリーの深部で響かせることが大切だ。そのためには感情に訴えるのが一番良い。説明されるよりも、感激して夢中になる時に人間はよく学ぶ。

米国ハーバード大学の政治学教授マイケル・サンデルの有名な講義「Justice: What's the Right Thing to Do?」（NHK放送の邦題は「ハーバード白熱教室」）をYouTubeで見るとよい。学生が発言したら、サンデルは必ずファースト・ネームを尋ねて御礼を言う。これだけで学生の積極性が増す。それに彼は論理と感情を巧妙に混ぜる。感情だけでは学問にならない。だが、論理だけでも説得できない。そのさじ加減がサンデルは上手い。

人間の習慣は簡単には変わらない。毎年、莫大な金額が広告に費やされる。しかし商品イメージは容易に変えられても、購買行動の変化を引き起こすのは難しい。歯磨きの励行、アルコール・タバコ・麻薬の防止、安全ベルト着用などに関して、多くの研究がなされてきた。情報を与えれば、意識は変わる。だが、実際に行動を変える効果はない（W. J. McGuire, “Attitudes and attitude change”, *In* G. Lindzey & E. Aronson（Eds.）, *Handbook of Social Psychology*, Random House. 1985, p. 233-346）。

意識が変わっても行動は変わらない。だが逆に、行動が変化すれば、それに伴って意識も変化する。強い感情が行動を変え、その結果、意識も変わる（L. Festinger, *Theory of Cognitive Dissonance*, Row, Peterson, 1957；拙著『社会心理学講義』を参照）。人間は合理的な動物ではない。行動を後から合理化する動物である。

核心に到達するには、理解枠の誤りに気づくための迂回路をしばしば必要とする。サッカーに喩えるならば、ゴールまでの最短距離はたいていの場合、直線を描かない。サイドにボールを振って、敵エリア深く侵入してからセンタリングしてゴールを襲う。あるいは後方に控えるミッドフィールダーにボールを戻してシュートを決める。それがゴールへの最短距離である。

生き物としての人間、生身の身体が世界を作り、営む。行為や言葉に我々は単に論理だけで反応するのではない。喜びや怒り、悲しみとともに意味を把握する。感情や認知バイアスという濾過装置を通さなければ、人間は生きられない。重力で曲がった空間を通る時、光は直進しない。二点を結ぶ最短距離は直線を描かない。仏教の方便や公案にも通じるだろう。常識を覆すためには、こういうレトリックが欠かせない。

# 第三章

# 文科系学問は役に立つのか

ここまでは、考える意味を一般的視点から検討した。次は焦点を絞り、教育や研究について議論しよう。人文系学問は無駄だという世論が日本と同様、フランスでも強くなりつつある。フランスの大学事情を参考に、この考えの誤りを指摘したい。大切なのは知識を積むことではない。教育の本質は常識の破壊にある。それは真理が存在しないからだ。〈正しい世界〉という表現が無意味だからである。

## 教育の弊害

思想家・内田樹がブログに書いている（「利益誘導教育の蹉跌」）。

スティーブン・ジョブズも、マーク・ザッカーバーグもさっさと大学をドロップアウトして「他の方法」で世界的な富豪になった。たぶん中学でも高校でも、このお二人は先生たちからは「反抗的なガキ」として憎まれていたと思う。興味のない教科の勉強なんかぜんぜんやらなかったはずである。［……］

「やりたいこと」に達するために、しぶしぶ迂回的に「やりたくないこと」を我慢してやるようなタイプの人間は、どのような分野においても「イノベーターになる」ことはできない。これは自信を以て断言することができる。ぜったいに・なれません。
ビジネスマンとして、あるいは政治家として、あるいは官僚として、小成することならできるだろう。だが、「算盤を弾いて、『やりたくないこと』を今は我慢してやる」ことができるようなタイプの人間には「イノベーション」を担うことはできない。［……］
真にイノベーティブな才能は、論理的に言って、その才能の意味や価値を査定する度量衡そのものが「まだない」ものである。そうである以上、「最もイノベーティブな子ども」は学校においては「能力計測不能」の「モンスター」としてしか登場しようがない。［……］
「あなたはどうやって学校教育で潰されることを免れて生き延びたのですか？」たぶん、半数が「私、学校行かなかったから」。残り半数が「あ、私、帰国子女ですから」と答えるであろう。

弁護士を父に持つ裕福な家庭で育ち、ハーバード大学を卒業した、マイクロソフト創始者ビル・ゲイツとは対照的に、アップル共同創業者スティーブ・ジョブズは私生児として生まれ、学歴のない肉体労働者の家庭に養子として引き取られた。高校まで問題児だったジョブズは大学に進学するも、すぐに辞めてしまう。膵臓癌で死ぬ数年前にスタンフォード大学の卒業式に招かれて行なったスピーチを、こう締めくくった。

「ハングリーであれ。愚かであれ」

いつから学校はつまらない場所になったのか。大衆教育の必然的結果なのか。

作家・坂口安吾は言った（「不良少年とキリスト」。「坂口安吾全集 06」筑摩書房、一九九八年所収。初出は一九四八年）。

親がなくとも、子が育つ。ウソです。親があっても、子が育つんだ。親なんて、バカな奴が、人間づらして、親づらして、腹がふくれて、にわかに慌てゝ、親らしくなりやがった出来損いが、動物とも人間ともつかない変テコリンな憐れみをかけて、陰にこもって子供を育てやがる。親がなきゃ、子供は、もっと、立派に育つよ。

親が子を駄目にする。だから、親などいない方が子はよく育つ。それでも子どもは強いから、親という邪魔者がいても育つ力を秘めている。

「私の両親は素晴らしい教育をしてくれた。教育を一切しないという教育だ」

フランスの名優ジェラール・ドパルデューの言葉だ。貧困家庭に育ち、若い頃は泥棒や恐喝で生活していた。身体が大きいので、売春婦のボディガードで食っていた時期もある。常軌を逸した人間だから、迫真の演技ができるのか。作家・村上春樹も言う（『走ることについて語るときに僕の語ること』文春文庫、二〇一〇年）。

「学校で僕らが学ぶ、もっとも重要なことは、『もっとも重要なことは学校では学べない』という真理である」

パリの小学校で先生が尋ねた。

「将来、何になりたいか」

よくある光景だ。子どもらしい夢や、もっともらしい望みを生徒が語る。すると一人が答えた。

「大きくなったら、泥棒になりたい」

こういう子どもは面白い。教師がどう反応したかは知らない。カトリック系私立学校での話だから、無難な教訓を垂れて、その場を納めたのだろうか。

若いバイオリニストに出逢った。フランス人だが、ロンドンに住んでいる。楽器の作り方をめぐっておしゃべりしていたら、政治や経済にも詳しく、鋭い意見を述べる。パリにいた頃、早熟のため小学校の時に四学年飛び級した。だが、それが祟って、小さい身体の彼は虐められ、学校を辞めた。それ以降、通信教育で育ったそうだ。だから、あれほど頭がいいのか。学校は個性を潰す装置だ。それは日本だけでない。

パリの社会科学高等研究院で一緒に学んだＳＬは、今でも一緒に酒を飲む数少ない大学人の一人だ。現在は地方都市の大学で社会心理学の教授をしている。優秀な彼は学生の時、モスコヴィッシに選ばれてジュネーブ大学に一年間研修に行かされた。私は羨ましく思ったものだ。そんな彼も中学と高校で合計四回落第した。フランスは落第する生徒が多く、一度ぐらいは珍しくない。しかし四年遅れるとなると、そうとう出来が悪い。そんな生徒が大学に進学するのは稀である。

「自分はバカだ」

ずっと、そう思っていたそうである。大学に入学するために必要なバカロレア試験も一度目は落ちた。後に説明するように、受験者のほとんどが受かる試験にである。二年目に合格し、歴史学部に入ったが、授業がつまらないので辞めようと思った。その矢先、当時付き合っていた彼女が心理学部に登録したので、彼も移籍した。すると授業が面白くなり、勉強し始める。そのまま修士課程まで進み、博士課程は社会科学高等研究院に移った。偶然は面白い。そして彼の才能を見抜いた師との出逢いも幸運だった。

学校は何のためにあるのか。内容重視の詰め込み教育が反省され、自主的に学ぶ力を育てる重要性に注目が集まるようになった。それ自体は良い。だが、その根底にある基準は依然として、社会における有用性である。東京大学教育学部カリキュラム・イノベーション研究会が著した『カリキュラム・イノ

ベーション　新しい学びの創造へ向けて』（東京大学出版会、二〇一五年）は、グローバリゼーションが学校教育を変容させたと述べ、こう分析する（佐藤学「21世紀型の学校カリキュラムの構造」）。

第二は未来投資としての教育の位置づけである。グローバリゼーションによって各国は国際経済競争に打ち勝つために教育を未来投資の主要な戦略として位置づけ、教育改革を中心的な国家政策の一つとして位置づけている。

第三はポスト産業主義社会の成立である。グローバリゼーションは、安い労働力を求めて製造部門の工場を先進諸国から途上国へと移動させ、途上国における産業主義化を加速させ、先進諸国のポスト産業主義化を促進した。この変化に伴って、先進諸国においてはポスト産業主義社会に対応した教育が求められることとなった。

学校運営のための費用が多く税金で賄われ、また将来への投資の意味で授業料が支払われる以上、どのような労働力を育むかという視点が前面に出されるのは当然である。だが、こういう思考に私は違和感を禁じ得ない。この気持ち悪さをどう表現しようかと考えていたら、次の二文字が浮かんだ。

「飼育」

いや、正確には調教か。目的に応じて動物を訓練することだ。社会に役立つ人材を育てる。それでは企

業の社内研修と同じだ。経営者にとって有益な労働力を雇い入れ、望ましい方向に磨きをかけるという発想である。戦前には、

「国家に役立つ人間を作る。お国のためになるように若者を教育する」

と言っていた。根本は何も変わっていない。学校は社会に有用な人材を調達する機関であり、社会構造を再生産する装置である。確かに上意下達ではなく、多様性が視野に含まれてはいる。

　第一は分権改革（decentralization）の進行である。近代学校の成立と拡大は、19世紀と20世紀を通じて中央政府（教育省）のトップ・ダウンの政策によって遂行されてきた。しかし、1989年以降は、どの国も教育の分権改革を推進し、政府（教育省）の権限を地方へと移譲し、学校と教師の自律性を強めている。学校教育の統制を国家管理から共同体のセクターと市場のセクターへと移譲する改革である（佐藤前掲論文）。

だが、これは依然として閉ざされた社会の発想だ。子どもと教師の相互作用から現在の思考枠を覆す価値観が生まれる可能性は排除されていない。しかし、ある時代、ある社会の基準によって教育内容を判断する以上、システムを壊す積極的な姿勢はそこにない。この問題は本章の最後に詳しく扱おう。アイルランド出身の作家オスカー・ワイルドは忠告した。

教育は素晴らしい。だが、時々は思い出すべきだ。本当に知る価値のあるものは何も教えられないということを。

幼い頃から私は教師が嫌いだった。学校に行けば友達がいるので、その意味では学校が楽しい場所だった。それにスポーツ好きだったので、そのためだけに学校に通った時期もある。わずかだけど、気に入った先生もいた。だが、制度としての教師や学校は大嫌いだった。その感覚は今でも変わらない。中学・高校時代には権威主義的な教師がはびこっていた。

「目上の人や偉い人に叱られたら、自分が正しくてもひたすら謝れ。そうすれば許してもらえる。正当化しようとして口答えをしてはいけない。よけいに叱られるだけだ」

こんな説教をたれる、とんでもない輩もいた。そういう小市民の見本のような人間ほど、自分のことを棚に上げて、卒業式などの折りに、

「これからの日本の運命を背負うのは若い君たちだ。諸君の未来に大いに期待している」

などと、大袈裟なことを宣う。

「そんなに日本の将来が心配なら、子どもに頼らず、お前が自分で社会を変革したらどうだ」

私の質問を一蹴する社会科教師もいた。中学二年の時だったと思う。

「カトリック教会ができた年って、どういう意味ですか。教会という制度が生まれたのか、あるいは建物としての教会ができた年ですか」

すると教師が答えた。

「君はおかしな質問をするねえ。どちらも同じことだ。雨ざらしの場所でお祈りするはずがないだろう」

私の質問のどこがおかしいのか。こういう心ない大人が子どもの発育を阻害する。

生活指導などという言いぐさが、すでにおこがましい。教員は数学や英語など教科の知識はある。だが、就職にあたって人格が吟味され、選別されたわけではない。なのに何故、そのような人間が生活指導を担当するのか。生徒に教訓を垂れるのか。

性格判断に使われるクレペリン検査を小学校で課され、生徒の好悪度を調べるためのソシオメトリーを中学三年の時、押しつけられた。前者は正式には「内田クレペリン精神検査」といい、一桁の数字を順に足し算させ、回答速度の変化パタンによって性格や職業適性がわかるとされる。インクの染みを解釈させる有名な投影法ロールシャッハ・テスト同様、こういう類の心理テストはどれもインチキである。科学の衣をまとった新興宗教の一種だ。後者は、

「クラスの中で好きな生徒と嫌いな生徒を五人ずつ選び、氏名を書きなさい」

と指示し、生徒の情緒関係を把握する。どちらの検査も生徒のプライバシー侵害であり、こういうことを平気でする教師という権力者を私は憎んだ。教師は生徒を家畜とまちがえているのか。

日本では生活指導を学校が担当し、生徒が校外で問題を起こすと教師が責任を負う。ここは意見が分かれるだろうが、フランスでは中学以降、生徒の生活指導をしない。生徒の素行が悪ければ、親の責任であり、学校は家庭に文句を言う。そして生徒の態度が改められなければ、放校処分にする。学校内で生徒が暴力行為に及べば、警察に通報し、生徒を処罰してもらう。そういう発想である。ちなみにフランスでは未成年の喫煙や飲酒が禁止されていない。十八歳未満の子どもにバーで酒を出したり、酒屋で売ったりすることは法律で禁止されている。タバコも同様だ。だが、消費は自由である。だから校外で中学生がタバコを吸っていても教員は注意しない。ただし、公共の建物である学校の構内では教師も生徒も喫煙できない。これは嫌煙権の行使であり、生活指導とは関係ない。

## 授業の役割

なぜ学生は自分で本を読まないで、授業で教えてもらおうとするのか。テレビの前に座ると、何もしなくても情報が流れてくる。それと同じで、本を読むより楽だから講義に出席するのか。学生に尋ねてみた。

「授業に出ると必要な知識が効率的に学べる」

それなら教科書を読め。教科書は専門家が長い時間をかけて練り上げる。教科書以上に上手く説明できる教師は稀だろう。知識や情報を得るのが目的ならば、講義に来るよりも本を繙くとよい。

「試験に受かるには、授業に出るのが一番良い」

最小限の努力で最大の効果、これが学生の本音だ。しかし、この考えこそが間違いの元である。試験のために講義があるのではない。本や論文を自分で読めず、教師に内容を嚙み砕いて説明してもらわなければ勉強できない学生が大学にいるのが、そもそもおかしい。教師は移動式の教科書反芻器ではない。

「日本の教育は画一的で個性を育まない。欧米では自らの頭で考える習慣を大切にする」

繰り返し言われてきた。西洋を美化してはいけない。他国の事情は知らないが、大学教育が大衆化したフランスでは大勢の学生を抱え、小論文形式ではなく選択問題で試験する教員が増えた。講義のメモを取って暗記することが勉強だと学生の多くが勘違いしている。このような受け身の態度は中学・高校時代の洗脳が原因である。私の授業は常識を覆す連続だから、論理展開について来られない学生が文句を言う。

「まとまりがない。話があちこちに飛ぶ。何を覚えればよいのか、わからない」

「心理学の講義なのに、どうして物理や哲学が出てくるのか」

問いではなく、答えを期待するから、こういう不平が出る。そういう学生に私はいつも答える。

「私は答えを教えない。問いだけを突きつける。常識を破壊するための授業だ。役に立つノウハウが目的なら、職業訓練学校に行け。社会心理学に、そんなものはない」

後述するように、フランスの大学には入学試験がないし、授業料もほとんどかからないので、勉強しない学生が多い。私語する学生がいつもいる。

「出ていけ」

怒鳴っても、うつむいているだけ。そして嵐が過ぎ去ると、おしゃべりが再開する。まったくの子どもだ。私は出欠を取らない。講義の最初に説明する。

授業中に食事をしても良い。新聞や小説あるいは漫画を読んでも、コンピュータでビデオゲームをするのも自由だ。携帯電話でメッセージを送っても良い。寝るのも勝手だ。イヤフォンでなら音楽を聴いても良い。静かであれば、好きにせよ。しかし、おしゃべりは他の学生と私への迷惑になる。だから、私語は許さない。

大学は義務教育ではない。高校までと違い、大学では勉強を強制しない。君たちには落第したり退学する権利がある。人生に失敗するのも各自の自由だ。だが、他の学生の勉強を邪魔する権利はない。疑問や異議があれば、いつでも手を挙げて発言せよ。みんなで議論しよう。私語がしたければ、いったん教室を出て、おしゃべりが終わったら戻れ。欠席しても罰しない。出欠は調べない。遅刻も早退も自由だ。興味がなければ、初めから授業に来るな。

だが、何度言っても来てしまう。訳がわからない。高校の癖が抜けないのか。あるいは家に居ると親に叱られるから、暇つぶしに大学に来るのか。二年生の後期になると、こういう連中はほとんどいなくなる。だが、一年生は手に負えない。

自習では学べないことを教えるのが講義だろう。だが、そのように機能しているか。授業開始にあたって私は学生に諭す。

アインシュタインは言った。

「学生は知識を詰め込むための容器ではない。火を灯してやる松明だ」

テレビの前に座れば、何の努力をしなくても情報が流れて来る。同じように、授業に出席すれば知識が増えると思うな。講義の目的は知識の提供ではない。君たちの世界観を揺さぶり、破壊するのが私の役割だ。答えは君たち自身が見つけよ。私は触媒だ。答えを教えてもらおうと思うなら、授業に来るな。

基礎知識はどうでも良いというのではない。だが、それは教科書を読めば済む。学生の時、私は社会心理学の教科書を二〇冊以上、そして統計を学ぶために参考書を三〇冊ぐらい読んだ。一冊でわからなければ、同じ本を繰り返して読むよりも、他の本を新たに読む。それでも理解できなければ、もう一冊読む。そうしているうちに自然にわかる。違う角度からの説明ならば、異なる例を通してならば納得する。

統計の苦手な学生が多いが、それは知識を使う機会がないのに教えられるからだ。私には解決しなければならない問題がはっきりしていたし、解析を待つデータもあった。だから必要な本や論文を読み、統計技術を覚え、適切なコンピュータ・ソフトを探した。本当に欲しなければ、何も身につかない。

音楽学校の個人指導は短時間だ。一週間に一時間のレッスンのために、学生は毎日数時間練習して準備する。和声学・楽式論・対位法など音楽理論の授業もあるが、基本は自習である。楽譜を読み込んだり、演奏会に出かけたり、録音を聴く。自主的に勉強するのは、言うまでもなく、音楽が好きだからだ。卒業資格だけ取っても意味がない。外国語学習も同じだ。

講義は生演奏に似ている。CD録音以上の完璧な演奏をコンサートで聴くのは稀だ。しかし良くできた録音でも、コンサートの臨場感にはかなわない。生演奏でなければ、味わえない感動がある。情報収集としてなら、授業や講演の効果は読書に劣る。だが、生の話でしか得られないものもある。古典を通して考え方の型を感じ取り、名匠のタッチを盗み取る。そのために肉声による講義が役立つと信じたい。驚き、感動を受け、人間が変わる。社会科学高等研究院でモスコヴィッシのセミナーに一〇年間休まず通って知ったことだ。学ぶ者の世界観を変えられなければ、授業など要らない。

リーディング・アサインメントと呼ばれる読書の宿題が、英米の大学ではたくさん出る。しかしフランスでは、グランゼコル（高等専門学校）と呼ばれるエリート校は別にして、一般大学の学生のほとんどは受け身で授業に出る。それが当たり前だと思っている。

「本を読め。それが学ぶための唯一の道だ」

どんなに言っても読まない。フランスの心理学部に来る学生の多くは読むことも書くことも、考えることもできない。その根本的な原因は、読む習慣を身につけていないからである。

「読書は批判的にせよ」

幼い頃から学校で繰り返されてきた教訓だ。著者の主張を鵜呑みにするなという意味では正しい。だが、批判の意味を誤解してはならない。著者の主張に一々文句をつけるのではなく、まずは素直に最後まで読む。そこに展開される論理を突き詰めた時に、どんな世界が現れるだろうか。些末な揚げ足取りをせず、細かい事実の誤りにも目をつむり、中心の論理をどこまでも追う。その結果、原理的な問題や内部矛盾との格闘から、豊かで新しい問いに気づく。現在知られている事実・知見にあわないからといって、すぐに仮説をしりぞける態度はつまらない。それではダーウィンもフロイトも生まれない。

ライバル意識も手伝って、他人の粗を探しがちだ。だが、そんな情けない態度は戒めたい。重箱の隅をつつくような批判をする学生をモスコヴィッシ教授は厳しく叱った。

下らないことをするな。他人の欠点を見つけるのは、お前でなくともできるんだ。我々の貴重なエネルギーは、そんな空しい作業に費やさず、もっと大切なところに向けよう。フロイトやマルクスの理論が誤っていても、それは彼らの問題である。先達の思索や試行錯誤から何を受け取るか。我々に重要なのは、それだけだ。

## 師と弟子は別

私の学生時代、モスコヴィッシはとても厳しかった。先に述べたＳＬのジュネーブ大学研修は、先方からの奨学金申し出を受けてモスコヴィッシが人選したのだが、他の学生が妬むかも知れないとか、辛い思いをする可能性など気にかけない。

「見込みのある弟子にはチャンスを与える。駄目なヤツは消えろ」

こういう姿勢だ。

論文指導は隔週火曜日、午前十時から午後一時まで。一〇人以上の学生が廊下に並び、順番を待つ。教授は一人当たり一五分ぐらいで学生の進展を聞き、次の指示を与える。モスコヴィッシの薫陶を受けるために世界中から学生が集まって来る。常時三〇人ぐらいの学生を抱えていたが、何らかの理由で八割ほどが辞めていった。その頃、教授はパリの社会科学高等研究院とニューヨークの社会科学新研究院

（New School for Social Research）を兼任し、パリでセミナーや論文指導が行なわれるのは二月から六月までだった。私は報告書を前もって送り、相談事項を明確にしておいた。教授は必ず読み、本質を突く指摘をくれた。博士論文がほぼ完成に近づいた頃は頻繁に助言をもらったが、それ以前は宿題に答えるだけで時間がかかったから、一年に三回か四回会うだけで十分だった。

身長一九〇センチの大男にぎょろりと睨まれて、弟子たちは震えていた。ＳＬが指名され、セミナーで発表した時のこと。発表が終わるやいなや、モスコヴィッシの雷が落ちる。三〇分は叱られただろうか。私たちは緊張して先生の怒りを聴いていた。それから数週間後、私の発表の番だった。絞られると覚悟していたが、いくつか批判は受けたものの、ＳＬの時のような叱声は飛んで来なかった。

「しっかり準備した甲斐があった」

ホッとしたのも束の間、教授室で二人になった時、大目玉を食らった。やっぱり。初めは神妙に聞いていた。だが、あまりにも説教が続くので、そのうちに腹が立ってきた。私は気が短い。

「もうどうなってもいい。モスコヴィッシを殴ろう」

握りしめた右拳の感触を覚えている。だが、殴れなかった。助かった。一時の怒りで暴力を振るっていたら、後が大変だ。あるいは大男の返り討ちに遭ったかも知れない。

電話で怒鳴られた想い出もある。夏休み前、研究経過を報告し、その後の指針を仰ごうとした。二週間ほど前に論文草稿を送っておいて、会ってもらう日時を決めるために電話したら、開口一番、怒号が飛んできた。

「お前のために指導しているのに、俺の批判ばかりして、どういうことだ。それも一度や二度ならば、書き損じということもある。しかし七回、八回と繰り返されると、悪意があるとしか思えない。ふざけるな」

驚いた私は、電話が切れるとすぐに草稿を読み直した。だが、どこにも問題は見あたらない。どうしたらそんな反応が返ってくるのか、訳がわからない。どうやら先生、斜め読みして誤解したらしい。私が批判したのはモスコヴィッシではなく、対立学派の見解だった。それを自分が批判されたと勘違いしたにちがいない。こういう時は何を言っても仕方ないので、そのまま放っておく。教授は夏休みになるとパリを離れる。ニューヨークから戻ってくるのは年末だ。年が明けて久しぶりに会うと、そんなことは完全に忘れて、いつものように温かく迎えてくれた。内心心配していた私は安堵した。

モスコヴィッシは雲の上の存在だった。毎週火曜日、教授は研究所のメンバーと一緒に昼食を取る。私たち学生からすると羨ましい集まりで、選ばれた上級者の仲間に加えられるのが憧れだった。モスコヴィッシお気に入りの日本人学生の手引きで、いつしか私も一緒に食事するようになった。偉くなったと錯覚し始めた、そんな頃である。論文指導の際、微笑みながら教授が言った。

「仲良くするのはいい。誰もが対等だから。先生も先輩もない。しかし、いくら仲良くなっても、お前の研究が良くなるわけではないよ」

能力には個人差があって、どんな研究をするかは結局、当人の問題だ。その時、強く自覚した。学生を呼び捨てにし、親分と子分のようにつきあう教員が日本にいる。教員は学生の面倒を親身に見る。親分肌の先生に憧れ、疑似親子関係を好む学生は少なくない。だが、そこに甘えが潜む。日本のようにゼミ合宿をしたり、学生と一緒に酒を飲むしきたりがフランスの大学にはない。距離を取った関係が保たれる。指導教授が就職を世話する習慣もない。ちなみに入学式も卒業式もない。小学校から大学まで式の類は何もない。最近では英米の大学に対抗して資格の市場価値を高めるために卒業式をする大学も少しずつ現れたが、数年前まで卒業証書や博士号の証明書は事務所に取りに行くか、郵送されてくるだけだった。

「俺は学界で認められる研究をした。思想界で評価される本を書いてきた。お前はどうなんだ。俺と友達になっても、お前の研究は進まないぞ」

この方がずっと厳しいメッセージだ。

## 教育の二つの任務

教員は誰でもそうだろうが、講義で学生の反応が芳しくないと辛い。新任の頃、授業が上手くいかなかった。負け犬のように打ち拉がれ、泣きそうな顔で帰宅の電車に乗ったことは何度もある。

現在はパリ第八大学に勤めているが、その前はベルギー国境近くのリール第三大学に籍を置いた。就職して最初に担当した授業の一つに、一年生向けの社会心理学入門講座があった。学生五〇〇人を前にマイクで話す。古参の教授が同じ講義を同時刻にもっていた。教科書を押しつけられ、テーマの自由もなかった。試験内容も共通だった。雄弁家の教授は面白い話で学生を魅了する。私の授業に出席する学生の数が、あっという間に減ってゆくと共に、彼の教室が超満員になる。情けなくも悔しい経験で私の教員生活が始まった。

「どんな授業をしたら学生のためになるか」

試行錯誤していた頃に書いた手紙がある。相手は故郷名古屋の高校同級生ＳＫ。前向きの調子だから、学生から好評を得始めた頃に書いたのだろう。

リール大学に就職して四年目に入った。今年の修士の授業では社会心理学の枠にとらわれず、学際的な話題を多く取り入れた。カルチャー・ショックがテーマだ。異なる世界観のぶつかり合いが新理論を生み出すという考えを展開してみた。ケプラーやニュートンが頻繁に出てきて学生は面食らったようだ。
考えることの喜びを伝えるためには、本やモスコヴィッシのセミナーに感動を受けながら、思想の美しさや面白さを俺自身が学んだ経緯を再現することが一番だろう。どんなことを話せば学生が興味を持つかは、まだわからない。しかし俺にとって面白いこと、俺が受けた感動を伝えることが結局、俺にできる最大のことであり、また唯一のことだと思う。思想界をかき回す若い野獣を育てるためには、彼らを圧倒する猛獣にまず自らがならなければならない。弟子は師の後ろ姿を見て育つと言われる。それにはいろいろな意味が含まれるだろうが、重要なことは、知識を簡潔にまとめて解説するという、一般に考えられている教師の役割ではない。思想界という現場の真っ直中で闘う戦士の姿を見せて、常識に挑戦してあんなことをしても大丈夫だという自信を弟子に身につけさせる。モスコヴィッシから受け取った最も大切な贈り物は、そのような無言の教えだった。

今では赤面ものの勇ましい雄叫びである。だが、教師という職業に対する私の考えは、この文章に言い尽くされている。

考えることの深淵を学生に垣間見させ、思索の楽しさを伝える。社会心理学の知識など、どうでもよい。そんなものは教科書に載っている。モスコヴィッシのセミナーで眼から鱗が落ちる思いを何度もした。そういう経験を学生にさせてやることが教師の仕事の一つだ。

もう一つは、学生が憧れる研究者や思想家になるよう教師が目指すこと。エベレスト山を登頂する山男を育てるならば、裾野で技術指導するだけでなく、まず自らが頂を極め、

「さあ、お前たちも上がってこい」

こう言ってやりたい。スポーツや芸術の世界は特にそうだが、大学教員にもカリスマ性が大切である。野球の名匠、長島・王・野村・落合などの例を考えれば、わかるだろう。厳しい訓練に心が折れそうになっても、

「この人のようになりたい。この人に付いていけば、間違いない」

師への信頼が弟子の勇気を奮い立たせる。膨大な数の論文と著作を通してモスコヴィッシは、

「本の出版など誰にでもできる」

という感覚を弟子に植え付けた。良いアイデアの原稿を持っていくと、

「よし、これはアメリカの○○という学会誌に送れ」

「これは膨らませて本にした方がいい」

と助言する。

「本を出すなど十年早い。国際学会に行きたいだと？　そんなことより地道に大学の紀要に論文を載せなさい」

そんなふうに矮小化の方向に誘導する教師は、成長する若者の芽を摘みかねない。盲蛇に怖じずでよい。学生は伸び伸びと育ててあげたい。

「燕雀《えんじゃく》安《いずく》んぞ鴻鵠《こうこく》の志を知らんや」

大人の小さな器で若い力を判断してはいけない。

「どうしたら学生が興味を持つ授業ができるのか」

就職して最初の数年は迷い、試行錯誤の連続だった。正しいフランス語で授業をしようと周到な講義ノートを作った。だが、そうすると書いた文章を記憶の中に探すために、かえって言葉に詰まる。講義ノートを上手に読もうと、教壇に立つ前に原稿を音読して練習してみた。駄目だ。ただでさえ原稿を読む授業は退屈するし、理解もしにくい。ましてや外国訛りのフランス語では、すぐに学生にそっぽを向かれる。

フランスには話の上手な知識人が多い。講演でメモなしによどみなく聴衆を魅了する。まるで芝居のように、劇的な盛り上がりを演出する人もいる。マーティン・ルーサー・キングやオバマ前大統領の演説を思い浮かべれば、その様子が想像できるだろう。才能がないだけでなく、言葉も満足に話せない私は、そんな講演者を目の当たりにすると憂鬱になる。彼らに少しでも近づこうと様々な工夫をしたが、どれもうまくいかない。そのうちに、正しいフランス語で話そうとする考えがそもそも誤りだと気づいた。結局のところ、文法や発音など間違えてもよいから、自分の生きた言葉で語るのが一番良い。しかしそこに気づくまでには、かなりの時間と試行錯誤が要った。

講演や授業は今でも丹念に準備する。レトリックの順序を間違えないように、要素の組み合わせを詳細に決めておく。常識崩しに主眼を置く私の場合、倫理観などの防衛反応を迂回する工夫が必要だ。冗談を入れる場所や間合いを誤ると腰砕けになるので、実はそんなところまで前もって計画する。どんな疑問が湧くだろうかと予想し、想定問答集を作ることもある。

説得力のある授業をしようと芝居を習ったこともある。ただしセリフの暗記が講義準備に重なって余分の宿題が増えたので、この試みは一年しか続かなかった。経験としては面白かったが、芝居の技術と授業のコツは関係ない気もする。台本がつまらなければ、どんなに上手な役者がセリフを言っても観客は感動しない。学生を引きつけるために一番大切なのは講義の内容である。声が良く通るようにと、ボイス・トレーニングも半年ほど受けたが、高いレッスン料を払っただけで役に立たなかった。音楽や芝居の世界と比べるならば、我々の仕事は演奏家や役者よりも、作曲家や脚本家に近い。学生から不評を買うならば、内容の質を上げれば良い。話し方だけに気を遣うのは本末転倒である。

ＭＯＯＣ（Massive Open Online Course）と呼ばれるインターネットの公開授業がフランスでも始まり、友人の一人が担当する社会心理学の入門講座を見た。とても話がうまい。メモなしに九〇分、学生を引きつける。言い直しもないし、無駄な言葉もない。録音を起こして、そのまま出版できそうだ。ところが内容は正直つまらない。雄弁家でないモスコヴィッシはセミナーで原稿を読んでいた。だが、その内容が凄い。問題設定からして驚かされたし、予想もしないアプローチで異次元の世界に学生を引き込む。これが本物だ。小手先の話術では刃向かえない。

## 大学教員の実態

フランスの大学では教授も准教授も年間一九二時間の授業ノルマがある。ほんの少しの例外を除き、フランスの大学はすべて国立であり、全国一律の同じ条件だ。大教室で行なう講義は準備が要るので、五割増しで計算する。したがって実際に行なう授業時間は、少人数の演習を行なわず講義だけならば、一二八時間ですむ。普通は両者を交ぜるので、平均して一五〇時間程度になる。年間五二週のうち半分は休み。残りは週二日出勤し、それぞれ三時間の授業をすればよい。日本式に言うなら、週に九〇分を四コマである。週休五日制で、出勤しても半日いるだけ。その上に有給休暇が半年近くある。日本の大学のように会議で忙しいわけでもない。私は年に二回ぐらいしか会議に出ない。夢のような勤務条件だろう。

ただし教授と准教授は教員としてだけ雇われるのではなく、研究の任務も負う。したがって論文や本を書く義務がある。だが、それを監督する仕組みはない。だから研究活動を放棄する同僚は少なくない。それでも今のところ、どこからもお咎めはない。准教授の場合、教授に昇進できないだけである。国家公務員だから定年までの雇用は保障されるし、給料も年功序列で自動的に上がる。

「お前たち、サボってばかりじゃないか」

そう言われても仕方ない。

「授業の準備が大変で、研究にまで手が回らない」

こう反論する同僚もいるが、説得力のある説明ではない。新任の頃は確かに講義ノート作りに苦労する。だが、できてしまえば、後は同じ内容の繰り返し。毎年新しい講義をする教員はまずいない。ただし心理学部には言い訳がある。博士課程のセミナーでもない限り、学部の段階では概論や統計・方法論など技術教育が中心だ。心理学は理科系学問になりたがっている。物理学や医学の学習と同じように考えれば、わかりやすいだろう。基礎知識は内容を刷新したくても、そう簡単にゆかない。毎年変わるなら、そもそも基礎知識でない。したがって同じ授業を毎年繰り返すのは怠惰のせいだけでない。それにしても、

「授業の準備が大変だから研究ができない」

とは嘘だ。無能か怠慢の言い訳である。週末もあるし、長い夏休みもあるのだから。

論文・著書・資料を読み、実証研究を行なって知識を生産するためには、自由に使える時間が豊富に要る。資産家でもない限り、研究活動だけに従事する国立科学研究センターか、勤務時間の短い大学に就職するしか方法がない。ところが年を取るにつれ、自らの能力の限界にほとんどの人間が気づく。

「アインシュタインやフロイトのような天才には及ばずとも、自分なりに学界や世間に認められる研究をしたい」

こんな初心の意気込みも次第に薄れる。すると以前は時間が足りなくて困ったのに、今度は逆に暇を持

て余す。こうなると由々しき事態である。何とか時間をつぶさなければならない。そこで会議が利用される。学内政治も暇つぶしの常套手段だ。会議好きな教員は、どの国にもいる。

「くだらない会議が多すぎて困る」

不平を漏らしながら、そのくだらない会議を率先して招集する不思議な同僚もいる。

「雑用が多くて研究ができない」

という人は多い。しかし実はその反対に、能力の無さをごまかすために雑用にエネルギーを費やしている。日本の大学事情は違うだろうか。かくて、

「時間がないから研究ができない」

と、逆立ちした理屈付けが行なわれ、自己欺瞞の体制ができ上がる。だが、言い訳しても、自分の無能を心の底では知っている。だから酒に溺れたり、抗鬱剤の世話になる教員が出る。

研究がうまくいかなければ、授業に力が入らない。教員が真剣に授業に臨まなければ、学生は敏感に嗅ぎつけ、講義にそっぽを向く。かくして研究においても授業においても立場を失う。これは辛い。同僚との人間関係も円滑に進まない。

他人を揶揄するのではない。不器用な私は少し気を抜くだけで、学生の反応が変わる。私語が何度も起きて、講義に興味がないと感じると、帰宅してもずっと面白くない。次にうまくいって自信を取り戻すまで、何日も陰鬱な気分が続く。

「自分は何の役にも立たない」

と感じたり、

「何のための人生か」

と意味を見失うのは誰でもやりきれない。大学人は自由な時間が豊富にあるだけに、よけい不安の虜になりやすい。ストレスや鬱病は大学人の職業病だ。

## 知識とは、変革する運動

全国一斉公募で採用されるとはいえ、後押しする教授や取り巻き連中とのしがらみはできる。勤務大学の研究室に所属するので、ボス教授との人間関係も無視できない。採用する側から見れば、同じテーマを研究し、方法論を共有する者を優遇するのは当然だ。そして共同研究への参加を期待する。

だが、私は一人で仕事をする。共同執筆の論文もわずかにあるが、たいていはデータ解釈の段階で意見が食い違う。アプローチの根本部分で折りあわず、同僚との溝が少しずつ深まっていった。無言の圧力を感じながらも、周囲の流れに巻き込まれないで自らの信条を守るのは容易でない。リール大学の社会心理学科は小さな所帯だったので人間関係では特に苦労した。大学に就職したての頃は、

「画期的な研究をしよう」

と誰もが野心に燃える。だが同時に、制度内で成功する戦略にも気を配る。フランスの心理学では書籍

を業績として認めない。理科系と同じように、学会誌に載る査読付き論文しか評価しない。だから学界が認める方法論・テーマの枠内で論文を量産し、できるだけ早い教授昇進を目指す。学会に頻繁に参加して顔を売り、人脈作りに精を出す人もいる。教科書を出版するのも戦術の一環である。

「最低の地位は確保できるように、保険をかけておけ」

そんな誘惑の声が私を襲った。だが、

「二兎を追う者は一兎をも得ず」

自由にものが書ける環境が整った頃にはすでに若い情熱が失われていたり、斬新な思想を生む力がなくなっている。

実験研究だけが社会心理学の正しいアプローチだと信じる同僚から、思弁的な思索にうつつを抜かす私に白い視線が投げかけられる。「まっとうな道」に引き戻そうとする同僚の誠実さを知るだけに、彼らを裏切る私の心は重い。かといって、本質的な議論になるとすぐ、

「ああ、それは哲学だ。私たちには関係ない」

と、そっぽを向き、重箱の隅をつつく技術屋にはつきあえない。

フランスの社会心理学者は本を出版しない。モスコヴィッシは例外だ。哲学者・文学者・社会学者・精神分析学者・認知科学者・経済学者・生物学者・天文学者・物理学者・化学者・数学者……、どの分野を取ってもよい。専門研究者だけが読む論文以外に、より広い知識人層に向けた学術書も出版する。

社会問題の討論に参加したり、狭い専門領域を超えて他分野の学者との交流を目指す。ところが社会心理学者は、教科書以外ほとんど本を出さない。何故だろう。

社会と人間の相互関係を考察する社会心理学者が内輪にこもって、知見の是非を外に問わないのはおかしい。専門論文以外は業績として認めないという制度も原因の一つだ。しかしより問題なのは、実証主義に毒された技術偏重の姿勢である。科学である以上、実証研究は重要だ。だが、重箱の隅をつつくことばかりに夢中になって、哲学の議論や認識論の考察に耳を塞いではいけない。米国心理学界の重鎮ジェローム・ブルーナーの嘆きを聞こう。これは一九九〇年に出版された著書の「まえがき」からの引用だが、今日の状況は当時よりもさらに悪化している（J. Bruner, *Acts of Meaning*, Harvard University Press, 1990）。

心理学が今ほど細分化された時代はない。［……］心理学を構成する各分野の間に交流があってこそ分業が意味を持つというのに、心理学は重心を失い、一貫性もなくなろうとしている。それぞれの分野ごとに固有の組織が生まれ、その内部だけでしか通用しない理論枠に縛られている。研究発表も内輪でしか行われない。専門分野がそれぞれ孤立し、外部に輸出できる研究はますます減った。［……］精神や人間の条件を理解しようと試みる他の学問領域から心理学は隔離された。［……］広義の知識人共同体は我々の研究に興味を持たなくなった。「外部」の知識人にとって、我々の研究は射程が狭いだけでなく、歴史と社会の条件から遊離したものでしかなくなった。［……］「射程は貧弱でも厳密さを求めよ」という心理学の根強い習慣や、ゴードン・オールポートが方法論崇拝症［methodolatry］と揶揄した状況は依然として変わらない。

物理学・化学・生物学を始め、どの科学も哲学から独立し、専門化しながら成立・発展した。人文・社会科学も同様である。そのため、哲学に対抗意識を持ちがちだ。自分たちの学問は単なる思弁ではなく、データを基にする客観的科学だと主張する者は多い。しかし、たいていは哲学者の難解な議論についてゆけないが故の劣等感や強がりにすぎない。

実験だけが知識の正しい生産方法ではない。数学や哲学は科学ではないが、だからといって数学や哲学が生み出す知識をいい加減だと考える者はいない。人文・社会科学にはかなわぬ厳密な考証を数学者や哲学者は行なう。科学を科学たらしめるのはデータ自体ではない。それを整合的に説明する理論である。ポアンカレの有名な言葉を挙げよう。二十世紀初頭に書かれた『科学と仮説』に出てくる警句だ（H. Poincaré, *La science et l'hypothèse*, Flammarion, 1968［1ère édition : 1902］）。

石を集めて家が造られるように、事実を集めて科学は営まれる。しかし石の単なる集積が家でないのと同様に、事実の単なる寄せ集めも科学ではない。

ノーベル賞を受けた物理学者の名簿を見よ。理論物理学者が多い。アインシュタイン・ハイゼンベルク・シュレーディンガー、日本の湯川秀樹や朝永振一郎なども、彼らの理論的貢献が認められている。実証以上に哲学的思索と自由な想像力が重要な役割を果たす点を見落としてはならない。

「理論の正しさを検証するために実験する」

普通こう信じられている。すでに、その発想がつまらない。逆に、実験結果が理論の不備を露わにすることで、慣れ親しんだ世界像を破壊し、その衝撃からさらに斬新な理論が生まれる。これが本来実験に期待される役割である。

オーストリア出身の科学哲学者カール・ポパーが主張したように、科学の本質は反証可能性にある。科学的真理は定義からして仮説の域を出ない。命題を満たす全要素の検討は不可能だ。

「Aという種の生物はすべての個体が白い」

この命題を証明するためには、世界中に現存するAを見つけて、それらがすべて白い事実を確認する必要がある。だが、観察した個体以外にAが存在しない保証はない。どこかに隠れている個体が黒いかも知れない。さらに言えば、死に絶えたAの中に黒い個体が含まれていた可能性も否定できないし、将来生まれてくるAの中に黒い個体がないとも言い切れない。しかし逆に命題を否定するのは簡単だ。白以外のAがたった一匹見つかるだけで、命題の誤りが証明される。

「実験は発見を可能にする技術であり、証明するための道具ではない」

モスコヴィッシは言い切る(S. Moscovici, *Social Representations. Explorations in Social Psychology*, New York University Press, 2001)。世界観変革の可能性が視野から抜け落ちた実験など、単なる数値の測定にすぎない。自動車を製作するのに設計図を引いて、部品を組み立てたら車が実際に走るか確認するのと変わりない。

知識とは、固定された内容ではない。世界像を不断に再構築し続ける運動である。驚きをもたらさない知識などは、正しさが証明されてもたかが知れている。科学は実証である前に、まず理論的考察だ。

## 大学改革

フランスに導入された大学改革の流れを書こう。少子化により学生数が減少するとともに、大学のほとんどが私立経営である日本と、毎年学生数が増え続け、また高等教育のほぼ全てが国立であり、無償に近いフランスとでは改革を必要とする事情が違う。だが、底に流れる新自由主義イデオロギーは同じであり、そこから派生する問題も共通する。

二〇〇七年、当時のサルコジ大統領の方針にしたがい、大学自治法(「大学の自由と責任に関する法」)が制定された。新体制下の大学経営では人件費の管理が重要になる。日本の国立大学法人化とは違い、教員も事務員も国家公務員に留まる以上、賃金体系は大学が勝手に決められない。そこで研究業績に応じて各教員の講義ノルマを調整するとともに、教務・人事・学年主任などの管理業務を課す改革案が提示された。

教授と准教授には研究と教育の任務がある。博士号を持たず、英語など一般教養を担当する教員(Professeur agrégé, PRAG)は研究者として認められず、二倍の講義ノルマが課せられている。したがって

「研究発表しない教授・准教授は給料を半分に減らすか、講義義務を倍にする」

という理窟が成り立つ。そこまでしなくとも、業績不十分な者の講義時間を少し増やすだけでも、人件費をかなり削減できる。浮いた資金を利用して、優秀な者の授業コマ数を減らし、良い研究をさせれば、大学の宣伝にもなる。それに競争原理の下に待遇を差別化すれば、公務員の地位に安住せず、もっと真剣に研究するだろう。教育省はこう期待する。

講義ノルマを流動化する口実はある。

「研究者の資質に誰もが優れるわけではないし、教育に集中したい者に研究を義務づけるのはおかしい」

この論理自体はよい。ところが教育能力の測定方法が見つからないので、研究業績を基準にして研究と教育それぞれの比重を決めざるをえない。すると、研究能力不十分と判断された者がより多くの授業を受け持つ結果になる。研究ができなくとも教育に優れた者はいる。だが、研究能力がなければ必ず優秀な教育者だという論法は成り立たない。学生にとっては、研究しない教員の授業が増え、最先端にいる

研究者の講義が受けにくくなる。

それに業績評価の基準をどう定めるか。どんな領域にも派閥がある。方法論を始め、何が学問に値するのか、どのようなアプローチを認めるか判断が分かれる。したがって異質な仕事を比較する共通のモノサシを見つける必要がある。だが、それは質を無視して量で判断することに他ならない。評価は、その論理からして必然的に同質化を引き起こす。日本のテレビを見ると、芸能人の洋服・ハンドバッグ・宝石などを紹介する時、しばしば価格を告げる。これはモノの価値を金額という共通の秤で測って、本来なら比較できないモノの間に序列を与える手段である。逆に多様性の維持とは、比較不可能な価値群が共存する状態を意味する。したがって「公平」で「客観的」な評価は、個性や創造性と原理的に相容れない。

フランスの教員すべての業績を四年ごとに評価する案が出された。膨大な作業だ。学会誌のような査読制度が書籍にはないので、学術的見地からみて価値があるかどうかわからない。かといって独立機関を設けて著書の内容を検証する余裕はない。したがって、査読を経て受理された学会誌論文だけを業績として認め、その数を単純に加算して評価する。これが心理学部の反応だ。七〇以上の専門分科会で構成される大学評議会、その心理学委員会が指針を出した。

「領域ごとに学会誌をA、B、Cの三段階に格付けし、B級以上の学会誌に掲載された論文の数を基に業績判定する」

これによりC級の学会誌は、寄稿する研究者が確実に減り、近い将来、廃刊に追い込まれると心配された。また格付けは、学界を支配する派閥の影響を受け、それ以外のアプローチは淘汰される。

大学人の猛反対を受け、評価制度案はいったん引っ込められた。だが、今後どうなるかはわからない。英語で発表される著名な学会誌（論文引用回数を示す「インパクト・ファクター」の高い媒体）に掲載された論文がない者は准教授と教授の応募資格を認定しない方針を心理学委員会が最近打ち出した。そして、この動きを牽制する心理学者団体が批判声明を出し、五〇〇〇人以上の署名を携えて大学教育担当大臣に直訴した。

このような評価制度が定着すると、大学はどうなるか。嫌々ながらも教員は定められた基準に沿って業績作りに専念し出す。

「大学人は研究だけでなく、教育者としての役割も果たせ」

教育省は戒める。だが、教育能力を直接評価せず、研究業績に応じて講義ノルマを決める以上、為政者の意図を裏切って、学生の教育をないがしろにする教員が必ず増える。業績作りや書類整備に心を奪われる教員ばかりになるだろう。博士課程の学生も教員市場の動向を睨んで研究テーマとアプローチを選択せざるをえない。社会心理学では二〇年以上前から、実験研究だけが認められ、実地調査で学位を取得しても就職口がなくなった。この傾向は初学者の学習内容にも影響を及ぼし、学問の裾野に派閥構造が反映される。

周辺的テーマやアプローチで研究する人間にも、今までは発表の機会があった。

「捨てる神あれば、拾う神あり」

少数派の発想に関心を持つ人間はどこかにいた。しかし評価基準が一本化されれば、状況は一変する。

日本に目を移そう。大学入試センター試験はマークシート方式で実施される。単に学生数の多さだけが、その採用理由ではない。フランスでも毎年五月になると全国一斉にバカロレア試験が行なわれ、七〇万人の高校生が受験する。センター試験の受験者数を上回る人数だ。二日間で終わる日本と違い、フランスでは五日間かかる。それでも小論文方式を維持している。現在のセンター試験に代えて二〇二〇年度から実施される「大学入学希望者学力評価テスト」には記述式問題が一部導入される予定だが、四時間で一〇頁以上、小論文形式で答えるフランスのやり方とは比べものにならない。開始と終了の時刻を秒刻みで計るように、形式的な客観性や平等に日本では異常なほど注意を払う。こういう「平等社会」の評価精神が研究の画一化を加速させるのは想像に難くない。

## 競争が個性を殺す

日本では大学教員の評価システムが定着し、競争の時代になった。講義シラバスの公表を義務づけ、授業内容を学生が評価する大学がほとんどだ。インターネットを検索すれば、教員の業績がわかる。発表論文や著書、受賞歴などがリストになって出てくる。そしてマスコミや政府が競争を煽る。

「Publish or perish!（論文を出せ。そうでなければ、消え去れ）」

米国の表現だが、日本もフランスも事情は変わらない。

だが、やりたくない研究に何の意義があるのか。履歴書の厚みは増す。しかし個性は殺される。「客観的」で「公平」な評価方法は質より量を重視し、常識を疑う少数派の金脈を潰す。派閥争いは今までもあった。ただし以前は統一基準がなかったから、大学評議会や大学内の人事委員会を牛耳っても、少数派の締め付けは完璧でなかった。ところが改革により、国家権力の管理が進む。同時に、権力構造に入り込むための闘争も激化する。書類作りが増え、教員の官僚化が進行する。すでに教授は研究者から中間管理職に変質した。日本と同様に、フランスでも大学人は疲弊し、研究意欲を失うだろう。すでに述べたようにフランスの大学は国立であり、教員の条件は一律だ。いわば「フランス大学」という組織が一つだけあり、その分校が全国に散らばっていると思えばよい。だから評価の画一化が及ぼす影響は甚大である。

弱肉強食・適者生存を煽る新自由主義が世界を席巻する。ハーバート・スペンサーの社会ダーウィニズムを彷彿させるイデオロギーはしかし、進化論本来の考えと大きく相違する。

「何故これほど多様な生物が存在するのか」

この驚きがきっかけで、ダーウィンやラマルクの理論が生まれた。強者と同じ生活環境に棲息すれば、弱者は淘汰される。しかし木に登ったり、水中生活をしたり、光の乏しい環境に生育するなど、棲み分ける弱小動植物は生き残り、生命環境が多様化する。人間社会も職業上の棲み分けを通して複雑さを増した（E. Durkheim, *De la division du travail social*, PUF, 1893）。主流派と同じ土俵で闘えば、少数派は負ける。そこで主流派と比較されない分野に特化する。こうして新しいアプローチや問題設定が現れる。

「市場と同様、大学および教員間の競争が高まれば、斬新な研究が増える」

教育省は期待する。だが、それは勘違いだ。資本主義市場で商品が良くなるのは、一律の評価基準がないからである。消費者という素人が好みの商品を買う。需要に応えるために、より安価で便利な、あるいは新しい着想の商品が生み出される。より優れた品が提供されるのは、価値基準を定める機関が存在せず、無秩序な自由競争に判断が委ねられるからだ。

学問の世界に新自由主義を吹き込むつもりならば、評価基準を定めてはいけない。逆に基準を完全に取っ払う。そうすれば、研究者や読者が良いと判断する研究に注目が集まり、パラダイムが形成される。そして時間とともに変遷してゆく。フランス政府が推進する改革は、新自由主義よりも逆にソ連計画経済に似ている。公式評価基準の下に競争が激化すれば、研究論文の数は増える。だが、それではスターリンが鼓舞したスタハノフ運動と変わりない。学界が許容する枠内で、画一的な研究が量産されるだけである。

Primus inter pares.

「同胞間における首位」を意味するローマの諺だ。キリスト教徒は、信奉する価値体系を他のどの信者よりも厳しく遵守するおかげで「真のキリスト教徒」として認められる。誰よりも過激な政治理念を実現するテロリストに「最も勇敢な革命家」の称号が与えられる。規範への同一化と独自性維持が、こうして同時に成し遂げられる。画一性と競争心が奇妙に結びつき、力動的運動を生成する全体主義と同じ論理構造だ。

正しい評価基準を練り上げればよいという問題ではない。現在正しいとされる理論やデータ解釈、そして方法論が将来も正しい保証はない。支配的潮流を優遇する近視眼的政策は発見の芽を摘むだけだ。真に革新的な思想・価値観は常に社会規範に逆らって生まれる。主流派は自己の権威・権力の依って立つ基盤を脅かしてまでパラダイムを変更しない。

日常当たり前だと思うことが実は不思議だと気づいたり、反対に、奇妙に思える現象に論理性を発見する。古い認識枠内ではノイズにすぎなかった無意味な要素が新しい認識枠におかれる時、重要性を突然帯びる。このパラダイムシフトの契機を異端者がもたらす。すでに挙げた老子の言葉を思い出そう。

「正言若反（真理は偽りのように響く）」

矛盾する二つの現象がある。だが、そこに矛盾を見るのは、単に我々が常識に囚われているからではないか。

異質な世界観が衝突し、既存の学問状況がいったん流動化した後、新しい形に再構成される。こうして新たな世界像が現れる。現在を破壊しながら再構築する力は、予め定められた評価基準に従う姿勢からは生まれない。

## 普遍的価値というイデオロギー

「役に立たない学問を淘汰し、実用的な教科だけを教えよ」

フランス政府は産学協力体制の強化を企む。日本でも大学の専門学校化が進行する。しかし医学・歯学・薬学・工学など技術系を除けば、大学で学ぶ知識が卒業後、そのまま役に立つと考える企業は少ない。大学の縦割り構造が日本よりも顕著で専門教育に特化するフランスでも、人事担当者は言う。

「大学で教わった無駄な知識をまず崩す必要がある。企業に役立つ人材を養成するのはそれからだ」

文科系の学問に即効性はない。実学として有益なのは法律ぐらいか。教育学・経営学・経済学も実際の現場で役立つか疑わしい。外国語は大学で勉強しても身につかない。哲学・文学・歴史・言語学・文化人類学・社会学・心理学に存在意義はあるのか。パリに住む翻訳家WK氏が良い意見をくれた。

文科系学問には、方法的な懐疑を学び、「真実」「常識」「定説」とされているものを常に相対化し、歴史的な文脈の中に置き直して考える思考法を身に付ける意味合いや有用性があると思います。僕はこれを広義の「史学」と「物語研究」という形でとらえて、いろいろ考えてます。

日本では「文学部」といっても、狭義の文学の勉強をする人が多数派とは限らず、歴史学・心理学・社会学・言語学・哲学などがむしろ多いかもしれません。これらの学問の各々について僕は、（研究者になるのではない）一般の学生にとっては、その現在の先端的な理論達成や知識の集積を学ぶこと以上に、学問としての発祥と成立の流れを辿り直して、各時代において犯された認識の誤り、その時代には見過ごされてしまった理論的な矛盾などの原因を追求することが重要だと思います。それは我々の認識や思考のメカニズムの歪みを学ぶことにつながるからです。

過去の作品群を分析することで、その時代に社会を支配していた世界観や信憑の体系や特徴的な思考法、それらを包括する共通の大きな物語の枠組みを探求する。優れた作品はこうした大きな物語を反映し、具体的に表現する一方で、物語の変容を促す力（それを異端や逸脱の力と言ってもいいかもしれません）を発揮することがあります。こうした物語と作品のダイナミクスを研究するのが文学史であり、文学研究の醍醐味でしょう。その意味で、これは広義の史学であり、また、エピステーメー研究や「知のアルケオロジー」の一分野なのだと考えています。

そして、これが肝心なところですが、こうした「史学」は我々の現在の生を束縛している制度やシステムや常識や倫理に対して批判的な距離をとり、その根拠を問い直し（根拠のなさを感知して）、そこから自由になることを可能にしてくれます。文科系学問の良さはこの自由の獲得にある、と僕は思っています。

イギリスの哲学者アルフレッド・ホワイトヘッドは言った。

「西洋の哲学はどれもプラトンの脚注にすぎない」

二五〇〇年前にすでに基本的問いが提示され、答えもほぼ出尽くしているならば、学問の進歩という考え自体が意味を失う。何故、我々は繰り返し古典を学び、先達が格闘した問いに改めて立ち向かうのか。生老病死・存在・時間・愛・悪など、どのテーマをとっても究極的な答えはない。それでも問い続けるのは何故か。

大学の理想的姿を論ずる際にしばしば参照されるジャック・デリダ『条件なき大学』（J. Derrida, *Université sans condition*, Galilée, 2001）やピエール・ブルデュー『パスカル的省察』（P. Bourdieu, *Méditations pascaliennes*, Seuil, 1997）の主張も、シュライアマハーやフンボルトなど十九世紀ドイツ啓蒙主義者の論考と同様に、国家権力や経済的圧力から逃れ、大学が自由な思考の場として確保される重要性を説く。有意義な思想や価値を大学が生むという暗黙の前提がそこにある。だが、それは楽観論である。

「普遍的真理を目指して努力する」

「努力すれば、世界は良くなる」

この常識がそもそも誤りだ。

普遍的価値とは何か。それは特定の時代や社会・文化に依存しない、つまり人間の主観から独立して自存する価値である。近代以前では世界秩序の根拠を神や自然に求めていた。カトリックという形容詞は「普遍的」を意味するギリシア語カトリコス（καθολικός）に由来する。殺人が悪なのは神がそう定めたからだ。普遍的価値が存在し、それに背くからだ。こう考えられてきた。

しかし個人という自律的人間像を生み出した近代は、人間を超越する神や自然という〈外部〉を否定し、共同体の内部に留まったままで社会秩序を正当づけようと試みる。神や自然の権威を認めなければ、人間の世界を司る道徳や法は人間自身が制定しなければならない。だが、人間が善悪を判断する以上、どのような秩序を選んでも、それが正しい保証はない。過去より良くなるかどうかもわからない。

普遍的だと信じられる価値は、どの時代にも生まれる。しかし確実な答えだと我々の眼に映っても、時代とともに変遷する以上、普遍的価値ではありえない。何をしても良いということではない。各社会・時代の中で悪と映る行為に我々は怒り、悲しみ、罰する。認識論としての相対主義と裁きの必要は何ら矛盾しない。人間は社会的かつ歴史的なバイアスの中でしか生きられない。社会が伝える言語・道徳・宗教・常識・イデオロギーなどをすべて除いたら、人間の精神は消滅する。生きるとは、考えるとは、そういうことだ。

## 開かれた社会の意味

社会は開かれたシステムである。異端者が必ず生まれ、社会を変える。開かれた社会という考えには誰でも賛成する。しかし、その意味をわかっているだろうか。

「究極的真理や普遍的価値は存在しない」

殺人や強姦が悪であるのは普遍的真理だと誰もが信じる。だが、社会の開放性と普遍的価値は論理的に両立しない。開かれた社会とは、社会内に生まれる逸脱者の正否を当該社会の論理では決められないという意味である。キリストやガンジーは正しく、ヒトラーやスターリンは間違いだという認識は後世が出した審判にすぎない。当時はキリストもガンジーも社会秩序に反抗する逸脱者だった。対してヒトラーやスターリンは当初、国民の多くに支持された。時間を超越する価値は存在しない。社会の論理に抗し、社会を変革する要素が必ず内部に発生する。封建社会から革命を経て資本主義社会が誕生したように。植民地の虐げられた人々の中から、圧制を倒す勇者が現れたように。長い抑圧に苦しめられた黒人奴隷の末裔がついに平等への道を歩み出したように。一九六〇年代、女性という弱者が男女の関係を根底から揺るがしたように。これが、社会が開かれた系をなすという意味であり、時間が流れるという意味である。

社会システムの開放性を理解するために、デュルケムの犯罪論を参照しよう。悪とは何か。どのように我々は善悪を判断するのか（E. Durkheim, *Sociologie et philosophie*, PUF, 1924）。

殺すなかれという命令を破る時、私の行為をいくら分析しても、それ自体の中に非難や罰を生む要因は見つけられない。行為とその結果［非難や罰］は無関係だ。殺人という観念から非難や辱めを演繹的に取り出すことはできない。［……］処罰は行為内容から結果するのではなく、既存の規則を遵守しないことの帰結だ。つまり過去にすでに定められた規則が存在し、行為がこの規則に対する反逆であるために処罰が引き起こされるのである。［……］禁止行為をしないよう我々が余儀なくされるのは、単に規則が我々に対して当該行為を禁ずるからにすぎない。

行為の内在的性質――殺人はAという理由で悪である――によって犯罪性は決まらない。犯罪は単に社会規範からの逸脱であり、規範からの隔たりは、予め定まった内容として定義できない。そして社会規範は人々の相互作用が生み出す産物であり、そこに内在的な根拠や理由はない。

行為が正しいかどうかは社会的・歴史的に決まる。美人の基準と同じだ。顔をどれだけ眺めても女性の美しさの理由はわからない。美の根拠は外部すなわち社会規範にあるからだ。美しいから美人と呼ばれるのではない。逆に、社会の美意識に合致する人が美貌の持ち主だとみなされる。善悪の基準も同様だ。悪い行為だから非難されるのではない。我々が非難する行為が悪と呼ばれるのである。

共同体が成立すれば、規範が生まれる。社会の全員が同じ価値観を持つのでない以上、必ず逸脱が感知される。逸脱の一部は独創性として肯定的評価を受け、他の一部は悪と映る。犯罪と創造はどちらも多様性の同義語である。食物を摂取する側にとって腐敗と発酵が異なる二つの現象であっても、化学的には同じプロセスである事情と似ている。社会で付与される価値は正反対でも、既存規範からの逸脱であり、文化的多様性の結果である点は変わらない。

自らが生きる時代の価値観を超えようと夢見る理想主義者の創造的個性が出現するためには、その時代にとって価値のない犯罪者の個性も発現可能でなければならない。前者は後者なしにありえない（E. Durkheim, *Les règles de la méthode sociologique*, PUF, 1937）。

逸脱する少数派が肯定的に受け容れられるか、あるいは否定的に拒否されるかは、行為の性質や主張の内容からは決まらない。何が正しいかは結果論だ。社会の支配的価値に対して逸脱者・少数派が反旗を翻す。安定した環境に楔を打ち込み、システムを不安定な状態にする。少数派と多数派との間に繰り広げられる対立から、次なる安定状態が生まれ、社会が変遷する。開かれたシステムとして社会を理解するとは、こういう意味である。

犯罪のない社会は原理的にありえない。どんなに市民が努力をしても、どのような政策や法体系を採用しても、どれだけ警察力を強化しても犯罪はなくならない。悪の存在しない社会とは、すべての構成員が同じ価値観に染まって同じ行動をとる全体主義社会である。犯罪のない社会とは理想郷どころか、ジョージ・オーウェルの作品『一九八四年』に描かれるような、人間の精神が完全に圧殺される世界に他ならない。一時的には変化を阻止できる。秘密警察の監視下で逸脱者を見つけ、洗脳するか殺せば、社会に悪はなくなる。しかし、そのためには膨大なエネルギーが無駄に消費される。密告者を配置するだけでなく、密告者を監視するための人員も要る。そしてその監視者自身を監視する人間も必要になる。

普遍的価値は〈閉ざされた社会〉に現れる蜃気楼だ。我々が好むと好まざるとにかかわらず、社会は開かれた系をなす。犯罪は共同体の新陳代謝で必然的に生ずる廃棄物である。社会が維持される上で規範が成立し、そこから逸脱つまり多様性が生まれる。そして規範からの逸脱のうち肯定的評価を受ける要素は創造的価値として受け入れる一方で、否定的烙印を押された要素は悪として排除する。生物が食物摂取後に栄養分だけ体内にとどめ、無駄な要素を排泄し、新陳代謝過程で生成される有毒物を体外放出する仕組みに似ている（犯罪に関する、より詳しい議論は『責任という虚構』に譲る）。

## 〈正しい世界〉と闘うために

普遍的価値が存在せず、人間存在の基底をめぐる問いに答えがないならば、考えても無駄ではないか。刑務所に服役する犯罪者、精神病院に収容された社会不適応者、あるいは学校教育を受けたことのない肉体労働者の素朴な世界観に、哲学者や社会学者の考察が優る保証はないはずだ。人文学を堅持する意義はどこにあるのか。

「正しい答えが存在しないから、正しい世界の姿が絶対にわからないからこそ、人間社会のあり方を問い続けなければならない」

これが私の考えである。

無理と判っていても理想目標に向かって努力せよと言うのではない。真理は過去になかったし、未来にもない。人間の堕落ゆえに古《いにしえ》の知恵が覆われたのでもなければ、歴史を重ねるにしたがって普遍に近づくのでもない。もし真理が存在するならば、いったん見つかった真理を大切に次世代に伝えてゆけばよい。善悪の基準や正義が普遍性に支えられているならば、それらを忘れないように努力すればよい。文明が進歩して、いつか真理に到達できるなら、それを目指して研鑽すればよい。だが、真理はどこにもない。正しい社会の形はいつになっても、誰にもわからない。

法や道徳は虚構だ。しかしその虚構性が同時に隠蔽される。虚構のおかげで社会が機能する事実自体が人間の意識から隠される。いみじくもパスカルは言った（『パンセ』）。

法の根拠を検討する者は、法がはなはだ頼りなく、いい加減だと気づくだろう。［……］国家に背き、国家を覆す術は、既成の習慣をその起源に遡って調べ、習慣が権威や正義に支えられない事実を示して、習慣を揺さぶることにある。［……］法が欺きだと民衆に知られてはならない。法はかつて根拠なしに導入されたが、今ではそれが理にかなったものにみえる。法が正しい永遠な存在であるかのように民衆に思わせ、起源を隠蔽しなければならない。さもなくば、法はじきに潰えるだろう。

だからこそ、現在の道徳・法・習慣を常に疑問視し、異議申立てする社会メカニズムの確保が大切だ。良識と呼ばれる最も執拗な偏見をどうしたら打破できるか。なるほどと感心する考えや、学ぶ点だと納得される長所は簡単に受け入れられる。だが、自分に大切な価値観、例えば正義や平等の観念あるいは性タブーに関して、明らかにまちがいだと思われる信念・習慣にどこまで虚心に、そして真摯にぶつかれるか。自己のアイデンティティが崩壊する恐怖に抗して、信ずる世界観をどこまで相対化できるか。

異質性への包容力を高め、世界の多様性を受けとめる訓練を来る世代に施す。これが人文学の使命である。古典を繰り返し学ぶのは、先人の思想が正しいからではない。常識から目を覚ますために古典を繙き、そこで新たに自分自身と正対するのだ。

多様性の大切さは研究や大学教育の場に限らない。民主主義の精神は多数派の暴力とは違う。誤りだと思われる意見や、社会にとって有害にみえる逸脱者に対して、どれだけ寛容になれるか。それが民主主義の要諦だ。少数派や逸脱者の権利を保護せよと言うのではない。彼らの存在が全体主義から世界を救うのである。今日の異端者は明日の救世主かもしれない。

正義が成就された未来社会での話。裁判の場面を思い浮かべよう。理論武装した検察官が被告人を責める。滔々と展開される深遠な批判に対して、蒙昧な被告人は一言も反駁できない。この検察官はキリストかも知れない、ソクラテスかカントかも知れない。その時、被告人が叫ぶ。

「でも、どこかおかしい。うまく言えないが、そんな世界は嫌だ」

〈正義の声〉を拒否する可能性をどうしたら残せるか。中世の宗教裁判や魔女狩り、ナチス・ドイツ、ソ連、中国の文化大革命、カンボジアのポル・ポト率いるクメール・ルージュ、そして大政翼賛会や特別高等警察も、正しい世界を作ろうとした事実を忘れてはならない。正しい世界の構想を誤ったのではない。普遍的真理や正しい生き方がどこかに存在するという信念自体が危険なのだ。

繰り返す。なぜ異端者が必要なのか。それは、答えが原理的に存在しないからである。

世の中に役立つ人材を大学で養成するという発想は、答えの存在を前提する。理科系の知識は基礎研究であっても、いつか何かの役に立つ。今すぐに答えは見つからないかも知れない。失敗の連続だろう。紆余曲折があるだろう。しかし少しずつ改良され、満足できる水準にいつか達するにちがいない。解はどこかに必ず存在する。

だが、文科系学問が扱う問いには原理的に解が存在しない。そこに人文学の果たす役割がある。社会をより良くするためではない。何が良いかは誰にもわからないからだ。いつになっても絶対にわからないからだ。社会が全体主義に陥らないように多様性を確保する。社会の暴走を防ぐ。そのために異端者がいる。創造性なんて、どうでもよい。解が存在しなければ、創造性など無意味だ。技術と同じ意味で文科系学問の意義を量ってはいけない。解のない世界に人間は生きる。そこに異端者の存在意義がある。

社会学・心理学・歴史・哲学・文学・言語学・人類学・経済学……、何でもよい。様々な具体的材料を出発点にしながらも、大学で学ぶ最も大切なことは一つしかない。

「考えることの意味を問い直す」

これだけだ。学部の選択など、どうでもよい。どの学部の知識も、それ自体は役に立たない。それよりも、考えることの意味を知ることが重要だ。

「人間の原理的な限界に気づく」

それ以外のことは重要でない。原理主義が世界を侵食しつつある。全体主義の嵐が世界中に吹き荒れた時代から、まだ百年も経っていない。あの狂気にまみれた同質性はすでに過去の遺物になったのだろうか。あの異端者狩りの光景は歴史に起きた偶発事だったのか。

日本は弱者に優しくとも、逸脱者や反抗者には生きにくい社会だ。美意識にせよ倫理観にせよ、良いものの基準が社会的に強く規定される。だから均質化しやすい。本来好ましいはずの向上心が仇になる。より良い生き方を目指す時点ですでに我々は誤った道を踏み出しているのではないか。

日本社会の均一性は何に起因するのか。日本人に固有な心性などを持ち出しても説明にならない。受験制度を通して選抜される過程で、似通った学力、同じ出身階層の子どもたちが一緒に集められる。こうして生まれる均質な社会空間は就職後も続く。難関大学の卒業生は大企業に、それ以外の学生は中小企業に振り分けられる。また大多数の若者は同じ年齢で、それも四月の初めに一斉に就職する。さらには性別に応じてキャリアパスに違いが出る。そのため、同じ学歴・能力・出身階層・性別という似通った境遇の同僚に囲まれ、先輩や後輩が比較対象になりにくい傾向と同時に、同じ年に入社した者どうしが常に比べられ、熾烈な競争に駆り立てられる。高校生の段階から似たものどうしで小宇宙を形作る。だから、一億総中流などという不思議な幻想が生まれるのである。

均質な人間空間は競争心を煽る。比較の対象にならないほど他者と自分の能力が異なれば羨望は起きない。生まれるのは尊敬の念だ。歴史に足跡を残した偉大な芸術家やスポーツ選手あるいは天才的思想家と比べて自分は到底かなわないと認めても、我々の価値を貶めはしない。そもそも比較の対象にならないから、相手への称賛は自らの否定にはつながらない。カリスマ経営者に従っても自尊心は傷つかない。それどころか栄誉とさえ感じられる。だが、能力が拮抗する者を前にして自らの劣等性を受け入れるのは辛い。

小宇宙の内部で、すでに述べたprimus inter paresの原理が働く。均質性を保ちながら他者との差異化を図るため、「新しいアイデア」という名の、しかし中身は同質な、同じ方向を向く情報をいち早く取り入れることに気を遣う。だからハウツー本が氾濫し、ノウハウを皆が共有する。異端が馴致され、単なる流行に変質する。

〈正しい世界〉と闘う上で、大学は何ができるのか。多数派の世界観を揺るがし、全体主義に陥らないための安全装置たりうるか。実社会のしがらみや圧力から若者を守りながら個性を育む時空間として機能できるか。多様性を生み出し、いざという時には支配体制に揺さぶりをかけ、抵抗する砦たりうるか。

大学人も人間だ。弱い人間だ。群れをなせば、そこに権力構造が生まれ、学問の理想とかけ離れた世俗の思惑が渦巻く。立派な建前の陰に、既得権にしがみつく小市民の貧困な精神も透けて見える。

「大学など、なくしてもよい」

正直、そう思う日も少なくない。大学は本当に必要なのか。これは大学人や学生だけの問題ではない。市民社会全体の未来にかかわる選択だ。我々は大学を、そして人間をどうしたいのか。

# 第二部
# 学問と実存

# 第四章

# フランスへの道のり

これまで論じてきた少数派・周辺性の意味に、この章では他の角度から光を当てる。「はじめに」で述べたように、学問の世界に対して私は三重の意味で異邦人の位置にいる。この現実が私のアプローチを規定してきた。思考は体験に支えられる。学問は頭だけでするのではない。平凡な若者が偶然に揺さぶられながら日本を離れ、海外で生活するようになった経緯を記し、第一部で主張した学問観に至った背景を綴ろう。

## 日本を離れるきっかけ

今から四〇年前、一九七七年のある日、羽田空港でのこと。陸上ホッケーというあまり知られないスポーツに明け暮れていた私は、保谷市（現在の西東京市）東伏見にある早稲田大学ホッケー部の宿舎に寝泊まりしていた。南隣には、マラソンで輝かしい成績を残した瀬古利彦選手が所属する競走部の宿舎があった。同い年だが、瀬古さんは一年浪人して、その間に米国留学、私は二年浪人したため、学年は彼が先輩だった。東隣はサッカー部、北隣は水泳部の宿舎で、有名選手が何人もいた。私と同室のゴールキーパーが日本代表としてヨーロッパ遠征し、私は羽田空港まで見送りに行った。勝利を祈って送り出す人々の挨拶が終わり、選手団は搭乗ゲートに消えてゆく。声が通るように小さな穴がいくつも開いた、透明な強化プラスチック板を介して、旅立つ者と送る者とがしばしの別れを惜しむ場所があった。彼と私の世界を隔てる見えない壁をこの透明板が象徴していた。同じ部屋に寝て一緒に飯を作り食い、毎日の練習に励む仲間が日本代表として海外に出かけてゆく。そして私は取り残されていた。

「いつか俺も外国に行けるだろうか。たぶん駄目だろうな」

溜息をつきながら帰途についたのを覚えている。

体力にも素質にも恵まれないわりには努力し、高校三年生の時にやっとインターハイ（全国高等学校総合体育大会）に出場した。ただし、インターハイ出場と言うと格好はよいけれど、その当時、愛知県全体でたった三校しかホッケー部を持つ高校がなく、その中で一位になりさえすれば、出場資格を得られた。だから、少し頑張れば誰にでも達成できる、ありふれた目標にすぎない。全国制覇でさえ、野球やサッカーの地区予選で優勝するより遥かに易しいだろう。

だが、それでも私たちにとっては簡単でなかった。せっかく出場権を得たのに、進学校なので、合宿したくても許可が下りない。というよりも実情はクラブ活動の付き添いを教員が厭い、事故が起きた時に責任を取りたくない。それで職員が申し合わせて禁止したのだった。

私が入学する二〇年ほど前まで、母校のチームは全国で一、二を争う強豪であり、国民体育大会で三回、高校総合体育大会で二回優勝している。合同合宿に参加した大学生が夜逃げするほどの厳しい練習で知られていた。選手の頬を監督が思い切り拳骨で殴っていた時代の話である。オリンピック選手も輩出している。しかし私たちの頃はもう、そんな面影さえなかった。二〇〇八年にノーベル物理学賞を取った益川敏英氏の母校だが、文武両道の高校ではなかったはずだ。益川さんは突然変異の産物なのか。

サラリーマン教師を当てにしても埒があかないので、先輩に頼んで練習場所と宿舎を借りてもらい、学校に内緒で合宿した。また当時日本一だった岐阜県の強豪チームと明治大学ホッケー部との合同合宿に加えてもらったりした。休日や早朝の練習を嫌がる部員を脅したり、宥め賺したりしながら頑張った。教師は邪魔をするし、部員はすぐに辞めようとする。そんな状況では私一人が張り切っても強いチームは育たない。ともあれ、インターハイに出場するため九州に行った際、早稲田大学陸上ホッケー部のマネージャーに、

「うちに来ないか」

と声を掛けてもらった。それがきっかけで進路が決まった。

一流選手になるだけの身体能力も根性もなかったが、夢だけは大きく、いつか日本代表としてオリンピックに出場したいと熱望した。もちろん、現実離れの話にすぎなかった。だが、大学進学した矢先に全日本選抜の強化合宿に呼ばれたことも手伝い、大それた夢を見たのだった。合宿は一〇日間の予定だったが、五日目を終了した時点で新人のほとんどが離宿命令を受けた。一〇人が選抜にもれ、順に名前

を呼ばれていった。

新人の伸びしろは身体能力を見て計る。朝の長距離走では初日こそ、不慣れなコースのためにペース配分が分からず、二五人ぐらいの中でほぼビリだったものの、次の日から徐々に調子を上げた。五日目には前から七、八番の位置に食らいついて、

「もしかすると残されるか」

微かな期待を抱いていた。九人目まで名前が呼ばれず、安心しかけた。だが、残念ながら次の一〇人目が私だった。技術や体力など総合的に見て、私が残る余地はなかった。当然の結果だ。選抜でふり落とされてからも、しばらくは諦めずに練習に励んでいた。だが、実力のない事実が、そのうちにはっきりする。

早稲田大学のホッケー部は自主的な練習方針を採り、とても良いチームだったし、当時は強かった。私が伸びるならば、こういう自由な雰囲気でないと駄目だと思い、二浪してやっと入学した。昨今はシゴキが減ったが、強豪大学の体育会系運動部では当時、どの競技かにかかわらず、上級生が下級生を殴ったり、虐めたりするのが常だった。便所の下駄で血が出るまで後輩を殴る先輩もいた。ところが早稲田大学ホッケー部の合宿に参加して驚いた。反省会で上級生の悪い点を下級生が平気で指摘する。私のいた高校では考えられないことだった。浪人中も練習は続け、早稲田の夏合宿に参加した。高校に入ってからホッケーのことばかり考えてきた。しかし、そのような六年間の選手生活についに終止符が打た

れる日がやってきた。

ホッケーをやるために早稲田に入学したのだから、退部すれば、大学にいる意味がなくなる。ちょうどそのころ、五月病という言葉が流行っていた。入学するまでは寝食を忘れて勉強に勤しむが、受かった途端に目標をなくし、鬱病にかかる。入学してしばらく経った五月頃に症状が現れるので、そのような命名がなされたのだろう。合格発表直後、春合宿に参加し、入学式にも出席しなかった私は、五月病に蝕まれる暇はなかった。だが、ホッケー選手として活躍する夢が破れた時、目標を失って無気力に陥ってしまった。

ホッケー部の宿舎を出て、三畳一間の下宿を借りた。今はもうないだろうが、フォークソング『神田川』の歌詞に出てくるような、風呂がなく便所も共同の狭い部屋だ。本棚を二つ置くと、残りは布団一枚を布く隙間しかない。しばらくは毎日ただボーッとしているだけだった。毎朝六時に起きて自主練習していたので、習慣で目が覚める。

「ああ、今日も走るのいやだな」

そう思いながら、寝床から起きあがる。しかしすぐに、

「ああ、そうか。もう走らなくていいんだ」

と思い直す。安堵と寂しさの混じった気分で毎日が過ぎていった。

そんな腑抜けの生活を続けていると私は駄目になってしまう。次の目標を何とか見つけなければなら

ない。

「北海道に行って牛の放牧の手伝いでもしながら、これから何をするのか、ゆっくりと考えるか」

そんな漠然とした気持ちはあったが、はっきりした方向は見えなかった。ある日、暇つぶしもかねて久しぶりに大学に行ってみた。フランス語の授業だった。

「ヨーロッパの若者は夏休みにリュックサックを背負って貧乏旅行をする」

先生が余談で言った言葉が耳に留まった。授業が終わるやいなや、先生のところに飛んでいって尋ねた。

「いったい、いくら費用があれば、ヨーロッパ旅行ができるのですか」

「そうだなあ。一日三〇〇〇円もあれば、何とかやっていけるよ」

北海道に行くつもりだったのが、瞬時にしてヨーロッパに変更になった。夢の向こうにあったはずの海外が急速に目の前に迫ってきた。

## 初めての海外

私は一度心が決まれば、実行は早い。旅費を稼ぐためのアルバイトを見つけるとともに、旅行ガイドブックを買って具体案を練り始めた。週に二回、英語の家庭教師をしながら、夜十時から朝五時までは牛丼の吉野家で働いた。節約するために銭湯には行かず、水道の水で身体を拭き、ちり紙は公衆便所で調達した。食費を浮かすために牛丼屋で行きと帰りに腹一杯食べた上、弁当を必ず二つ持ち帰った。それ以外は食わない。だが、栄養の偏りが原因で口内炎が酷くなったので、早稲田の女子学生に頼んでサラダを恵んでもらった。牛丼弁当と引き替えだ。夜勤を終えても昼間は暑くて下宿では寝られない。カーテンがないから、部屋を暗くするために雨戸を閉めると汗が噴き出る。クーラーどころか扇風機もない。仕方なしに、冷房の効いた山手線に乗って仮眠を取った。

夢は膨らみ、シベリア鉄道でソ連を横断してヨーロッパに入る方針に落ち着く。帰路に関しては少々困った。片道だけ航空券を買うと割高になる。航空運賃は今よりずっと高かった。かといって同じソ連経由で帰るのは面白くない。そこで、ヨーロッパを旅行した後にギリシアからトルコに入り、イラン・アフガニスタン・パキスタン・インドという、過去に栄えたシルクロードの跡をたどって日本に戻る旅程を組んだ。期間は半年のつもりだった。

一九七八年の夏に日本を離れ、初めて見た外国の地は、横浜から二泊三日の船旅で着いたソ連の港ナホトカ。

「ついに外国に来たんだ」

海の色さえ日本の海とは違う感じがして、感慨深かった。ナホトカからハバロフスクまで汽車で約二〇時間。ホテルで一泊した後、寝台列車でモスクワに向かう。ハバロフスクから一週間の旅。広大な領土を持つソ連には標準時が七つあり、毎日一時間ずつ時刻を遅らせていった。ゆっくり調節するので時差ボケしない。横浜を出た時は二十一歳だったが、シベリア鉄道に乗っている間に二十二歳の誕生日を迎え、同乗するユーゴスラヴィア人・ドイツ人・ロシア人に現地調達のワインで祝ってもらった。

モスクワに着くと、列車で知り合った人々と別れ、一人になった。緊張が高まり、異国に来た感が強まる。泊まったのはウクライナ・ホテルという、ニューヨークのエンパイア・ステート・ビルディングをスターリン風に改造した感じの、とても立派なホテルだった。ただし従業員は無愛想だし、お湯も満足に出なかった。モスクワ大学を見学に行こうとホテルの係員に住所を書いてもらい、散歩に出かけたら、途中で道がわからなくなり、通行人のおばさんに尋ねる。親切に教えてくれるのだが、ロシア語なので何を言っているのか理解できない。納得のいかない顔をしていると、おばさんは何度もゆっくりと説明してくれる。しかし依然としてロシア語だから、どんなにゆっくり話してくれても、わかるはずがない。世界中の人々が皆同じ言葉を話すと信じているのか、まったく屈託がなかった。申し訳ないから、ついにわかった振りをして、

「スパシーバ」

と、お礼だけロシア語で言って、その場を去る。モスクワ大学は外から眺めただけだが、とても雄大な建物だった。御伽の国の宮殿のような、色鮮やかな聖ワシリイ大聖堂が建つ赤の広場にも感動した。

シベリアを鉄道で横断、そして中近東やアジア諸国を気の向くままに旅したと言うと、まるで大冒険

をしたかのように錯覚されるかも知れないが、別にそんなことはなかった。インツーリストという国営旅行会社が宿泊・交通手段・観光案内まですべて手配していた。モスクワ市内を一人で散歩した以外は、どこでも送り迎えがつくので道にも迷わない。

そのような安易な旅を望んだわけではない。当時、ソ連国内は自由に旅行できず、日程を前もって申告しないとヴィザが下りない仕組みだった。ホテルもAクラスかBクラスかを選択するだけだ。○月×日にモスクワに泊まると決め、安い部屋を希望すると、勝手に宿を指定してくる。指定と言っても、宿泊するホテルを前もって知らされるのではない。だから宿に着くまで、どこにつれて行かれるのか不明だ。サングラスをかけ、ロシア語しか話さないお兄さんが、私の名前を書いた紙を持って、車のドアを開ける。

「どこに連れて行かれるのだろう。乗っても大丈夫だろうか」

と心配になったぐらいだ。

モスクワ見物の後はレニングラード（現在のサンクト・ペテルブルグ）を列車で通過してフィンランドの首都ヘルシンキに到着。ここのユースホステルで偶然、早稲田の学生に出会う。

「どこかで見た奴だ」

思い出した。授業料値上げ反対の学生大会でアジっていた一人だ。雄弁を振るう他の学生に交じってその時、私も発言した。熱気を帯びた雰囲気の中、

「俺も何かしなければならない」と感じたのか。

「総長は赤坂の料亭で芸者と遊んでいる。そんな余裕があるのに、なぜ授業料を値上げするのか」

こんな訳の分からない理屈で感情的な演説をする学生運動家に腹を立てたのか。はっきりした記憶がないが、とにかく壇上に登った。ストライキを提案する左翼学生を横目に、

「そんなくだらん理由しかないなら、ストライキなどせんでもいい」

と、怒鳴った政治音痴の私だった。体育会部員だからスポーツ刈りの学生服姿で通学しても、右翼ではなかったつもりだが、結果的にはそういうことになった。初めて一〇〇〇人以上の学生を前にして発言したわりには、不思議とあがらなかった。興奮していたからだろう。大学生活には興味を失っていたはずなのに、周りに影響されて何にでも簡単に飛びつく私の軽薄さがこの辺りにも現れている。

「フランスのトゥールという町で語学研修をしているから、遊びに来い」

ユースホステルで出会った早稲田の学生に誘われた。フィンランドの後はスウェーデン、そしてデンマークを経由して西ヨーロッパに入り、各地を歩いた。ドイツではカトリックの神父と意気投合し、家に一週間ほど泊めてもらった。それからミュンヘンの有名なビール祭り「オクトーバーフェスト」に連れて行かれ、酔っぱらうまで飲んだ。旧ユーゴスラヴィア北の町リュブリャナ（現在はスロヴェニア共和国の

首都）ではパンクのグループと知り合い、一緒にコンサートをまわる。トラックの荷台に乗って移動する途中、警察の検問に引っかかった。パスポートを携帯していなかった私は緊張したが、一緒にいたマネージャーが取りなしてくれたのか、何のお咎めもなく解放された。

## 悪印象のフランス

スウェーデン・ドイツ・ユーゴスラヴィアでは見知らぬ人の家に泊めてもらい、親切のありがたさが身にしみた。オランダのアムステルダム駅に夜遅く着き、現地通貨がなかったので、そのまま駅の待合室で夜を過ごすつもりだった。ところが終電の後、シャッターが閉まり、乗客は皆追い出される。朝まで暇を潰す当てが外れた。そこで、通りすがりの若い男性に、夜通し開いているバーを尋ねたら、英語で場所を教えてくれただけでなく、

「これで何か飲みな」

と気前よく、十ギルダー紙幣を一枚、私の胸ポケットに突っ込む。淡々とした都会的センスに感心した。

だが、フランスだけは良い想い出がない。ドイツから夜行列車でパリの東駅に着き、公衆便所で歯を磨いていたら、掃除のおばさんに凄い剣幕で怒鳴られた。私が払った金額では小用は足せても、歯を磨く料金はもっと高い。それが怒りの理由だった。しかし、こっちはフランス語がわからないから、なぜ

叱られるのかすぐには理解できない。

「遠い異国から来て、言葉も通じない旅行者に何という態度だ」

腹が立ったので、余分の金を払わず、彼女の罵声を背にして駅を出る。

パリを何日か歩いた後に、ヘルシンキで知り合った早稲田の学生を訪ねて、一〇〇キロほど南のトゥールに移動した。歴代王の城がたくさん残るロワール河の町である。この地方はワインの産地としても知られる。もらった住所にたどり着き、呼び鈴を押すと大家のおばさんが顔を出し、胡散臭そうに睨む。

「日本人の友達に会いに来た」

片言で告げると、

「今、学校に行っている」

という返事。

「何時頃に戻りますか」

と訊ねても、

「そんなこと私は知らない」

とだけ答えて、

「早くどこかに行け」

とでも言いたそうな顔をしている。仕方ないから、近くの喫茶店で時間をつぶすことにした。が、内心では腹が立つ。

「下宿人の知り合いが遠くの国から訪ねてきたのだから、家の中に入れてコーヒーの一杯も出すのが礼儀じゃないのか」

二時間ほど経ったので、

「もういいかな」

と思い、呼び鈴を押すと、例の苦虫を噛みつぶした顔で大家がまくし立てる。何を言っているのか、さっぱりわからない。想像するに、

「お前の友達はまだ帰ってこない。うっとうしいから何度も来るな」

ということらしい。同じ喫茶店に戻り、また二時間ほど暇をつぶした後、再度挑戦。しかし同じ結果だった。尋ね人はいないし、大家の機嫌はますます悪くなる。その日は諦めて、ユースホステルに泊まることにし、観光案内所で行き方を教えてもらう。

「五番のバスに乗って、auberge de jeunesse（ユースホステル）で降りたいと運転手に告げればいい。着いたら教えてくれる」

その通りにして窓の外を見ていると、バックパック姿の若者がたむろする場面を通り過ぎ、どんどん田舎に向かって行く。

「あれ、おかしいなあ。もしかしてユースホステルを過ぎちゃったのか」

隣の女性に尋ねてみた。

「えっ、もうとっくに過ぎたわよ」

と言い、運転手に説明してくれた。

「あっ、本当だ。忘れてた」

と、運転手が言ったか、言わなかったか、それはわからなかったが、運転手はバスを停めて一緒に降り、道路沿いの喫茶店に私を導いた。そしてウェイトレスに何か一言声を掛けてから、バスに戻って行ってしまった。

「自分がミスをしたせいで俺が乗り過ごしたのだから、終点まで行ってから折り返してユースホステルまで送ってくれるのだろう。それまでこの外国人の面倒を見てやってくれと頼んだに違いない。あるいは喫茶店の誰かが車で送ってくれるのかな。俺のためにコーヒーの用意をしているみたいだ。親切な人たちだなあ」

そんなことを思って、おとなしく待っていた。

ところが三〇分しても私のコーヒーは出てこない。

「あれ、ちょっと勝手が違うぞ」

心配になり、

「あの運転手は何て言ったの」

とウェイトレスに訊ねると、

「あんたがバスを乗り越したと言ったわ」

と仰る。

「えっ、それで」

「うん、それだけ」

「バスは折り返してくるの」

「いや、今日はもう遅いからバスはないわ。うちの店ももうすぐ閉めるから出てってくれない」

妙な展開になってきた。仕方ないから最寄りの鉄道駅を訊ねると、四キロほど歩くと言う。簡単に書いているが、ここまでの会話も何度も聞き直したり、身振り手振りを混ぜての大変な格闘である。駅にたどり着いたのはいいが、田舎駅なので電車はなかなか来ない。二時間ほど待って、やっと振り出しのトゥールに戻った。

外国人だから親切にしてもらえると信じる私もおめでたいが、それでも他の国ではよくしてもらった。フランスではたまたま運が悪かったのかもしれない。しかし、ほんの一〇日ぐらいの滞在で三度も嫌なことが重なったので、

「もう絶対にこんな国に来てやるものか。フランス語など覚えるものか」

と、この時は思ったものだ。

## アジアを歩く

当てもなくヨーロッパ各地を歩いた後、イタリア南端のブリンディジ港からアドリア海を渡ってギリシアのアテネを訪れ、一週間ほど滞在。それから夜行バスでトルコのイスタンブールに入る。乗車時にアナウンスがあった。

「バスは新品なので、タバコなどで座席を汚さないように注意して下さい」

朝方ずいぶんと冷え込み、それで眼が覚めた。

「暖房が故障したのか」

と訝ったら、後部座席の窓が枠ごと落ちて無くなっていた。新品が聞いて呆れる。

歴史と文化の交差点と呼ばれる、この町で二週間過ごした後、ヨーロッパに別れを告げ、それ以降はアジアに。トルコからインドのカルカッタまでは、船・鉄道・バス・乗り合いタクシー・トラックを乗り継いで移動した。放浪の旅だ。

と言っても、大層なものではない。ヨーロッパ・アメリカ・オーストラリアなどから来た若者にはどこでも出会ったので、彼らに訊ねれば交通手段の情報は得られた。英語の通じないアフガニスタンの片

田舎でも、

「カンダハール」

と、外国人が言えば、カンダハールに行きたいのだろうと察して、バスの停留所まで村人が案内してくれる。またイスタンブールからインドのデリーまで観光バスが出ていて、一二〇ドルぐらい払えば、一カ月かけてゆっくりと五〇〇〇キロの道のりを運んでくれた。いくら何でもこれではつまらない。それに勘定すると、色々な乗り物を乗り継ぐ方が安い。結局、イスタンブールから船でボスポラス海峡を抜け、トルコの東、イラン国境に近いトラブゾン港まで黒海を渡り、あとは適当にその場で考えることに決めた。

旧約聖書に出てくるノアの方舟は洪水が引いたあと、アララト山に漂着する。トルコのイラン国境近くにある。私はそこを冬に夜行バスで通った。

「アララトだ」

朝早く眼が覚めた時、隣に座るトルコ人が教えてくれた。雪がかかって美しかった。周りには日本語はおろか、英語もわからない人ばかりだったので、印象を語りかける相手がいない。孤独を感じるとともに、まるで山と私だけが世界の中で対峙するような不思議な気分に浸った。

日本の若者にも出会った。私以上にみな気負っていて、

「インドでは死体が道に転がっていた」

とか、

「アフガニスタンでは手足を切断された女性が広場で晒し者になっていた」

とか、もの凄いことを話したが、どれも大げさな嘘にすぎなかった。

それでも半年の旅の間には、いろいろなことがあった。怖い目にもあったし、愉快な想い出もある。一九七八年の後半はすでにイランやアフガニスタンの政治情勢が変動しつつあったので、興味深い事件にも遭遇した。片言の英語ながら様々な国の人々と意見を交わし、思いがけない発見もあった。

イランとアフガニスタンの国境検問所では、ポルノ雑誌を取り上げられて、ばつが悪そうにするパキスタン人のスーツケースを次から次へと開け、欲しいものを勝手に没収する税関吏と、その光景を目の当たりにして、

「あなたには、そんなことをする権利はない」

と、真っ赤になって抗議するアメリカ人女性を見た。私はその間、税関吏が取り上げた菓子のお相伴に与りながら、権力の恐ろしさをよく知っていて卑屈な態度を取るパキスタン人と、民主主義や正義が世界を律していると素朴に信じる、おめでたいアメリカ人との対比を面白がって見ていた。

検問所を出てからヘラートに向かう。この町には三日いただけだが、麻薬目当てに逗留する西洋の若者とのおしゃべりに興じた。当時、アフガニスタンやネパールでは阿片やハシッシュが簡単に手に入った。私の泊まったところは、女も男も一部屋に詰め込まれ雑魚寝する安宿で、確か一泊一ドルだった。

「ハシッシュを買うには、どうしたらいいか」

宿のオヤジに相談したら、

「うーん、それは難しい話だなあ。ここのところ麻薬の取り締まりが厳しくなったので、簡単には手に入らない。それに高いぞ」

と言う。

「あれ、そうかなあ。さっき散歩に出たら、ハシッシュ要らないかと子どもがすぐに寄ってきたのに」

首を傾げていると、オヤジは私の眼をじっと見つめながら、

「そんなに欲しいか。どうしてもと言うなら何とか都合できないこともない」

こう言いながら机の引き出しを開けた。中にはハシッシュの塊がたくさん転がっている。

「どれでも取りな。一つ五〇ドルでいい」

現金な笑顔を私に向けた。掌大の焦げ茶色した塊を私は選び、代金を払って、一緒に泊まっていたドイツ人グループに吸い方を教えてもらった。

日本の麻薬取締法を知らないので、私が実際にハシッシュを吸ったかどうかは明らかにしない。もし吸ったとしても、それでどんな気分を味わったかについても書かない。いや、私は何もやってない。

なかなか茶色の塊はなくならないので、ビニル袋に包んでシャツの胸ポケットに入れていた。ヘラー

トから南下してカンダハールに向かうバスに乗っている時、自動小銃を抱えた兵士が数人乗り込んできて、乗客を順に調べ始めた。むき出しのハシッシュを胸ポケットに突っ込んだ私の脇に冷たい汗が流れる。麻薬所持で捕まったアメリカ人がトルコの監獄で人道無視の酷い目に遭う映画『ミッドナイト・エクスプレス』の場面が蘇って、頭の中が真っ白になる。ところが兵士らは真ん中辺りの乗客までは調べるが、最後部に座る私のところまではやって来なかった。検問が終了し、バスはまた走り出す。おそらくゲリラでも探していたのだろう。

麻薬の取り締まりと考えるのは、そもそもおかしい。麻薬が簡単に手にはいるのに、それで麻薬所持の外国人を捕まえるとあっては、国家と住民がグルになって騙す美人局《つつもたせ》だ。とにかく、この事件に懲りた私はカンダハールに到着するなり、手洗いに飛び込み、四〇ドル分は残っていただろう茶色の塊を捨てた。

アフガニスタンの首都カブールでバスに乗り、パキスタンの旧都ラワルピンディに着いた。ここでは「プリンス・ホテル」という、名前だけは立派な安宿に数泊したが、南京虫に脚と腹を食われて困った。帰国するまで、ずっと痒かった。現地の民族衣装を買い、さっそく着て街を歩いていたら、道行く人が私を見て笑う。

「ガイジンがキモノで渋谷を歩くようなものかな」

そう思っていたら、私が身につけていた服は女性用だった。ズボンが付いているので、てっきり男性用だと早合点したのだった。捨てるのももったいないし、着替えの服をあまり持っていなかったので、ガイジン特権のつもりで、この服を何度も着た。しかしラワルピンディからインドとの国境を越えてアムリトサルに向かう夜行列車の中で若い男性に言い寄られて往生し、それ以降は着るのをやめた。

インドではゆっくりと南部まで足を延ばすつもりだった。ところが、アジア大会がタイで開催されるという新聞記事を見つけ、予定を急遽変更する。ホッケーの試合を見るつもりで、アジア大会のことは旅に出る前から頭にあったが、インドで開かれるとばかり思っていた。もう時間がない。慌ててインドを横断することにした。だが、その日はあいにく祝日で銀行が閉まっている。現地通貨に換金できず、切符が買えない。自転車で引く人力車の運転手に頼んで、開いている両替屋をやっと一軒見つけて換金した。安堵したのも束の間、お札を見ると小さな穴がポツポツと空いている。てっきり偽札だと思い、文句を言う。

「駅で切符を買うまで人力車の料金は払えない」

「そんなわけはない」

と言い張るインド人を駅の入り口で待たせる。何のことはない。日本と違い、お札を束ねる時にピンを刺す習慣があるために穴が空いているだけだった。人力車夫を疑った私は自分を恥じて、切符を買って残ったルピーを全部彼にやってしまった。さて、列車に乗り込んだのはよいが、飯を食う金がない。

「どうせ首都デリーに止まるだろうから、その時にまた両替すればいい」

気楽に考えていた。ところが列車はデリーを通らず、両替できる大きな駅がない。困った。カルカッタまでは四〇時間近くかかる。それまで飯抜きは辛い。同じ個室になったインド人に事情を話して米ドルと両替して欲しいと頼んだら、

「そんなことをすると警察に捕まる」

と、代わりに一〇ルピー恵んでくれた。当時一ドルぐらいの価値だったが、バナナや現地の菓子を買って腹の足しにするには十分だった。英語が通じて金を恵んでくれた、この若い男性以外に個室にはもう一人、ヒンズー語しか分からない年輩の乗客がいた。彼は自分の弁当を半分分けてくれた上、駅に停車するたびに手招きでホームに私を呼び出し、牛乳がたっぷり入った紅茶を何杯もご馳走してくれた。ハエが沢山たかってコップも汚かったが、紅茶はとても旨かった。

カルカッタからは飛行機でバンコクに飛び、アジア大会に参加するホッケーの日本チームに合流した。選手も監督もよく知っていたので、思いがけない再会に皆、喜んでくれた。その日から私はチーム専属のトレーナーに化けて試合会場に出入りする。選手団が日本に帰国するまで行動を共にし、その間ずっと日本チームのジャージを借りた。選手としては一度も着られなかった、胸に日の丸が燦然と輝く憧れのユニフォームである。

## アルジェリアに飛び立つ

この旅の目的は観光でもなければ、珍しい体験をすることでもなかった。北海道で放牧の牛と戯れる代わりに、見知らぬ外国の土地を歩くことになったが、目的はあくまでも次の目標探しだった。持っていた時計も、旅の途中で出会った人にあげた。

「時間を気にするようでは何も見つからない」

そう感じたからだ。同じ理由で、トマスクック社のヨーロッパ鉄道時刻表も捨てた。

「予定など立ててはいけない。気の向くままにブラブラしよう」

ローマでは一週間ほどユースホステルに泊まった。散歩に飽きたので、その後はトレビの泉に毎朝出かけ、脇にある岩の上で昼寝していた。スペインやギリシアでも何を見るともなく、街を歩いたり、教会や喫茶店に入って思いにふけった。

ところが帰国しても肝心の目標は一向に見えてこない。そこで暇つぶしをかねてフランス語を習うことにした。英語は少々わかったので、もう一つ外国語を勉強するぐらいの軽い気持ちでフランス語に手を出した。フランスで嫌な目に遭い、

「こいつらの言葉など、絶対に覚えてやるものか」

と誓ったはずなのに、中近東やアジアを旅するうちに、そんな恨み言もさらりと忘れてしまった。東京

の語学学校アテネ・フランセで一日七時間の集中コースを取り、朝から晩まで毎日フランス語漬けの生活が始まった。早稲田の授業に出る暇はない。興味を失っていたので、どうせ行かなかっただろうけれど。

フランス語を習うのは、フランス文化に魅了された人がほとんどだ。フランスに特別な関心を持たぬ私と気の合う人はあまりいない。おフランスに憧れ、歯の浮くキザなセリフを吐く教師や生徒への反発も手伝い、つい西洋に対立し、第三世界支持の立場をとる。そんなことも関係してか、フランスの植民地だったアルジェリアへの興味が次第に増してゆく。三カ月ばかり経った頃、日仏技術通訳を募集する張り紙をアテネ・フランセの掲示板に見つけた。勤務地はアルジェリアの東部、チュニジアとの国境に近いスキクダという町で、任期は一年、月給は三六万円。その他に現地での生活費が支給され、宿舎と食事付きという条件だ。今では喫茶店ウェイトレスの時給が一〇〇〇円を超え、大卒初任給の平均も二〇万円以上になったが、当時はウェイトレスのアルバイトが三五〇円ぐらいだったし、一九七九年の大卒初任給は現在の半分の一〇万九五〇〇円だった。だから当時の私には、この募集条件が驚くほどの高給に思えた。実際に任地に着くと、大変なことも多々あったのだけれど、その話は後ほどしよう。

ユーラシア大陸の旅では様々な国の人々と出会い、珍しい光景を目の当たりにした。しかしお互い下手な英語しか話せないから、いつも同じような浅い議論しかできなかった。

「いつしか一カ所に住み着いて異国の人とじっくりと話し合いたい」

そう願っていただけに、アルジェリア赴任は喉から手が出るほど摑みたいチャンスだった。復習や読書も含めれば、毎日一五時間近くフランス語に浸かっていたので、上達は比較的速かった。だが、わずか三カ月の学習で通訳が務まるはずがない。現実に引き戻されて落胆しながらも、フランス語の勉強を続けていた。

ところが一カ月も経たないうちに、状況が思わぬ方向に急展開する。アテネ・フランセで以前に助手をしていた人がアルジェリアに通訳として赴任し、彼の妻が今も学校に勤めている。そんな噂を耳にした。奥さんに会って実情を尋ねると、

「スキクダにいる夫もフランス語が良くできるわけではない」

と言う。月給三六万円は高額に思えるけれど、一年間ずっと日本を留守にでき、かつフランス語が堪能な人は多くない。それに単身赴任で僻地に住む事情を加味すると、それほどよい条件ではない。したがって若い学生くずれか、会社に定着しない、あるいはできない人たちが主に応募するという。

「当の助手のフランス語ができないといっても、まさか初心者の私とは比べものになるまい。でも頑張りさえすれば、近い将来に実現する夢かもしれない」

フランス語を始めて一〇カ月に達した頃、駄目で元々、人材派遣会社の通訳採用試験を受けてみた。合格点に達すれば、週三回開かれる技術フランス語の勉強会に参加し、仕事の欠員が出るとアルジェリアに派遣される仕組みだった。試験の内容は、フランス語による日常会話の後、新聞記事の和文仏訳と技

術文書の仏文和訳、そして最後は日本語からフランス語への通訳で、

「この工場ではテレビを組み立てています。長さ一〇メートル、幅一メートル五〇センチ、高さ一メートルほどのベルトコンベアーにプリント盤が流れてきます」

といった簡単な文章を口頭で翻訳させられた。

結果はというと、ほとんどできなかった。たった一〇カ月の学習で通訳になろうという考えがそもそもおかしい。当然だ。

「フランス語を始めて、どのくらいになりますか」

まさか正直に答えるわけにいかない。

「そうですね、二年とちょっとでしょうか」

こう嘘をつくと、

「ほう、二年にしてはよくできますね」

意外な感想が返ってきた。読み書きはできなかったが、話題を予想して友人とフランス語で練習していったのが功を奏した。それに毎日一五時間近くフランス語を勉強していたので、一〇カ月といっても普通の人の何年分かの訓練に相当したのも事実だろう。

「正直言って、まだプロの通訳ができるレベルではないのですが、会社の勉強会に参加しますか。仕事の保証はできませんけど、それでよろしければ」

この誘いには間髪容れず承諾し、次の週から技術フランス語の勉強が始まった。授業は難しかった。フランス語がわからないのは覚悟していたが、専門用語がいくつか重なると日本語でさえも理解できない。勉強会にはたいてい五、六人が出席し、私はいつも群を抜く劣等生だった。しかし復習だけはしっかり行ない、前回に習った用語は次の勉強会に備えて必ず暗記していった。

「実力がない割には将来性のある奴だ」

そんな印象を植え付けたに違いない。というのも、勉強会に参加してわずか三週間後にはアルジェリアに飛び立ったのだから。

赴任決定の事情には偶然が作用した。訓練を始めて二週間目、一時間半の勉強の後に休憩していたら、派遣会社の部長に呼ばれた。

「実はそろそろアルジェリアに赴任してもらおうと考えている」

私は飛び上がらんばかりに嬉しかった。だが、軽薄なところを見せてもまずい。おとなしく部長の説明を聞くことにした。

「はっきり言って、君のフランス語の実力は通訳として働くにはまだ不十分だ。しかし成長が目覚ましいという先生からの好評もあるし、正直言って会社としても来週に通訳を一人送る必要がある」

こう続けながらも、雑談を交えた後に結局、

「う～ん、やっぱり踏ん切りがつかない。いくら急いでいるからといって実力不足の人材を送ると、後で問題になるからね。他の通訳の心当たりがないこともないから、いろいろ言った後で悪いけど、今回の話はなかったことにしてください」

目の前に一旦ぶら下げられた餅を引っ込められた私は落胆して授業に戻ろうとした。その時、カレンダーを確認した部長が、

「あっ、やばい。来週は祝日で休みが続く。もう間に合わない。仕方ないな。小坂井君、パスポート持ってますか。じゃあ来週出発してください」

と、いい加減に決定されてしまった。ろくに内容の確認もせず、すぐに契約書に署名して下宿に飛んで帰った。まわりの道行く見知らぬ人々に大声で叫びたかった。

「どうだ、俺、アルジェリアに行くんだぞ。すごいだろう」

そのぐらい嬉しかった。希望に満ち、だが不安の少し混じった感覚。自分の生活が急展開して行く手応えを握りしめていた。

## 通訳とは名ばかり

パリ経由でスキクダにつつがなく着いた。だが、それからが大変だった。石油化学コンビナートでアルジェリア人技術者と日本人派遣者との間をとりもつ通訳が私の任務である。着任早々、日本人課長か

らアルジェリア人の課長に引き合わされる。

「通訳なんだから、自己紹介しなさいよ」

促されるが、フランス語が出てこない。戸惑っていると、アルジェリア人課長から先に挨拶を受ける。

「J'espère que vous allez vite vous habituer au climat de l'Algérie.（アルジェリアの気候にすぐ慣れるといいですね）」

しかしclimatという言葉がわからない。

「クリマ（climat）って何ですか」

日本人の課長に愚かにも尋ねたら、

「そうだなあ。英語でクライメット（climate）っていうから、気候の事じゃないの」

残りの言葉はわかったから、

「なんだ、そんなことか」

と合点したものの、

「ウィ、ムッシュー」

と、お粗末な返答をするのが精一杯だった。新任者を庇って二人の課長は優しく接してくれたが、

「大変な奴を送ってきたな」

と内心では嘆いていたに違いない。

最初の三カ月ほどは、万事この調子だった。工場は二四時間休まず稼働し、三交代制が布かれていた。朝の七時から午後二時までの勤務を三日間、午後二時から夜の十時までをまた三日間、そして午後十時から翌朝七時までの夜勤を三回こなすと、三日間の休暇というサイクルだ。各チームに通訳が一人付く。深夜勤務は、交代時にする引継の通訳を除けば、ほとんど仕事がない。アルジェリア人の中には居眠りする者も多かった。

だが、朝番は恐怖だ。時々重要な会議が入る。着任してすぐ、私が当番の時に生産部長会議があり、心底往生した。日本人とアルジェリア人と両方合わせて出席者は一〇人ほどだったろうか。長方形のテーブルの片側に日本人が陣取り、他方にアルジェリア人が席を占める。私はテーブルの頭、つまり座長の位置に座らされた。四十歳にもなると、立派なひげを蓄えたアルジェリア人は貫禄一杯である。二十三歳の私は、ほんの子どもにしか見えない。緊張のせいもあって、フランス語がさっぱりわからない。何とかごまかさなければいけない。

「エー、先週からの、エー、懸案について、エー、協議しましたが、しかし問題が、エー、未だによく、エー……」

時間稼ぎをしてみる。しかし何を言われたのか全然わからないから、どうしようもない。窮地を察した日本人部長が励ます。

「君はまだ赴任したばかりだから、事情が飲み込めないのも無理はない。落ち着いてもう一度聞いてごらん」

アルジェリア側では意味が通じたと勘違いして話を次に進めようとしたのに、その矢先、

「すみません。よくわからなかったので、もう一度言ってくれませんか」

と頼むのだから、驚くやら呆れるやら。親切にもう一度繰り返してくれたのはいいが、同じ速度でまくし立てられ、二度目も意味不明だった。というよりも、ゆっくり話してくれても、わからなかっただろう。仕方がないので日本人側に、

「すみません。やっぱりわかりません」

白状すると、

「そうか。じゃあ、こっちから聞いてごらん。多分こんな用件だと思うから」

部長のさらなる優しきお言葉。その内容を片言で通訳しようとしたが、

「今日は重要な問題だし、解決を急いでいるので、申し訳ないけど英語でさせてもらう」

アルジェリア人部長の決定で、会議は英語に切り替わってしまった。当時は英語の方がよくわかったので、

「なんだ、そんな話だったのか」

と内心納得したものだ。

こんな調子だから、三日間の休暇が終わりに近づくと朝番の心配が始まり、夜もろくに眠れない。工

場行きのバスに乗った瞬間から緊張で顔を引きつらせ、真っ青になりながら仕事に出かけていた。無能な私を同僚は労ってくれたが、会議に出て窮地に陥るたび、恰幅のよいアルジェリア人に睨まれるのは居た堪れない。

「いつクビになることか」

心配の毎日だった。そんな不安を吹っ飛ばすために、仕事が終わるとジョギングした。ホッケーの練習で苦しかった頃を思い出すと、元気が湧いてくる。

「クビになったっていいや。日本に帰されたって、今日までいられただけでも儲けものだ。一日長くいられれば、それだけ得したと考えればいいじゃないか」

自分をこう勇気づけていた。

ところが赴任して三カ月も経つと、不思議なことに通訳がうまくゆくようになる。初めの頃は特殊な技術用語に苦労する。燐酸ソーダ・触媒・電気分解ぐらいならまだよいが、「ヨージョー（養生）」「ネッコー（熱交換機）」「マシジメ（増し締め）」など、

「これでも日本語なのか」

と疑う用語に閉口する。しかし技術畑で使用される語彙の範囲は狭いので、ある程度学習すれば、わからない単語はすぐになくなる。それに、理解を妨げる原因はフランス語の語彙不足だけでなく、技術に関する無知でもあるので、仕事の内容さえ飲み込めば、何を言っているのか勘で推察できるようにな

る。

クビになる恐怖も手伝って、私はよく勉強した。現場で出会う技術用語を覚えるかたわら、子ども向けのフランス語の本を街の本屋でたくさん買ってきて一日一冊は必ず読んだ。『ル・モンド』紙の週刊ダイジェスト版をフランスから取り寄せ、辞書を引きながら格闘した。読むのに飽きると、アルジェリア人をつかまえて会話の練習に励んだ。深夜番の時も寝ないで勉強したし、休みの日に麻雀に誘われても断って、フランス語の本を読んだ。酒に誘われても、

「体質的に酒を受け付けないんです。すみません」

と嘘をついて、任期が切れる寸前まで禁酒した。

アルジェリアは長い間フランスの植民地だった。そのためフランス語の達者な人が多い。公用語はアラビア語だが、私が滞在した当時は大学の授業のほとんどがフランス語で行なわれていたし、外国企業との契約・会議に用いられる言葉もフランス語だった。アルジェリア人にとってフランス語は母語でないので、訛りがあったり、文法の間違いもするが、私の実力に比べれば、彼らは皆、優秀な先生である。

六カ月勤務した後に一カ月の有給休暇、そして後半六カ月の勤務という契約だった。したがって報酬の効率からいうと、休暇が終わった時点でクビになるのが最も望ましい。十二カ月の勤務に対して一カ月の休暇をもらうより、半年勤務するだけで同じ有給休暇が出るのだから。ただし自ら退職すると契約

違反に問われ、支度金を返さなければならない。だから穏便に解雇してもらう必要がある。

「もういつクビになってもいい。早くクビになる方が得だ」

気持ちの余裕が出てくる。わからない言葉があっても、以前は恥ずかしくて聞き直せなかったのに、半年を過ぎてからは会議中でも平気で、

「すみませんが、その意味わかりません。どういうことでしょうか」

と尋ねるようになる。いくら通訳だといってもフランス語は母語でないのだから、知らない単語があってもおかしくない。ましてや専門分野の仕事だから、理解できないことがあって当たり前である。そんな時は他の言い方をしてもらえばよい。しかし着任当時は、わからない言葉が臨界値や重合という技術用語なのか、ハサミや糊のような日常語なのかの区別もつかなかったから、下手に尋ねて、

「ハサミも知らないのか」

と、笑われるのが怖かった。だから理解できなくても聞き直さず、分かった振りをしてごまかす。後になって、たいていの通訳がこなせるようになると、たまに知らない言葉があっても大目に見てもらえる。それなら、わからない時にはわからないと正直に言える。説明を促せば、理解しやすい。通訳もうまくゆく道理だ。こうして一年間、解雇の憂き目にあわずに、何とか勤めおおせた。

## ドストエフスキーとの出会い

スキクダでは、アルジェリア人居住地から離れた場所にプレハブ長屋を建てて、日本人の男ばかりが四〇〇人以上住んでいた。食事もまずく、娯楽らしきものは筋力トレーニングの道具と卓球台一つだけ。会社の命令で心ならずも僻地に飛ばされた技術者たちには辛い日々だ。彼らの任期は二年六カ月。カレンダーに毎日×印をつけながら、妻子に再び会う日を待ちこがれる人ばかりだった。言葉が通じないし、交通手段がないため街への外出もままならない。麻雀をするか、酒を飲むか、本を読み、音楽を聴く。あるいは同僚とおしゃべりするぐらいしか、余暇を過ごす手段がない。私が着任する半年くらい前までは生活条件がさらに劣悪だったらしい。弁当にウジが湧いていたり、味噌が日本から届かないために、「醤油汁」で我慢しなければならなかった。月に一度振る舞われるステーキも草履と見間違うような代物だったらしい。

これほどの悪条件の下で男ばかり大勢集まって長い間暮らせば、問題が起きない方がおかしい。私が着任する一年ほど前に、一人が森で首吊り自殺し、もう一人が自室で刃物自殺する事件があった。後者は

「自殺ではなく、実は殺されたのだ」

そんな噂もあったが、真相は定かでない。

自殺（殺人）現場の部屋は鍵がかかって閉められていた。私は隣の部屋をあてがわれ、当初は気味悪かったが、しばらくすると慣れてしまった。そのうちに誰かが所長と交渉して、開かずの間の封印を解き、通訳の溜まり場になった。

化学工場には事故がつきものだが、救急体制が完備していない。作業員が苛性ソーダを頭からかぶった時、ただれた皮膚に水をかけて冷やすことしかできなかった。当時の同僚が言う。

「夜になっても流れ続ける水の音が聞こえて、やりきれなかった」

苦しい生活条件の下で、しかも嫌々仕事をするから日本人従業員には不満がたまり、アルジェリア人との軋轢が絶えない。日本人の人種差別に嫌気がさした私は、たいていアルジェリア人の肩を持った。しかし後で考えると、あの辛い環境で働かされていれば、不満のはけ口としてアルジェリア人と敵対しても仕方なかっただろう。二週間の研修を受けただけなのに、アルジェリア側に会社が提出する履歴書の中では、「危険物取り扱い責任者」にでっちあげられる。専門家の振りをする従業員の心は複雑だ。アルジェリアの経済発展に貢献したいと真摯に願う者ほど、苦しい立場に追い込まれる。親しくなった仕事仲間のアルジェリア人に真相を告げたくても、会社から厳重な箝口令が布かれている。それに事実を暴露しても状況は良くならない。アルバイトで雇われた我々通訳は、日本の会社がつぶれようが知ったことではないので、勝手なことを方々で発言する。だが、任期が切れた後、自分の会社に復帰する技術者の心は重い。いいかどうかは別にして、アルジェリア人への彼らの反目は当然だった。

私がスキクダに行った一九七九年秋は、ユーゴスラヴィア自主路線やアラブ社会主義が脚光を浴びていた。欧米型資本主義ともソ連型共産主義とも違う政治体制が模索されていた。西洋に憧れる日本人への反発や、自分自身の西洋かぶれを認めたくなくて、

「南側諸国の人民と連帯を結び、北の裕福な国々による搾取・支配を糾弾せよ」

と繰り返していた。

しかしある日、貧しい本棚に見つけたドストエフスキー『地下室の手記』（江川卓訳、新潮文庫、一九六九年）をきっかけに、勧善懲悪主義の愚かさ、浅薄さに気づく。〈正しい世界〉の嘘を暴く言葉が私の心に響いた。

およそ直情型の人間ないし活動家が行動的であるのは、彼らが愚鈍で視野が狭いからである。［……］彼らは視野が狭いために、手近にある第二義的な原因を本源的な原因ととりちがえ、それでほかの人間より手っとり早く、簡単に、自分の行動の絶対不変の基礎が見つかったように思いこみ、そこでほっと安心してしまうのである。［……］ぼくがよりどころにできる本源的原因、その基礎とやらはどこにあるのだ？　どこからそれをもってくればいい？　ぼくなどはさしずめ思索の訓練を積んでいるから、どんな本源的原因をもってきても、たちまち別の、さらにいっそう本源的な原因がたぐり出されてきて、これが無限につづ

くことになるだろう。

低開発国人民を搾取する先進工業国資本という単純な構図に囚われていた私はドストエフスキーの作品に巡り遭って疑問を抱き始めた。

「社会問題や支配構造を糾弾するよりも、自分にはもっと大切な問いがあるのではないか。考え方の根本で何か大きな過ちを犯しているのではないか」

当時も現在もあまり小説に親しまないが、集中して小説を読んだ時期が今までに三度だけある。最初の機会は、大学受験を失敗して二年目の浪人生活を強いられ、夏目漱石を発見した十九歳の時。どうしたらよいかわからず、高校三年の学級担任だったＡＭ先生に相談した。

「小坂井君、進路がわからなくなったら本を読むと良い。漱石はどうだ。『三四郎』『それから』『門』という三部作から始めなさい」

こう助言してくれた。数学教師だった彼は戦争中に右脚を失った。それがきっかけで浄土真宗の熱心な信者だった。

「人生が一八〇度ひっくり返った」

おそらく脚の切断が原因だろう。国語の授業は昼寝か内職の時間で、教科書も読まない私だったから、この時初めて小説を発見したと言ってよい。

「小説なんて、下らない作り話にすぎない」

それまで文学を軽蔑していた。驚いた。そこに人間が描かれていた。魅せられた私は、漱石の小説を続けてすべて読んだ。

二度目は大学に入った後、ホッケーの道を諦め、哲学や社会問題に興味を持ちだした二十一歳の頃。高校の同級生ＳＫに勧められて高橋和巳の作品に触れた。難解な表現が頻出する長編には骨が折れたが、論理と感情の入り交じった筆運びに惹かれた。例えば『悲の器』（新潮文庫、一九六七年）のこんな箇所だ。合理主義を貫く法学部教授・正木典膳に、神父である末弟・規典が投げつける言葉（強調は原文）。

> あなたは誠実に生きつづけられた。あなたが偽善者であってくれたほうがよかった。あなたが単なる政治家、裏切り者、偽善者であるならまだしもよかった。だがあなたは、リベラルな態度、中正な法解釈、穏健な保守主義を身にまとい、いままで人々の信頼を得、地位を護、しかも自己に誠実に生きつづけられた。あなたが自己に誠実になればどうなるか？　結果はあきらかだった。あなたは何人の介入をも許さぬ審判者となり、憐れみつつ人に慈悲をたれる絶対者になった。いやならねばならなかった。あなたは神のごとく薄笑いしながら、いままで何人の心貧しき人々を、何人の使徒を、何人の異教徒を〈試し〉たか。［……］あなたはつね日ごろ、矮小なものは嫌いだと言っておられた。あなたにとって矮小なものとはなんだったか。あなたがおっしゃらねば、わたしが代わって言ってあげる。そこまであばく

べきではないと思ったゆえに、弾劾文にもそれは書かなかった。だがいま、言ってあげます。あなたにとって矮小なもの、それは……人間だった。

そして三度目がアルジェリアでのドストエフスキーとの出会い。二十四歳に手が届こうという時だった。『地下室の手記』の冒頭ですぐに引き込まれた。それから問いの群れが脳裏を駆け巡った。

「自分は何をしているのか。人種差別や第三世界の貧困は本当に俺の問題なのか。正義の味方を気取っているだけではないのか。他人を批判する前に自分の存在をもっと掘り下げろ」

感受性の柔軟な若い時期に巡り合った三人の作家は、私の精神に深い疑問を突きつけてくれた。それぞれの時期、彼らの思想を受容できる、あるいはそれらを必要とする精神状態に私があったのも事実だろう。浅薄な考えに縛られていた私の心を彼らの言葉が開いてくれた。差別に関して中学の同級生に送ったメールを挙げよう。こんなことが書けるようになったのは、ずっと後のことだ。

「聾唖者」という表現をうかつに使った俺も悪かったが、差別用語に関して少し真面目に意見を述べたい。俺も以前は言葉の使い方に敏感だった。でもねえ、差別用語を排除する動きにそれほど意味があるとは思えなくなったんだ。その辺りの事情を少し書こう。

例えば日本では朝鮮人が差別されているが、「朝鮮」という表現自体が差別用語だと勘違いされ、朝鮮人と言わずに韓国人という人が多い。先日、「アイヌ民族出身の人々や在日の人々」と文科大臣が発言したが、これも同じだ。「在日」なんて、ウガンダ人でもイギリス人でも日本に住む人はすべて含むはずだが、在日「朝鮮人」という表現を避けたいからだろう。在日コリアンという表現もある。問題は同じだ。

朝鮮人の多く、特に差別と積極的に闘う人の場合、こういう「韓国人」の使い方はしない。北朝鮮籍の人、韓国籍の人、それから日本の敗戦後に日本国籍を剝奪されたが、朝鮮半島に帰らずに北朝鮮・韓国の国籍も持たない人々を総称して「朝鮮人」と呼ぶ。「朝鮮」が差別用語だと感じること自体が差別だから、朝鮮人と俺も表現してきたし、論文や本でもそう書いている。

黒人という表現もよく似ている。周知のようにアメリカ合衆国ではNegro, Black, African-Americanなんて変遷してきた。Negroなんて言うと今は叱られるが、もともとラテン語で「黒い」という意味のnigerから派生した言葉だからBlackと変わらないし、敢えてnègre（男性）négresse（女性）と表現するフランスの黒人もいる。「黒い肌の人間を黒人と呼んで何が悪いのか」という異議申し立てであり、ネグリチュード（黒人意識運動）の流れだ。Black is beautifulと同じだね。

「アメリカ合衆国」という表現に関しても、United States of Americaは文字通り合州国であり、民衆すべてが一体になったのではない。黒人は二流市民として差別を受け続けている。だから、「合衆国」ではなく「合州国」と書くべきだと主張する識者がいて、俺もそれに倣っていた時期がある。

学校で習うのは「国語」ではなく「日本語」だと言う人もいる。朝鮮語やアイヌ語を母語とする人々が日本にはいるのだから。アメリカ合衆国ではspokesmanをspokespersonに変更したり、womanの中にmanが入っているのが、そもそもけしからんと非難するフェミニストもいる。

こういうことを俺もかなり神経質にやってきたんだよ。二〇年以上差別に関心を持ってきたし、書くのが俺の仕事だから。でも本質的問題はそんなところにないいんじゃないか。フランスでは平気で「めくら（aveugle）」とか「つんぼ（sourd）」という表現を用いる。「目の不自由な人（mal-voyant）」とか「耳の不自由な人（mal-entendant）」という表現も作られたけど、市民権を得ていない。「めくら（aveugle）」や「つんぼ（sourd）」は差別する文脈でも使われる。だが、例えば大学の授業でも大臣の演説でも問題なく使う。視覚障害者や難聴者自身も「我々aveuglesは」とか「sourdとして私は」なんて普通に言うんだ。

差別はもちろん悪いが、言葉を変更しても何にもならない。朝鮮人が韓国人になったからといって、それで差別が減るわけではない。ワールドカップの影響や韓国ドラマの流行で朝鮮人に対する日本人のイメージがかなり変わったと言われるけど、結婚差別や就職差別がなくなったわけじゃないし、表現を変えたからイメージが変わったのでもない。

「身体に障害を持つ人の気持ちは、当人にしかわからない」

お前が言う通りだ。差別されて苦しむ人に、

「こう呼ぶのが合理的だから、君が嫌でも、そう呼びます」

という傲慢は許されない。だが、それは表現を変えるだけで埋められるような溝ではない。


南北問題を考える振りはしても、勇ましい言辞を弄ぶだけで、世の中を実際に変える覚悟など私にはなかった。ユーラシア大陸の旅から帰国した頃のことを思い出す。フィンランドのユースホステルで出会った早稲田の学生に再会し、左翼か右翼かわからない私の曖昧な姿勢を咎められた。当時、彼は早稲田大学雄弁会に所属する左翼学生だった。一緒に酒を飲んだ帰り道、酔っぱらいの喧嘩に私たちは遭遇した。小雨が降っていた。空手の構えで闘う男は最初優勢だったが、相手が傘で応戦し出してからは殴られる一方になった。一〇人ぐらい野次馬がいたと思う。

「中に割って入ろうか、怪我するのも嫌だな」

迷っていると、まもなく巡査が一人やってきて喧嘩を止めようとした。防戦一方の男を抱きかかえる巡査が身代わりになって傘で殴られる。その時、雄弁会の学生が怒鳴った。

「公務執行妨害！」

その声を聞いた時、彼の口先だけの態度に失望すると同時に、身体を張って喧嘩を止めようとする巡査がまぶしく見えたものだ。

そうだ。こういう情けない姿は以前にもあった。高校三年生の時、自習時間に校庭でボール遊びをしていたハンドボール部のＨＡが体育教師に見つかり、頭を殴られた。

「自習時間に遊んでいた僕は確かに悪いですが、だからといって暴力は許せません」

同級生が抵抗する。騒ぎを聞いて私たちが駆けつけた時、体育教師と、すぐに飛んできた生活指導の教師ほか数名が、楯突くＨＡを職員室に連れ込もうとしていた。他の生徒から引き離すためだ。

「君たちは教室に戻りなさい」

教師の剣幕に押されて、私たちはしぶしぶ教室に戻った。同級生を守るために、職員室に一緒に行って抗議するべきだった。すぐに人質は解放されたが、教師らに平然と反抗するＨＡの度胸に私は頭を垂れ、自分の優柔不断を恥じた。

「あいつに負けた。俺は男じゃない」

今思えば、こんな弱い人間が正義を口にしても、お笑いぐさにしかならない。

## 通訳の想い出

アルジェリアでの勤務を終え、一九八一年初頭にフランスに住み始めたが、それ以降も学資稼ぎのためにアルジェリアに、あと二回出かけた。一度は西部のオラン近くにある石油化学コンビナートの技術教育センターで半年、もう一度は多目的冷凍倉庫の建設とメンテナンスの仕事で一年間を首都アルジェで過ごした。通算で二年半の滞在中には多くの経験をし、学び、考えた。

三度目の滞在を終えた頃から、この国の混迷が始まった。イスラム原理主義者による無差別テロと、それを力ずくで押さえ込む国家権力・軍隊の暴力が吹き荒れた。私をかわいがってくれたアルジェリア人たちは、どうしているだろう。スキクダで出会い、仲の良かったカビリア人シャバンヌは無事だろうか。通訳の下手な私をいつも庇い、面倒くさがらずフランス語を添削してくれた彼は、圧倒的多数のアラブ人に囲まれた少数民族の辛さや無念を語った。アラブ化により禁止された言語や文字で詩を書き、小さな文化的抵抗をしていた彼はまだ生きているだろうか。

大学に就職するまで、フランスでも通訳は続けた。他人の考えを伝えるよりも、自分の意見を主張したい私には合わない職業だが、通訳自体よりもそれに付随する経験が面白かった。後の研究生活においても間接的に役立っている。技術分野の仕事を主にしたので、多様な先端技術に触れられた。原子力発電所やロケット開発の現場、造幣局内部の様子、ドーバー海峡海底トンネルの掘削作業など、普通入れない世界を垣間見た。

工業製品の開発裏話をエンジニアから教えてもらい、水平思考の大切さを知った。鉄道など乗客輸送では、乗り心地を良くするために騒音防止が大切だが、騒音を他の音で相殺するアイデアに感心させられた。今日ではノイズキャンセリング・ヘッドフォンとして日用品にも、この技術が利用されている。音の波形には山と谷がある。騒音の波形と逆になるように音を出して合成すると、騒音が聞こえなくなる。騒音を消すために、さらに騒音を発生させて解決する。毒を以て毒を制する素晴らしい着想だ。社会科学に従事する我々も、このような柔軟な頭を持たねばならない。スコットランド生まれの経済学者アダム・スミスは説いた。

「人々が各自勝手に私欲を追求することで、かえって社会に均衡が生まれる。そして国の富が増し、ひいては全員の幸福が生み出される」

利己主義と他者の利益擁護は相反する矛盾として普通は理解される。しかしスミスは、利己主義を徳に変換する錬金術を解き明かした。ノイズキャンセリング・ヘッドフォンと同じ型のアイデアである。

有名政治家が絡む賄賂事件の証人尋問を司法警察局で通訳したり、国際援助の名目の下に進行する公金横領を目の当たりにした。書物を通してしか知らなかった裏の仕掛けに触れる貴重な体験だった。日本でのアルバイトやアルジェリアでの仕事を除けば、民間企業に就職した経験がない私は、通訳として内情を知る過程で、人間関係の複雑さやサラリーマンの心情を多少なりとも教えられた。有害添加物の

使用をごまかす方法や、輸入品価格設定の裏事情も知った。骨董品売買や契約交渉では、

「今、この人は嘘ついてるな」

とか、

「下手な交渉だな。俺なら他のところから攻めるのに」

なんて内心呟きながら通訳していたこともある。

大臣・議員・大使・市長・大企業の社長など高い地位に就く人や、流行作家・スポーツ選手・映画監督・俳優・ファッションモデルなどの通訳をする機会を持てたのも幸いだった。通訳に慣れない初めの頃は、相手が有名人だったり、高い地位の人だと緊張したが、接するうちに彼らも庶民と変わらない普通の人だとわかる。化粧教室の通訳では、

「ファンデーションからまいりましょうか」

と言われて、そのままfondation（英語ならfoundation）という言葉を使い、

「基礎工事を始めましょう」

と訳して笑われたり（フランス語ではfond de teint、顔色の素地という）、

「日本人とは、こういう人種で……」

と、ステレオタイプの素人談義を通訳させられて苛立つこともある。後に大学に就職し、狭い世界に閉じこもるだけに、若い頃に得た実社会の経験は大きな財産になった。

## 偶然の不思議

すんなり早稲田に入ったわけではない。受験に二度失敗し、裕福でない家庭、そして少し後に迫る弟の受験を考えると、東京に下宿して私立大学に通うのは難しかった。進学を諦めて、ホッケーチームを持つ企業に就職する選択も一時は頭に閃いた。自分なりに悩んだが、結局、もう一年だけ浪人することを両親に納得してもらった。

だが、ある偶然の出来事がなければ恐らくまた受験に失敗して、今頃は違った人生を歩んでいることだろう。私は早稲田大学しか受けなかった。試験は政治経済学部から始まり、その後は確か商学部・第一文学部・第二文学部・教育学部・社会科学部の順で進んでいったと記憶するが、最初の日に不思議な偶然に遭遇した。大勢の受験生を収容するために受験教室は莫大な数に上る。受験番号にしたがって試験場の建物に到着すると、高校の同級生で一年先に法学部に入学していたＳＫがいた。

「あれ、お前こんなところで何をしてるんだ」

「うん、今日は試験監督のアルバイト」

珍しいこともあると驚きながら、指定された教室で試験開始を待っていると、何とＳＫも入って来る。何百とあるだろう教室のうちで高校の同級生二人が、受験生と試験監督として同じ部屋に割り当てられる不思議な巡り合わせだった。

試験は英語から始まった。全問をさらっと一読した後に定石通り、一番易しそうな問題から答えることにした。ところが、簡単なはずの問題がさっぱりわからない。時間はどんどん経っていく。私は次第に焦り始める。すでに二回失敗した過去の思い出が蘇ってくる。

「困ったな」

何気なく顔を上げたら、そこにちょうどＳＫの顔があった。

「がんばれよ」

私の方を見て無言で声援を送ってくれていた。彼の笑顔を見た私は落ち着きを取り戻し、他の問題に手を着けてみたところ、どれも簡単だった。そして、一番易しいと勘違いした問題に再び戻り、当てずっぽうで答えを書いておいた。

十分な手応えがあったので、気を取り戻して落ち着くことができた。社会の代わりに選択した数学は易しかった。実は現役と一浪の時には理工学部を志望していたので、文科系の試験に出る数学は問題にならなかった。国語も難なくこなせた。試験場を出ると、予備校が作成した解答速報が配布されていた。私の答えとつき合わせてみると、ほとんど正解だ。この結果に気をよくし、翌日以降の試験には余裕を持って臨んだ。あの時ＳＫが見守ってくれていなかったら、私が何気なく顔を上げた、ちょうどその時、彼がそこにいなかったり、他の方向に視線が向いていたならば、最初の英語で躓き、残りの科目も十分な結果を出せなかったにちがいない。そうなれば次の日からの他学部の試験も駄目だったと思う。

試験が終わり、名古屋に戻って結果を待っていると、ホッケー部主将が電話してきた。

「早稲田大学政治経済学部政治学科合格。おめでとう」

正式発表の三日前である。体育会に入る受験生は内定の時点で合否が知らされた。哲学、特に東洋思想に興味を持ち始め、文学部に入るつもりだったので、政治経済学部が滑り止めになった安堵感で文学部の合格発表を待った。

ところが正式発表の日が過ぎても、いっこうに連絡がない。

「はて、落ちたかな」

ホッケー部に電話すると、

「えっ、お前、政経に入るんだろ。文学部も受かってるけど、それで連絡しなかったんだ」

との返事。

「いえ、僕、文学部に入るんです」

「何を言ってる。政経に受かって文学部に入るバカがどこにいるか」

政治経済学部は早稲田の看板だった。それで早合点されたのである。

## 新興宗教に入信

呼び出されて上京すると宿舎に監督が待っていた。首を縦に振らない私に対して説教が続く。暗くなったので居酒屋に場所を移し、主将を交えて説得の第二ラウンドが始まる。酒が入った勢いも手伝って、脅し文句が飛び出す。

「お前なんかが文学部に入ると、赤軍派にでも唆されてテロリストになるだけだ。やめておけ」

最初は相手にしていなかったが、夜が更けて酒が回るにつれて心配になってくる。実は私には前科があった。高校を卒業して一度目の入試に失敗した直後、新興宗教にかぶれて家出したことがある。世界基督教統一神霊協会、いわゆる統一協会だ。名古屋の大きな劇場を三夜通して借りきり、勧誘活動をしていた。私はイタリア人女性に誘われ、英語を話せるのが嬉しくてついていった。劇場でのお祭りの後、暇つぶしをかねて二泊三日の修練会なるものに参加した。何気ない好奇心からだった。二日目のちょうど良い頃を見計らって、講師が悲痛な声で切り出す。

「俺は悔しい。どんなに勧誘しても今まで誰も相手にしてくれなかった。ところが今度ちょっとガイジンが来ただけで、こんなに多くの人が集まった。同じ日本人が真剣に誘っても振り向かなかったのに、なぜガイジンなら簡単についてくるのだ。君たちは日本人として恥ずかしくないのか」

日本人が西洋人に弱いのを承知で戦略を練ったのは自分のはずだが、その辺りも計算に入れていたのだろう。同日の夕方、洗面所に行くと、窓の向こうから泣き声が聞こえてくる。嗚咽というよりも悲鳴に近い。森の中で誰かが暴漢に襲われているのではないかと驚いたが、講師の懺悔だとまもなくわかった。苦悩の声を聞くうちに、いい加減に生きている私が恥ずかしくなり、便器横のタイルに正座して、しばし反省した。罪の意識が生じ、それで入信したのだと思う。これ見よがしの懺悔は参加者を洗脳する罠だったのだが、私はまんまと引っかかった。修練会を終えていったん家に戻った後、両親に置き手紙をして家出した。

統一協会に入っていた期間は一カ月半ほどにすぎなかったが、その間、名古屋のはずれにあるドヤ街で日雇い人夫の仕事を探した。しばらくするうちに風邪を引き、高熱を出すが、数日間は身体に鞭打ち、工事現場で働き続けた。

「精神一到何事かならざらん。これは神が与えた試練に違いない」

自らにこう言い聞かせながら。だが、一週間もすると歩くのもやっとの状態になり、統一協会の支部で寝込んでしまう。

しばらくして、反対運動の会の代表者に付き添われて両親が私を連れ戻しに来た。説得されていったんは家に戻るが、すぐに父親と口論になり、心配して駆けつけた叔父の家に行くことにした。そして着くなり気を失い、そのまま三日三晩寝続けた。気がついた時、叔父の置き手紙を枕元に見つけた。

「もう休めないから仕事に行くが、統一協会には戻らないでくれ」

眼を覚まして逃亡しないように、叔父と叔母、従兄弟が交代で見張っていたらしい。統一協会にいる間は、

「神のために死のう」

と信じ切っていたのに、いったん憑きものが落ちると、戻る気持ちなど完全に失われていた。そんなものに興味を持ったこと自体信じられなかった。結局そのまま一年間、叔父の家に居候させてもらい、予備校に通った。

私が家出してから再び戻るまで、母は数週間、食事が喉に通らず、毎日泣いていた。

「もう敏晶のことは諦めよう」

と言う父に対して、

「自分の子を、そんなふうに諦められるわけがない」

と母は泣いて抗議したそうだ。連れ戻しに来た時、母は憔悴し果て、歩くのもやっとの状態だった。家出する際に行き先の住所を知らせなかったから、救出されるまで、私がどこに居るのか、名古屋にまだ残っているのか、それともすでに韓国に連れ去られたのではないかと恐れていた。

統一協会に限らず、オウム真理教など危険な新興宗教に勧誘され、そのまま人生を誤る人は後を絶た

ない。確かに、どこにでもある話だ。だが、当人と家族にとっては大きな試練である。私は洗脳を逃れたが、脱出できない人は多い。数カ月後、名古屋駅前で勧誘活動する知人を見つけた。修練会で一緒だった男性だ。私のケースと彼の差は紙一重だったと思う。

ほんの小さなきっかけで、普通の人間が殺人を犯してしまう。精神科医として東京拘置所に勤めた経験を持つ作家・加賀乙彦は、この事実に注目し、「悪魔のささやき」と表現した。すんでのところで犯罪行為を踏み留まる者もいれば、一線を越えて罪を犯し、投獄される者もいる。同じ社会環境の下で育っても、ある者は人を殺し、他の者はそうしない。

しかしそれは、犯罪者とそうでない者とを分け隔てる何かが、各人の心の奥底にあるからではない。因果関係が逆だ。実際に行為に走った者には、もともと殺人者の素地があったと我々は後から信じ、またそのように本人が思い込まされるのである。人間は意志に従って行動を選び取るのではない。逆に、行動に応じた意識が後になって形成される。警察の厳しい尋問の下、犯行動機が後から作られる。服役して罪を日々反省する中で、犯行時の記憶が一つの物語としてできあがる。

あと一〇年早く生まれていたら、私は学生運動に加わっていたはずだ。そして東大安田講堂での籠城が敗北に終わった後、

「国営暴力団に対抗するには我々も武装しなければ駄目だ」

と、パレスチナなどで軍事訓練を受ける日本赤軍に志願した可能性も否定できない。あるいは戦前に生

まれていれば、陸軍士官学校への道を目指し、

「天皇のため、そして国民を守るための楯になって死のう」

と考えていたかも知れない。

「赤旗を振っても黒旗を振っても日の丸を振っても、何でもお前には似合う」

共産主義・無政府主義・超国家主義、左翼だろうが右翼だろうが思想内容に関係なく、とにかく信じてその道に邁進さえすれば満足という私の単純さを同級生ＳＫは笑った。しかし私の個性のせいではないだろう。人間の運命など、ほんの小さなきっかけで変わる。今居る位置を自分で選び取ったと考えること自体、尊大な態度である。

さて、文学部に入るといつまでも言い張る私に業を煮やして監督は飲み屋を去っていったが、その後も主将と話は続く。実を言うと、文学部に入るのがこの頃すでに怖くなりかけていた。文学部に入学すれば、即、犯罪者になるような錯覚に囚われた。それに、政治経済学部に入る方が世間体もいいので、学部を変える言い訳を無意識に作り始めていた。

「今まで頑固なことを言いましたが、やはり監督の仰るとおりだと思います。政経に入っても哲学の勉強はできます。それに肝心なのはホッケーですから、学部の選択にこだわる必要はないかもしれません」

と告げようとした、まさにその時、思いもかけない言葉が主将の口から飛び出した。

「俺も初めは監督と同じ意見だった。政経を蹴って文学部に入るなんてのは馬鹿げてると思っていた。だけど、お前の頑固さを見るうちに逆に、すごい奴だなあと思い始めたんだ。親や周囲の反対を無視する勇気が俺にはないから、俺がお前の立場なら政経に入る。だけど、お前は自分の信じる道に進む方がいいんじゃないか」

もう何も言えなくなった。無意識に自分をごまかして学部を変えようとする自己欺瞞に気づいてしまった。困った。

本当に、困った。

文学部経由で赤軍派に入って壊滅するのも怖い。かといって、政治経済学部に入って自分に嘘をつき続けることもできない。ホッケーをするために二年浪人して頑張った事実も忘れ、

「大学に入るのをやめようか」

とさえ本気で思った。話も尽きたので、主将は宿舎に戻って寝た。だが、私の方はそれどころでない。星の出たグランドを、檻に閉じこめられた獣のように何度も行ったり来たり、歩き回った。

どのくらい時間が経っただろうか。八方ふさがりになり、情けない気持ちに打ち拉がれていると、名古屋の予備校で現代国語を教わったＫＴ氏の声がふと頭に響いた。

「多くの人が哲学に命を懸けてきた。そのぐらい哲学はすごいものなんだ」

哲学を学ぶことがどんな意味を持つのかは知らなかった。だが、

「それでも信じてみよう。自分の人生を賭けても大丈夫だ」

安堵感が心に広がっていった。こんな単純な一言で納得できた自分が今では信じられない。揺れる振子を振り切ってくれる理屈さえあれば、どの方向でもよかったのだろう。

## 退路を断つ

落ち着いて考えれば、学部の選択にこれほど悩む必要はない。どこでも同じだ。それに実際にやることと言えば、グランドを走り回るだけで、授業にはあまり出席しなかった。それに哲学書を手にとっても意味がわからず、数頁読むと眠くなった。しかし政治経済学部ではなく文学部に進路を決めたことは、後に歩む軌跡を大きく変えた。それは大学を辞めた事情に関わっている。

アルジェリア行きが現実化する少し前のことだ。一般に日本の大学では必要単位の取得に八年猶予される。ところが早稲田の文学部は前期二年間を教養課程、後期二年間を専門課程と称し、それぞれを四年以内に修了しなければならなかった。私はホッケーをやめてからも、海外を放浪したり、フランス語の勉強に時間をとられて、授業にほとんど出席しなかった。だから三年間が経過しても、まだ一年分くらいの単位しか取ってなかった。したがって、さらにアルジェリアに一年間滞在すれば、自動的に除籍処分になる。

「ホッケーをするために大学に入ったのだから、ホッケーをやめた今、大学にいても仕方がない」

それまでは、こう嘯いていた。だが、中退が現実に迫った時、大学を去るのが怖くなった。アルジェリア行きをテコにして新たな生活への一歩を踏み出したい。しかし大学を辞めるのも不安だ。

そんな折り、予期せぬ事から解決が見つかった。ある会合の後、当時東大医学部で助手をしていた、一〇歳ほど年上のUY氏と帰り道が一緒になった。初対面だったが、何となく馬が合い、おしゃべりするうちにアルジェリアの話を切り出した。

「行くかどうか迷っている」

こう相談する私に、

「最近稀にみる飄々とした考えをしてるんだね」

と少々驚いた彼はしかし、すぐさま喝破した。

「悩むことなんかないじゃないか。日本の大学を辞めたって、今度はアルジェリアの大学で勉強を続ければいいだろう」

退学は不安だったが、具体的に何を恐れているのか、わからなかった。大学中退では好きな職業に就けない。そんな心配だと思っていた。だが、そうではなかった。彼の言葉を聞いた瞬間に気がついた。ホッケーでの挫折を受け入れ、外国の土地を放浪しながら、

「何が本当にしたいのか」

と悩むうちに、大学の意味が変化していた。眼から鱗が落ちるとは、まさにこのことか。視界が突然広がった。

「日本人はたいていアメリカやヨーロッパに行きたがる。だが、大勢に逆行して低開発国から世界を眺めるのは良い考えだ」

そう言うUY氏の勧めで、アルジェリアへ行く決心がついた。早稲田大学を実際に辞めたのは、一年間のスキクダ滞在から帰国した後だ。正確には授業料滞納による除籍。

「退学するためには、それまでの授業料を納める必要があります」

事務所でそう言われたので、退学手続きをしなかった。しかし早稲田を去り、外国の大学で勉強を続ける意志は、UY氏と出会った時すでに固まっていた。政治経済学部に入っていたら、あるいは東大にでも入る学力があったら、中退しなかっただろう。ホッケー選手として活躍する夢が破れた後でも、

「若い一時期の夢想は終わった。これからは現実的に考えよう」

と自分に言い聞かせて、ジャーナリストか商社マンを目指したと思う。早稲田の文学部は偉大な落伍者を過去に多く生んできた。毒を食らわば、皿までと言う。

「立派な役立たずになれるよう、俺も頑張ろう」

人間は成長する動物だ。精神はどんどん変遷する。将来の可能性をできるだけ開いておけという考えはもちろん正しい。だが、

「これしかない。もう後には引けない」

という覚悟も時には功を奏する。

後に東京大学で集中講義を担当した時、学生の一人に相談された。

「実は女優になりたいのですが、自信がありません。大学院に行くか、芝居の世界で挑戦するか迷っています」

友人のピアニストにこの話をしたら、すぐに答えが返ってきた。

「迷う必要などない。迷うような人間はそもそも俳優になど絶対になれないから」

親や周囲に反対されてもやる。罵られても殴られても続ける。才能なんて関係ない。理由はわからないが、やらずにはいられない。他にやることがない。だからやる。そんな人が俳優になるのだろう。落語家もダンサーも画家も手品師もスポーツ選手も同じに違いない。

ある意味で、この学生は不幸だと思う。中学卒や高校中退なら、未知の世界に迷わず飛び込む勇気が出ただろう。だが、東大卒という肩書きがあるだけに、そこから手に入るであろう特権を捨てるのが惜しくなる。既得権が足枷になって、かえって可能性を狭める。人間は弱い。常に言い訳をして自己を正当化する。だから、易きに流れないように、逃げ道を予め断って自らを追い込むことも時には必要である。

# 第五章
# フランス大学事情

フランスに住むようになった経緯を紹介した前章に引き続き、私が大学に職を得るまでの事情を以下では述べる。私が学んだ社会科学高等研究院という学際的環境は、日本の大学教育のあり方を再検討する一助になるだろうし、学位や就職の内情も日本と無関係ではないはずだ。大学人の矮小さも包み隠さず、正視したい。異邦人の目に映った大学の姿を綴っていこう。

## 留学事始め

一年間のスキクダ勤務を終えた時、私の預金通帳には四〇〇万円以上が貯まっていた。三五年前の四〇〇万円は二十四歳の学生にとって相当な額だ。

「さて、この金をどうするか」

外国に何年か住むつもりだったが、問題はその国の選定である。最初からフランス留学を目指したのではない。第一志望はアルジェ大学。南北問題か植民地史を勉強したかった。ところがアルジェリア外務省に問い合わせたら、制度上の壁に阻まれて無理だと知る。アルジェリア在住外国人の子息であるか、アルジェリア政府の公費留学生、あるいはアルジェリアに派遣された外交官でなければ、入学できない。フランス語の他には英語しかわからないので、アメリカ合衆国・カナダ・イギリスも考えたが、そちらは授業料が高すぎて無理だった。

そこで残ったのがフランスである。授業料が安い。当時は年間二万円ぐらいだった。現在でも二〇〇ユーロ以下だ。為替相場が変化しているので、今も二万円程度である。親の収入が少なければ、授業料がさらに安くなる。最低は一八ユーロ、年間二〇〇〇円にすぎない。自国民と外国人の学費に大きな差をつけるイギリスやカナダと違い、フランスの学費は国籍にかかわらず一律である。三五年前の記憶をたどると、学生寮に住み、贅沢せず学生食堂を利用すれば、一カ月四万円で生活できた。東京に住むより安い。つまり積極的に選んだのではなく、授業料の安いフランスが消去式で残ったことになる。

経済先進国でなく、第三世界のアルジェリア大学への留学を希望したのは、支配される側から世界を眺めたかったからだ。日本で学ぶか韓国や中国で研究するかで、近代史の解釈に根本的な違いが出る。長期間にわたって植民地支配されたアルジェリア人の目を通して、西洋世界の現在を摑みたかった。

フランスに住みだして数年後、西アフリカのセネガルにあるダカール大学への留学も考えた。サミール・アミンという著名なエジプト人経済学者が教鞭を執っており、彼に師事して新植民地主義の研究をするつもりだった。しかし準備を怠っているうちに、当の先生はタンザニアのダルエスサラーム大学に移ってしまった。

若い理想に燃えていた頃は現実が見えていなかった。貧困な国での勉強は容易でない。数年後に再び通訳として首都アルジェに滞在した際、国立図書館に行ってみた。満足な蔵書がない。研究書は主にフランスから輸入する。だが、外貨不足のために本が十分買えない。他の機会にダカール大学を訪れたが、研究設備だけでなく、教授陣も整っていない。厳しい現実だ。

一九八〇年十一月末、スキクダを後にして、長期ヴィザ取得のためにいったん帰国してから、フランス西北部ノルマンディ地方のカーンに住み始める。物価が安い上に、フランス語を覚える便宜を考えて、日本人が多いパリを避けた。落ち着いて勉強できる環境であれば、どこでもよかった。語学学校の入学説明書を取り寄せて、南仏のニース大学やスイス国境に近いブザンソン大学も検討したが、最初にカーンの町に行って静かな雰囲気に好感を持ったので他の候補地を見るまでもなく、そのまま決めた。外国人にフランス語を教える教室に半年通った後、歴史学部に登録する。と言っても、歴史学部で出席した講義は近・現代史だけで、あとは気の向くままに社会学・哲学・心理学などの授業に顔を出していた。

勉強しないで卒業できる日本の大学と違い、フランスでは簡単に進級できない。大学への共通入学試験バカロレアに合格すれば、どの大学にも入れる代わりに、毎年かなりの数の学生が振り落とされる。私が入学した頃は半分ぐらいの学生が途中で辞めていった。状況は今もほとんどかわらない。

ましてや私はフランス語ができないから、単位取得がきわめて難しい。試験はすべて小論文形式。フランス人学生は二時間の試験でＡ４レポート用紙八枚ぐらいは書き殴る。私にはその三分の一も書けない。しかも綴りや文法の間違いだらけ。その上、興味のない授業には出席しないから単位が不足する。一年生を落第して二度やったが、それでも必要単位の半分しか取れない。このままでは大学から追い出される。そうなれば滞在許可が更新されず、帰国を余儀なくされる。困った。

## 社会科学高等研究院

しかし、まもなく幸運に恵まれ、突破口が見つかる。現代史の先生に事情を話して相談にのってもらった。社会科学高等研究院（Ecole des hautes études en sciences sociales）という学校がパリにある。そこでは一つのテーマを選んで論文を書き、合格すれば、その後、博士課程に入れる。普通の大学のような必修単位はない。願ってもない話だ。早速、研究計画書を持ってゆき、指導教授になってくれる人を探した。

社会心理学の教授につくことになったが、多分に偶然の結果だった。私は計画書を三つ用意した。核になる視点は共通するものの、制度の上では異なる専門に属す。

一つ目は、第三世界の諸国で失業が生じ、移民が先進国に流れるプロセスの検討。すでに言及したサミール・アミンなどがマルクス主義の立場から理論展開していた。制度上の分類としては経済学か社会学である。二つ目は、フランス社会で移民が生きる姿を経済面だけでなく、社会関係や心理の動きをも含め、多角的に探る研究を考えた。このようなアプローチをする学部は存在しないが、どの側面を強調するかで社会学・社会心理学・精神病理学か、あるいはいっそのこと文学として扱うだろう。残る三つ目は、

「『名誉白人』西洋人に対して日本人が抱く劣等感」

と題して、欧米を手本に明治以降、日本が近代化を目指す過程で生まれた、西洋への憧れや劣等感の検討だった。どのテーマにも興味があったが、最終的に第三のテーマに照準が定まる。あとの二つについては、

「他の学者から借りた言葉で語るだけで、お前はどこにいるのだ。そんな魂の入らない研究には価値がない」

と高校の同級生ＳＫに叱咤され、

「差別を研究するならば、フランスの問題よりも、何故、お前は日本での朝鮮人差別にぶつからないのか」

と名古屋の予備校で世話になった現代国語教師ＫＴ氏に指摘された。彼らの批判はもっともだ。三番目の計画書だけが私自身の言葉で綴られていた。

こうしてテーマは定まったが、どの分野の専門家についたらよいのか、わからない。社会科学高等研究院の受付で相談したら、計画書のタイトルを一瞥した事務員が簡単に決定してくれた。

「これ社会心理学じゃないの」

社会心理学という学問はそれまで聞いたこともなかったが、

「社会学と心理学の両方ができて、ちょうどいいな」

あっさり納得する。講義案内を見ると、私のテーマに興味を持ちそうな教授が三人いたので、手紙を書いたところ、そのうちの一人から承諾の返事が来た。モスコヴィッシに個別指導してもらったのは修士課程に入ってからで、学部に相当する前期課程では別の先生についた。モスコヴィッシも関心を示してくれたが、面接の日が遅く、その前に入学が決まった。指導教授の選択は重要で、それは後ほど悟る。だが、この時は入学が許されただけで満足し、それ以上深くは考えなかった。

社会科学高等研究院には前期・後期課程合わせて一〇年間在籍した。この学校の自由な雰囲気は私の性格に合っていた。日本と同じようにフランスでも一般の大学では、義務づけられた科目を履修する。しかし社会科学高等研究院には必修授業が一切ない。各教授は自由にテーマを選んでセミナーを行なうので、気に入ったものに出席する。しかし義務ではない。どのセミナーにいくつ参加しても、まったく出なくてもよい。試験もなければ、レポート提出もない。好きなやり方で勉強し、三年か四年かけて論文を書き、審査に合格すれば学位が下りる。博士課程の仕組みも同じだ。

このような学習の仕方には短所もある。博士課程に入るまでは、普通の大学に行って体系的に勉強する方が、ほとんどの学生にとってやりやすい。

「勝手に勉強せよ」

そう言われても、自分でものを考えた経験がない、高校を出たばかりの学生は右往左往するだろう。社会科学高等研究院では、博士課程の学生や研究者向けに最先端のセミナーしか行なわれない。基礎知識を身につけるためには自分で参考書を読むか、大学に潜り込んで聴講するしかない。したがって、初めから社会科学高等研究院で勉強するのは、一般的には良いアイデアでない。

だが、フランス語の下手な私は授業に出ても半分も理解できないから結局、本を読んで独習せざるをえない。それに興味のないことは無理をしても頭に入らないので、必要だと感じる知識を場当たり次第に囓るほかない。だから、大学でわからない授業に出席し、拙いフランス語で苦労しながら解答用紙に文章を連ね、挙げ句の果てに落第点をもらうよりは、社会科学高等研究院のやり方が合っていた。

形の上では専門に分かれているが、ほとんど名前だけの区分だ。例えば歴史学教授の後任に哲学・心理学・経済学・社会学など他の分野からも選ばれる。専門領域を限らずに募集し、一番になった候補者がポストを得る方式である。狭い世界に閉じこもる学者の性向を戒め、自由を重んじる姿勢は、縦割り構造に縛られる既存の大学制度への批判・反発から、この学校が設立された歴史事情に負う。

社会科学高等研究院以外にも、学生の自由裁量に任せる学校として、フランスの著名知識人を輩出する高等師範学校（Ecole normale supérieure）や、哲学者ジャック・デリダたちが設立した国際哲学コレージュ（Collège international de philosophie）などがある。柏倉康夫『エリートのつくり方』（ちくま新書、一九九六年）から、その様子を引こう。

エコール・ノルマル［高等師範学校］では文科系、理科系を問わず、従うべきカリキュラムや出席しなければならない必須科目はいっさいない。もちろん学校が学生のために準備する授業も充実していて、学生は自由にこれに出席できるが、それだけでなく、彼らは他の大学の講義や研究機関に自由に出入りすることができる。現に一階の廊下にある掲示板には、他の大学を含む各専門の講義の情報が張り出されている。なにかを学ぼうとすればその機会は最大限にあたえられているのである。［……］

エコール・ノルマルには他のグランド・ゼコールや大学と違って、卒業試験というものがない。そのかわりに学生はあたえられた特権をフルに活用して、上級教員資格［アグレガシオン］を得るための国家試験に向けて準備をするのである。

［……］ここにいられるのは四年間で、学生はその間に自分でカリキュラムをつくって勉強する。

それらに比べ、普通の大学の科目制度は日本以上に硬直している。縦割り構造のため、例えば社会学の学士を取得した学生が心理学部に編入したければ、一年生からもう一度やり直さなければならない。

また教員の学部異動はほとんど不可能である。私は社会心理学を専攻したが、実際のアプローチは心理学よりも社会学に近い。個人現象ばかり研究する心理学部から脱出して集団現象を扱うために、一〇年ほど前に社会学部への異動を計画した。社会学教授の応募資格だけは大学評議会で認定されたが、パリ第七大学に空きポストを見つけ、願書を送った時は相手にもされなかった。

モスコヴィッシのセミナーは社会学・文化人類学・心理学・哲学などを横断する内容だった。そのおかげで、学問界にはびこる縦割り構造に囚われず、自由な発想を学んだ。教授は社会心理学の実験研究で膨大な数の論文を発表し、世界的権威として認められる一方、科学認識論や社会学の分野でも多くの著作を残した。ルーマニアの片田舎に生まれた少年は、ユダヤ人ゆえに高校を追放されたり、強制労働を命じられたりで、高等教育が受けられなかった。戦後パリに移住したが、バカロレア試験に合格していないので大学に入れない。そこで日本の大学検定試験に相当するテストを受けた。だが、フランス的文章の形式を知らなくて一年目は不合格だったという。後ほどソルボンヌ大学に入り、心理学の勉強を始める。並行して哲学や自然科学にも関心を示し、広い教養をむさぼるように身につけてゆく。

モスコヴィッシは心理学の分野で画期的な仕事を続けながらも、師と仰いだ科学哲学者アレクサンドル・コイレが亡くなる一九六四年まで薫陶を受け、考え方や着想の秘訣を伝授された。社会心理学者として名を成す以前に、米国のプリンストン高等研究所・ハーバード大学・イェール大学などに科学哲学者としてモスコヴィッシは招待されている。ガリレイと同時代に活躍したイタリア・ジェノヴァの物理学者ジャン＝バティスト・バリアニに関する著作もあるし（S. Moscovici, *L'expérience du mouvement. Jean-Baptiste Baliani, disciple et critique de Galilée*, Hermann, 1967）、人間と科学の歴史変遷を分析した大著の作者としても知られている（S. Moscovici, *Essai sur l'histoire humaine de la nature*, Flammarion, 1977［邦訳『自然の人間的歴史』大津真作訳、上下巻、法政大学出版局、一九八八年］）。

伊藤氏貴『奇跡の教室』（小学館、二〇一〇年）が評判になった。中勘助『銀の匙』だけを三年間かけて読む。灘高校で橋本武が行なった国語の授業の話である。『銀の匙』を読みながら、言葉の意味だけでなく、登場する出来事を追体験したり、化学など多方面に橋本は脱線する。

「広く浅くよりも、狭く深く」

よくこう言われる。しかし、そのどちらでもない。自分で疑問に思った点はそれが解明されるまで、どこまでも追求する。その過程で物理学や生理学を学んだり、哲学や歴史に触れたりするのである。

社会科学高等研究院の学び方も同じだった。私のアプローチを学際的だと評する人は少なくない。しかし学問分野という意識が、そもそも私にはなかった。頭を悩ます問いがある。答えがどこかに書いてないか。ヒントだけでも見つけたい。そこで先達の助けを借りる。そういう勉強の仕方である。

## 一冊目の本

社会科学高等研究院に入った当初、学位を取って大学に就職するとは想像だにしなかった。通訳で稼ぐ日銭暮らしだったにもかかわらず、定職に就きたいという気持ちはなかった。というか、他に方法があるとも思わなかった。

『名誉白人』西洋人に対して日本人が抱く劣等感」と題した計画書を提出して指導教授が見つかった時も、このテーマで本を出したいと思っただけだ。どこかの学校に登録しなければ、滞在許可が下りず、フランスを追い出される。だから便宜的措置としては資格も要る。だが、それはあくまで方便である。研究に素人の私を助けてくれる相談相手がいれば、それで十分だった。

「将来、博士課程に進むつもりですか」

「いえ、本を書くための助言さえ下されば結構です」

生意気な返事に先生は苦笑していた。カーン大学では一年生の単位さえ取れず、善後策として社会科学高等研究院に拾ってもらった落ちこぼれが、いきなり、本を出すと言うのだから笑止にちがいない。私の言うとおり、研究成果が数年後に出版されるとは思いも寄らなかっただろう。

一九九一年五月、*Les Japonais sont-ils des Occidentaux ? Sociologie d'une acculturation volontaire.*（『日本人は西洋人なのか。自発的異文化受容の社会学』）というタイトルで初めての本が出た。パリの大きな書店FNACでサイン会をかねて講演したり、私の写真入りで『ル・フィガロ』紙に紹介してもらうなど、幸先よいスタートを切った。だが、本はあまり売れなかった。

思いがけず専門家に注目され、フランスで最も権威のある百科事典Encyclopoedia Universalisの「異文化受容」の項目に、マリノフスキーやリントンなど歴史に名を残した文化人類学者の古典と並んで拙著が参考文献に挙げられた。そんなこととは知らずに、

「俺の本は評価されなかった」

と、しょげていた折り、知人から教えられ、驚いた。

今読み返すと、分析の不備や浅さ、文章の拙さなどが目につく。体系的知識のない素人が書き上げた本だから欠点は多々ある。しかし逆に、素人だからこそ、既成の考え方にとらわれなかったことも幸いした。

執筆中、三人の専門家から励ましを受けた。一人は社会心理学者の我妻洋氏。我妻洋／米山俊直『偏見の構造』（ＮＨＫ出版、一九六七年）に関心を持った私はパリから教授に手紙を書き、思うところを伝えた。東京のご自宅でお会いした時、氏はすでに癌の末期症状にあった。

「とても良いところに目をつけましたね。頑張って謎を解いて下さい」

米国バークレー大学で教えていた頃に集めた資料の一部や、日本で差別され、失望してアメリカに帰国した黒人学生との文通書簡を譲られた。パリに戻ってしばらくして私はアルジェリアに出かけ、その地で我妻氏の訃報を聞いた。氏が生きていれば、拙著をどう思われただろうか。

日本人の西洋コンプレックスに関心を持ち、独自の理論を展開する思想家が日本にもう一人いた。精神分析の立場から岸田秀氏は日本の近代化の歪みを指摘する。来仏された折りに会ってもらい、論文を

渡したら、すぐに目を通して下さった。数年後、本が出た際には、

「フランス人にだけ読ませるのではもったいないから、ぜひ日本語でも出版しなさい」

と励まされた。この宿題には、一九九六年に著した『異文化受容のパラドックス』で応えられたと思う。


もうひとり大切な人がいる。研究を始めた頃、先が見えず、自分の進む方向が正しいのか、無意味なのかわからず迷っていた時、

「君はまちがっていない。自分の直観を信じて続けなさい。必ずや斬新な研究になる」

こう後押ししてくれたのは、社会科学高等研究院のセミナーで出会ったユダヤ系イタリア人社会学者だった。少数派のアイデンティティ問題研究家として知られるダン・V・セグレ氏はイタリア・トリノ大学、米国スタンフォード大学、イスラエル・ハイファ大学の職を兼任していた。私の研究計画書に強い関心を示され、助言して下さった。数年して拙著が出た時、イタリアの御自宅に送ると、しばらくして米国から返事が来て、

「とてもよい研究をしたね。今スタンフォード大学にいる。ぜひ講演においで」

と誘っていただいた。

「君はまちがっていない」

この言葉が、迷う私をどれだけ勇気づけたことか。

初めて書いた論文が著書の形で世に出た。それが私の歩む方向を決めたのだろう。三年後一九九四年の二月末、影響に関する研究で博士号を取り、その年の秋、リール第三大学心理学部に職を得た。

## 大学就職事情

フランスの大学教員には准教授（Maître de Conférences）と教授（Professeur des Universités）の区別がある。両方とも国家公務員であり、米国の制度で言うなら、テニュア（終身在職権）を持つ教員に相当する。准教授になるには博士号取得後、大学評議会の業績認定を受け、空きポストに応募する。教授になるためには、准教授として就職してから博士課程研究指導資格（Habilitation à diriger des recherches）を取った後、大学評議会で応募資格を認定してもらい、空きポストに志願する。准教授と教授の応募資格認定率はどちらも六割程度である（全学部平均）。一度認定されると四年間有効。その期間内に就職できなければ、応募資格を再び取得する必要がある。

毎年春になると、募集ポストが学科および専門の指定を伴って発表される。希望するポストを見つけて、応募資格取得者は願書を提出する。大学は書類選考の段階で候補者を三人ほどに絞った後、面接に呼んで最終的に一人を決める。

私はヴェルサイユ大学・パリ第五大学・リール第三大学・リヨン第二大学の四校に志願した。私の住むパリには大学が一三校あるが、そのうち社会心理学を教えるのは三校だけで、応募した年は第八大学と第十大学に空きポストがなかった。

幸い、すべての応募先で最終選考まで残り、面接に呼ばれた。最初はヴェルサイユ大学。社会科学高等研究院でモスコヴィッシ指導の下に学位を取ったハンガリー人Aと、パリ第十大学を修了したフランス人M、そして私の三人が、ここの最終候補者だった。Aはすでにヴェルサイユ大学で数年前から非常勤講師をしており、公募とは言うものの、彼に内定していた。小さな大学なので審査員が三人しかいなく、気さくな感じの質疑応答だった。予想通り、Aが選ばれ、私が次点になった。

次の面接先はパリ第五大学。ここは厳粛な雰囲気だった。審査員が三〇名ほど円卓に並ぶ。私の他に、児童の社会心理を専門にするオーストリア人女性Sと、グルノーブル大学で学んだ若いフランス人Fがいた。後で知ったが、ここにも内定候補がいて、Fが最有力だったらしい。

ところが番狂わせが起こった。最初に面接を受けたFの後、次の番を待つSがなかなか呼ばれない。重々しい雰囲気を吹き飛ばそうとしたのか、過度の緊張が裏目に出たのか、Fが冗談を言い、それが多くの審査員の気に障ったらしい。

「生意気な奴だ」

彼は三番に降格され、Sが一番、私が次点になった。そうでなければ、私は三番だったのだろう。一番でなければ意味がないので、同じことだが。

残るはリール第三大学とリヨン第二大学だが、あいにく面接の日が重なってしまった。全国一斉に公募されるので、こういう不運がしばしば起きる。リールはパリから北北東の方向に二〇〇キロ行った、ベルギーとの国境から二〇キロくらいの町。他方リヨンはパリの南東に四〇〇キロ下った、スイスのジュネーブからそう遠くない位置にある。どちらの大学も郊外にあるので、電車の乗り継ぎも含めると移動に六時間ほどかかる。その上、この日は航空会社のストライキが予定されていた。何とか両方の面接に出られないかと苦慮して、小型飛行機かヘリコプターをチャーターしようと考えた。だが、問い合わせると一〇〇万円ほど費用がかかるという。そんな金はないので、結局リール大学の面接だけ受けることにした。パリからの通勤にかかる時間の違い以外に、私は前年からリール大学で臨時教員（Attaché Temporaire d'Enseignement et de Recherches, ATER）をしており、同僚が私を優先すると期待したからだ。

リール大学の面接に呼ばれた候補者は私の他に、パリ第五大学を一緒に受けたオーストリア人S、そして南仏の大学で学位を取ったフランス人だった。Sはすでにパリに職を得、面接を辞退した。そして残りのライバルは現れなかった。他の大学に就職が決まったのだろう。こうして私が自動的に選出された。

フランスの国家公務員に外国人はなれない。だが、大学教員と国立科学研究センターなどの研究員だけは国家公務員でありながら、例外的にフランス国籍を必要としない。私は日本国籍しかないので、大学の教員にはなれるが、事務員にはなれない。また小中高校では教員にもなれない。

## 幸運に助けられる

リール第三大学と私の関わり合いは偶然に始まった。就職する三年ほど前、統計ソフトの使用方法を社会科学高等研究院の教員が尋ねてきた。

「リール大学に勤めるベルギー人教授が小坂井君と同じプログラムを使っているのだけど、うまく動かなくて困っている。助言してあげたら」

その教授の論文は以前に読んで面白かったし、彼が統計に強いことも知っていた。検討中のデータを相談する良い機会だ。

ベルギー南部の小さな町までパリから鉄道で三時間ほどだった。統計ソフトの問題は簡単に解決し、余った時間でお互いの研究について話し合った。その後は会う用事がなかったので、教授のことを忘れていた。すると二年ほどして不意に連絡があった。

「一年限りの臨時教員だけど、それでよければリールに来ないか」

コンピュータ・ソフトで助けた御礼に私を選んだ訳ではないだろうが、あの偶然がなければ、研究テーマを知ってもらう可能性もなかった。

近いとはいえ、パリからリール駅まで新幹線で一時間、そこからさらに地下鉄に乗るので、自宅から大学までは二時間かかる。それに国家公務員は勤務地居住が原則であり、交通費が支給されない。毎週二回新幹線で通う出費は安月給の身に堪える。チャンスがあれば、パリの大学に移りたいと思っていたら、二〇〇二年に空きポストが見つかり、パリ第八大学に異動した。結局、リール第三大学には九年間勤めた。

ところで、どうして私はフランスで教職に就けたのだろうか。ヨーロッパにやってくる日本人留学生は毎年かなりの数に上る。外国語を学ぶ目的の人が大半だが、学位を得て教職を志望する若者も少なくない。しかし圧倒的多数は博士号を取った後、帰国する。ヨーロッパに残って大学や研究機関に勤める者はほとんどいない。居残る場合でも、日本語科に就職するのが普通で、日本と無関係の学部に入るのは難しい。タネ明かしをしよう。私が心理学部に就職できたのには訳がある。

フランスに来る留学生の多くはフランスの社会や文化に興味をもち、仏文学あるいはフランスの思想や歴史を研究する。ところが、これらの分野でフランス人と張り合うのは並大抵でない。フランスでは中等教育の段階から話し書く能力が重視される。教員たる者は明晰に話し、書けなければ務まらない。しかし、

「フランス人と同等に表現せよ」

と外国人に要求しても、それは無理だ。また、これらの分野で就職するためにはアグレガシオンという資格がいる。本来これは中学と高校の教員になる資格であり、大学に勤める場合、規則上は必要ない。だが、持っていないと就職時に不利になる。そしてフランス語が母語でない人々にとっては、この試験

がとても難しい。
文学や哲学はもちろんだが、法律や歴史など長い伝統のある学問では言葉が重みを持つ。それに、文科系学部は概して保守的で、外国人の教員採用を厭う傾向がある。イギリス人を英文学で、あるいは中国人を中国近代史で採用したりはするが、母語や出身文化に関係ない領域で外国人が教員になるのは容易でない。

対して、比較的最近になって確立された社会学や心理学では、外国人がそれほど不利にならない。長い伝統を持つ学部と違い、形式よりも内容を重視する向きが強いし、綴りや文法を少々誤っても大目に見てくれる。それにこれらの学部には左翼がかった教員が多く、外国人に寛大な傾向もある。さらに言えば、統計学など理系要素も含まれ、言葉の重みが相対的に減る。そして高校で履修しない社会学や心理学にはアグレガシオン試験がない。ただし社会学部応募者の中には、哲学科から流れてくる者がいて、アグレガシオン取得者や高等師範学校の卒業生もいる。大変な強敵だ。だが、そんな優秀な人間は心理学部に越境してこない。

だからフランスの大学に就職したければ、心理学部か理系を狙うとよい。ところが、心理学や理系の日本人研究者は、そもそもフランスに来ない。大半の学生は米国に留学先を定める。つまりフランスに特別な興味がなかったからこそ、私は就職できたわけだ。もしフランスに憧れていたら、フランス思想・仏文学・フランス史などを研究しただろう。したがって、今挙げた何重もの障害が私を待ち構えていたはずである。

## フランスの大学制度

フランスの大学制度は日本と大きく異なる。最大の違いは、エリートが通うグランゼコル（grandes écoles、高等専門学校）と普通の大学（universités）の二重構造だ。前者はバカロレア取得後、高校在学中に優秀な成績を修めた学生だけが入学を許される二年間の予科を経て、さらに難しい入学試験に合格する必要がある。後者はバカロレアさえ取れば、どの大学・学部にも無試験で入れる。日本ではあまり知られていない高等教育制度なので紹介しよう。

マルティニーク・ニューカレドニア・タヒチ・レユニオンなど海外県や海外領土も含めると、大学はフランス全土に七三校あり、すべて国立である。学生数は少ない大学で二五〇〇人（ニューカレドニア大学）、多い大学では七万人（エックス・マルセイユ大学）ほどだ。私の勤めるパリ第八大学は二万人ちょっと。パリには一三校あるが、どこもほとんど同じ規模である。

よく誤解されるが、ソルボンヌ大学は東大や京大、米国のハーバードやスタンフォード、英国のケンブリッジやオックスフォードのような、優等生が通う大学ではない。ソルボンヌはパリ第四大学の別称で、高校を卒業してバカロレアを取得すれば誰でも入れる。入学試験はない。パリ第一大学はパンテオン・ソルボンヌ、パリ第三大学は新ソルボンヌという別名がついている。

志望者が定員を超える場合は、学区内の居住者に優先権が与えられ、それでも多すぎる時は抽選で入学者を決める。抽選方式は法律違反だという判決が最近出た。バカロレアが大学共通資格試験である以上、合格者には入学拒否できないからである。どの大学・学部にも志望者が全員入れるよう、施設および教員・事務員を充実するのが理想だが、国家予算に限りがあるので、そうもいかない。そこで抽選か先着順で入学を許可している。

ただし医学部だけは進級できる定員数が決まっている。一年次最後に行なわれる足切り試験に合格するのは入学者の二割、三年生になれる学生は、そのまた四割程度にすぎない。医学部に残れなかった学生は薬学師・看護師・レントゲン技師・マッサージ師などになるための学校に移ったり、生物学部や工学部に入り直したりする。

バカロレアには九割が受かるし、大学入試もなければ、授業料も安いとあって、安易な気持ちで大学に来る学生が多い。そのため一年生は膨大な数になる。二〇〇八年度時点で、三年間の学士課程を落第せずに修了する学生の割合は全国平均で四二・八パーセントだった。四年かけて単位を取る学生が一三・九パーセントいるので、合計すると六割近くになる（フランス国民教育省の報告）。逆に言えば、入学者の四割が中退する。

私が勤めるパリ第八大学の卒業率は二七・八パーセント（全学部平均、三年間で修了する割合）であり、全国水準よりもかなり低い。進級審査が厳しいからではない。移民出身者が多く、家庭環境に恵まれないため、勉強の習慣を身につけていなかったり、書く能力の低い学生が多い。またこの大学は伝統的に左翼的傾向が強く、労働者の便宜を図るため夜間授業や通信教育を行なっている。だが仕事と勉強の両立は難しく、勤労学生の多くが脱落する。これらの事情が卒業率を下げている。

世代が交代し、ここの教員も最近は大人しくなった。以前は不法滞在の外国人学生を構内にかくまって、教員や学生と機動隊とが睨み合った。一九七九年にテロ容疑でイタリアの監獄に収容された思想家アントニオ・ネグリも逃亡中、パリ第八大学で教鞭を執っていた。獄中で国会議員に立候補し当選したため、議員特権として仮釈放された。だが、特権破棄の決議が国会でなされ、ネグリはフランスに亡命した。その後、テロ容疑は晴れたものの、他の政治的理由で懲役三〇年の有罪判決が欠席裁判で下された。しかし政治亡命者保護を宣言したミッテラン大統領の庇護下で一四年間、ネグリは高等師範学校・パリ第七大学・第八大学、そして国際哲学コレージュで教えていた。パリ第八大学の哲学教授ジル・ドゥルーズ、精神分析家フェリックス・ガタリ、コレージュ・ド・フランス哲学教授ミッシェル・フーコーなどが支援活動を行なった。その後、一九九七年にネグリはイタリアに戻って刑に服したが、六年半を経て自由の身になった。

数年前に、こんな事件もあった。強制退去処分を受けた不法滞在アフリカ人が、パリ・ドゴール空港に移送され、旅客機の座席に縛り付けられた。そのとき、乗客十数人が警察のやり方に抗議してシートベルト着用を拒否する。飛行機は離陸できない。結局、抗議者たちは逮捕され、警察署に連行される。

その中に、パリ第八大学で勉強するマリ出身の女子学生がいた。それを知った学長は救援活動を組織するよう全教員に要請するとともに、学生を警察署に引き取りに行った。日本なら逆に、学生を叱責し、警察に謝罪する学長の方が多いにちがいない。ちなみにパリ第八大学の学長は当時、三十代半ばの若さだった。

以上説明した大学とは別に、グランゼコルと称されるエリート養成機関がある。パリ商工会議所が設立したビジネス・スクールＨＥＣ経営大学院（Ecole des hautes études commerciales de Paris）などの例外を除き、すべて国立である。全国の秀才が集まる高等師範学校や、トップレベルの技術者・経営者を輩出する理工科学校（Ecole polytechnique）、高級官僚を養成する行政学院などがある。これらエリート校に入学を許される学生の数は少ない。高等師範学校の定員は文系・理系それぞれ約一〇〇名。哲学・歴史・経済・数学・物理・化学・生物学・医学などすべてを合わせて、この数である。医学部と薬学部には合計で四名しか入れない。行政学院も多い年で一〇〇名ほどだ。東京大学の文科一類合格者（教養課程二年間の後、八割以上が法学部に入る）が四〇〇名（文科系全体の学生数は一二〇〇名）、医学部に進学する理科三類合格者が一〇〇名（理科系全体では一七〇〇名）である。その他に推薦入学枠で一〇〇人募集される。合計すると三〇〇〇人になる。これらの数字と比べると、グランゼコルの難度がわかるだろう。

大統領や大臣の多くは行政学院の卒業生である。一九七四年から八一年まで大統領を務めたヴァレリ・ジスカールデスタンは理工科学校の後に行政学院、つまり理系と文系双方の最難関を修めた。ジャック・シラク元大統領（在任一九九五年－二〇〇七年）はパリ政治学院と行政学院の卒業生、フランソワ・オランド前大統領はパリ第二大学で法学を学んだ後、ＨＥＣ経営大学院とパリ政治学院を修め、さらに行政学院で学んだ。ミッテラン元大統領の下、三十七歳の若さで首相に就任したローラン・ファビウス、そしてシラク元大統領の右腕アラン・ジュペ元首相は二人とも高等師範学校を出た後、パリ政治学院を経て行政学院を修めた秀才である。そして、二〇一七年五月に三十九歳の若さで大統領に就任したエマニュエル・マクロンも行政学院を修めている。高等師範学校を二度受験するも失敗し、パリ第十大学で哲学を学んだ後、パリ政治学院を経て行政学院に入った。四十八歳で大統領に就任したジスカールデスタンの記録を塗り替えた。三十五歳で皇帝になったナポレオン・ボナパルトを別にすれば、マクロンは、フランスが共和制になって以来の最も若い国家元首である。

ビジネス界も同様にエリートが牛耳る。日本でもよく知られるカルロス・ゴーンは理工科学校を出た後、これまた狭き門であるパリ国立高等鉱業学校（Ecole nationale supérieure des mines de Paris）で工業経営を学んだ。自動車メーカー・ルノーでゴーンの前任者として社長を務めたルイ・シュヴェツェールは行政学院出身者である。ちなみに彼はアルザス地方の生まれで、神学者・哲学者・医者・オルガン奏者であったアルベルト・シュバイツァーと往年の名指揮者シャルル・ミュンシュはともに彼の大おじ、哲学者サルトルは従兄弟である。

ジャン＝ポール・サルトル、シモンヌ・ド・ボーヴォワール、モーリス・メルロ＝ポンティ、ミッシエル・フーコー、ジャック・デリダ、ピエール・ブルデューなど、フランスを代表する思想家の大半は高等師範学校で学生生活を送った。高等師範学校はパリ以外にリヨンやレンヌなどにも作られたが、老舗のパリ・ユルム校は文系理系それぞれ一〇〇名ほどの入学者数でありながら、ノーベル賞を受賞した卒業生が一三人いる。また数学のノーベル賞と呼ばれるフィールズ賞を一〇人が受け、世界一を誇る。一九三六年に発足し、四年に一度のフィールズ賞受賞者は合計で五七人しかいない。したがって、その二割近くをこの学校の卒業生だけで占める計算だ。ジョルジュ・ポンピドー元大統領（在任一九六九年－七四年、任期中に病死）も高等師範学校の出身者である。フランス教育制度のエリート主義がよくわかるだろう。

私が学んだ社会科学高等研究院は「特別高等教育機関（Grands établissements）」の一つで、大学ともグランゼコルとも違う。コレージュ・ド・フランスや高等師範学校と並んで、ここの教授陣にはフランス最高峰の思想家・研究者が集う。デリダやブルデューもここで教えたし、『二十一世紀の資本』で一躍脚光を浴びた経済学者トマ・ピケティも教鞭を執る。

しかし学生になるのは簡単であり、入学試験もない。研究計画書を書いて、指導教官を見つけさえすればよい。それどころか、バカロレアも必要ない。つまり中学や高校を卒業していなくても無試験で入れる。教授陣の質と学生の優劣は関係ない。だが、勘違いして誇りに思う無邪気な学生もいる。ここの教授は高等師範学校出身者が多い。デリダもブルデューもピケティもそうだ。社会科学高等研究院で学生時代を過ごしたのではない事実が忘れられている。

## 学位の内情

博士になれるかどうかは、頭の良し悪しだけで決まらない。アメリカ合衆国と違ってフランスの授業料は年二万円ほどにすぎないが、その反面、奨学金や学資ローンが完備してない。したがって、論文を書き上げるまで、どうやって食べてゆくかが問題になる。二十歳半ばをすぎても親が子の面倒を見る日本のような習慣がないし、塾や家庭教師のような効率の良いアルバイトもない。博士を目指す学生の多くにとって生活費の工面は切実である。

金がなければ、働かなければならない。だが、アルバイトをすると思考が中断される。仕事から解放されても脳の状態はすぐに戻らない。文章になるまでアイデアは漠然とし、直観か雰囲気のように脳裏のどこかを刺激している。だから雑念が入ると、脳の刺激配置が変化して、元のアイデアを捉え直すのに苦労する。新しい着想を得るために研究から一時的に離れたり、無関係な活動をするのも時には効果があるが、それでも最低限の精神集中は必要だ。

アルバイトがきっかけで研究の虚しさに気づくこともある。社会心理学の場合、広告会社のアンケート調査などを請け負う。すると現実の世界で働く楽しさを発見すると共に、役に立たない机上の空論を組み立てる愚を悟ってしまう。

博士論文を書くのに、私の頃は少なくとも五年ぐらいかかった。同じテーマを追い続けるのは容易でない。競走馬の気が散らないように、目隠しのついたてを施す。学問の世界も似ている。論文を書く間、

「こんなことが役に立つのか」

と自問してはいけない。そんな素朴な疑問を持ち始めると憂鬱になる。偏差値の意義を信じて疑わない受験生と同じように、

「自分の努力には意味がある」

と盲信しなければ、ひとつのテーマを追い続けられない。

フランス全土で毎年一万本近く生産される博士論文の中で、本当に面白い研究は数えるほどしかない。圧倒的多数の論文は審査が終われば埃をかぶり、誰の目にも触れないで安らかに眠る運命にある。偉そうに博士論文と言っても、要は学校の宿題だ。飯のタネを得るための資格にすぎないと割り切って、できるだけ早く片付ける方が良い。だが、こんなことを平気で言えるのも、宿題がすでに終わったからで、書いている最中は、自分の研究に意義があると思わないと根気が続かない。

最近は状況が変わったが、私が博士課程にいた当時、文科系の論文は大部だった。平均して四、五〇〇頁だが、漬け物石の代わりに使えそうな二〇〇〇頁を超えるものもある。書くだけでも時間がかかる。資料不足に困ったり、理論的難題にぶちあたって立ち往生もする。アルバイトを通して現実世界の

豊かさを知ると、論文が進まない事態を前に逃避の道が用意される。

「そもそも、こんなことが自分の本当にしたい仕事だろうか」

こうして消えてゆく学生は多い。人文系の博士課程では六割以上が辞めてゆく。

指導教授との関係も軽視できない。人間的によくできた先生につく学生は幸運だが、研究者という人種はどこか世の常識からずれている。難しい性格だったり、我が儘を通す者も少なくない。セクハラやパワハラもある。すでに何年も経過した時点で、

「文句があるなら、他の先生のところに行け」

こう放言する輩もいる。そんなことを言われても、指導教授の変更は簡単でない。方法論やテーマが変わり、研究の大部分をやり直す羽目に陥りかねない。ひどい場合は、新しい指導教授に前任者が連絡を取って、学生の世話をしないように工作する。

学者だって人間だ。群れをなして制度を作れば、学問とは無関係の権力構造がはびこる。というよりも、世間から隔離された閉鎖社会だからこそ、よけいに理不尽が横行する。こうして資金面や対人関係など幾多の困難を乗り越えた者が無事、学位を修める。

## 茶番劇の学位審査

研究と教育の面では素晴らしいモスコヴィッシも、事務手続きとなるや、お粗末だった。論文審査に

際して私が苦労したエピソードを記そう。

論文が書き上がり、指導教授が許可すると、学外の教授が二名選出され、予備審査が行なわれる。それが通ると次には口頭試問の日時を決め、審査員を選定する。三人から五人ぐらいだが、最近は増える傾向にある。私の場合は四人だった。

一九九三年の年末に論文の最終見直しが終わり、すでに言及したリール第三大学のベルギー人教授に加えて、スイスのジュネーブ大学教授に予備審査を依頼した。次の教員採用手続きの締め切りに間に合うよう、翌年二月末までに口頭試問を終えて博士号を取る必要がある。ところが予備審査を通り、審査員たちの都合を訊ねると、多忙な全員がそろう日がない。スケジュールを再調整してもらったところ、締め切り数日前に全員が集まる可能性が出てきた。ひとまず安心して、口頭試問のための会場を予約しに社会科学高等研究院に行くと、一室だけ空いている。ただし、

「土曜日なので十三時には絶対に門を出てくれ」

と念を押される。

さて、最後の打ち合わせのためにモスコヴィッシに会いに行った。口頭試問はすでに四日後に迫る。ところが、

「呼び出し通知が来てないから、事務所に行ってもらって来い。通知書がなければ、口頭試問はできないぞ」

と言われ、慌てて事情を聞きに行く。

「二月二十六日に口頭試問をしますが、まだ通知書が来てないようです」

すると、予期せぬ言葉が事務員から返ってきた。

「口頭試問って誰のなの？　あなたの先生に申請書類を送ったけど、返事がないから学位審査などできません」

びっくりして、モスコヴィッシの研究室にすぐ戻り、その旨を話すと、

「何だって。俺は何も受け取っていない。申請書類をもう一度もらって来い」

仕方ないから、また事務所に引き返す。ところがそちらでは、

「もうすでに先生に送ってある。二度も書類はあげられません。しっかり探しなさい」

この一点張りで、どうしても書類をくれない。

「おい、こんな時に役人根性はやめてくれ」

心の中でそう叫び、途方に暮れたが、粘っても埒があかないので、研究室に再び戻って秘書に頼んでみた。

「もしかして先生の机の上にそれらしき書類があるかも知れない。確認してくれませんか」

すると閉じたままの封筒がほんの二、三分で見つかり、申請書類が中から出てきた。もう、腹が立つやら情けないやら。さっそく必要事項を記入し、モスコヴィッシの署名をもらって書類を事務所に持って

行った。

「外国の審査員への連絡が今からでは間に合わない。学長の許可も取らなければならないし」

と文句を言われたが、頼み込んで受理してもらった。とにかく、これで手続きは済んだ。

「あとは口頭試問で失敗さえしなければ、大丈夫だろう」

家に帰って安心していると、モスコヴィッシから電話がかかる。受話器を取るとすぐに罵声が飛ぶ。

「今気づいたが、外国から二人も審査員を呼んで、旅費はどうするつもりだ。何を考えてるのか」

今頃、何を言うか。審査員は一緒に人選したじゃないかと腹が立つ。だが、下手に反論すると頑固爺がヘソを曲げて、口頭試問を中止すると言い出しかねない。だから、口では神妙に謝っておくしかない。

口頭試問の日が来た。緊張して臨んだが、時刻通り審査員が来るかどうかの方が心配だった。大学人は研究には優れていても、日常の規則を守る能力にしばしば欠ける。外国から呼んだ審査員が間違えないように会場すぐ前のホテルを予約し、前日にパリ入りするよう手配した。ところが、ぎりぎりになってベルギー人教授から電話がかかる。

「やっぱり俺、車で行く。ホテル要らない。朝四時頃に家を出るから大丈夫」

そうは言うものの、ベルギーから何百キロも飛ばして来るのだから、こちらは気が気でない。遅刻も心配だが、途中で事故に遭われると取り返しがつかない。

くだらないことで前日まで気を煩わされたが、結局、予定時刻に全員揃って審査が始まった。フランスの学位審査は茶番劇だ。口頭試問で審査員に盾突かなければ、「優（très honorable）」をくれる。予備審査の制度は、当日に公衆の面前で不合格にしないためである。予備審査を通れば、自動的に博士号を授けられる。指導教授の顔を潰さないよう、他の審査員も気を遣い、ことを荒立てない。そもそも、指導教授と学生当人が相談して審査員を選定するのだから、敵学派に属し、難癖を付けそうな人間は排除できる。要するに味方あるいは友達だけが集まる馴れ合いの儀式である。「良（honorable）」もあるが、これは

「博士号は授与するが、この学生は大学に就職させないでくれ」

という同業者への符丁だ。指導教授と喧嘩している時などに起きる、とても稀なケースである。一度だけ目撃し、

「噂には聞いていたが、本当に出すのか」

と驚いた。

公開審査だから聴衆がいる。学生の晴れ舞台であると同時に、審査員にとってもパフォーマンスの機会だ。だから気の利いたコメントを用意するし、聴衆に受けようと冗談にも気を配る。計画通りの演説に成功すれば、心地よく、採点も甘くなる。論文の評価はそっちのけで、自分の芝居の出来を審査して

いるわけだ。

さて、私の審査はつつがなく進む。初めは緊張していたのに、質疑応答が始まった途端に不思議と落ち着く。答える内容だけでなく、十三時の門限までに審査が終わるように、どうしたら短く答えられるか注意し、新たな質問が出ないように回答を選ぶ余裕さえあった。批判も出尽くし、人並みに、

「審査員全員一致の賞賛を伴う優（très honorable à l'unanimité avec les félicitations du jury）」

という評価をもらい、茶番劇は無事終了した。「審査員全員一致の賞賛」は学校の習慣に応じて付いたり付かなかったりする、あまり意味のない装飾である。例外的に優秀な研究にしか付けない規則の大学もあるが、私の学生当時は乱発されていた。

フランスの博士号の実情を示す象徴的なエピソードをもう一つ。二〇〇一年、テレビなどで人気の星占い師が博士号を取り、世間を賑わせた。ミシェル・マフェゾリという、日本語訳も数冊出ている著名な社会学者の指導の下、エリザベート・テシエが「ポストモダン社会における占星術に対する魅惑と拒絶の両義的反応を通して見る認識論的状況」という大仰なタイトルで九〇〇頁におよぶ論文を提出し、ソルボンヌ大学の大講堂で口頭試問に臨んだ。ところで、その審査委員長を務めたのが、我が師モスコヴィッシだった。マフェゾリの友人だから頼まれたのだろう。二人の審査員による予備審査をすでに通っていたので慣習通り、「優（très honorable）」の成績で博士号が授与された。

この口頭試問はマスコミが前もって報道し、ジャーナリストだけでなく、ノーベル物理学賞受賞者ジ

ヨルジュ・シャルパクなど、似非科学を監視する学者たちが傍聴する一大イベントになった。テシエはシャネルの元ファッション・モデルで、占星術師に転身してからも成功し、星占いを信じるミッテラン元大統領の助言者になっていたほどだ。彼女の論文テーマは迷信の社会学的分析ではない。

「占星術は主体を扱う唯一の客観的科学であり、大学の教科に加える必要がある」

これが彼女の主張である。会場の傍聴者やマスコミが激しく反発し、哲学者や社会学者が後日、

「博士号を登録せず、無効にせよ」

と大学当局と教育省に迫った。日刊紙『ル・モンド』などが特集を組んで各界の専門家が意見を述べた。ほとんどはテシエと指導教授マフェゾリ、そして審査員を非難する立場だったが、

「大学の博士号なんて、そんなものだ。いまさら目くじらを立てる方がおかしい」

と、達観する著名な文化人類学者もいた。

日本に話を移そう。学歴詐称が時々報告され、大騒ぎする。当人はマスコミに叩かれ、辞職へと追い込まれる。こういう事件が起きるたびに、

「もっと厳しく確認せよ」

と、テレビ局や大学を叱責する人が現れる。だが、たった一回の試験結果で入学が決まり、ほぼ自動的に卒業できる日本で、なぜ学歴が幅を利かすのか。スポーツの世界を見よう。どんな偉大な成績を過去に残した選手でも、今役立たなければ、試合に使ってもらえない。年俸も減る。相撲では大関まで上り

詰めても、二場所連続で負越すと関脇に陥落する。音楽家も同じだ。ショパン・コンクールで入賞しても、その後、平凡な演奏しかできなければ、過去の栄光はただの想い出にすぎない。芸能人の世界はもっと厳しい。

高学歴でも、実力のない者は淘汰されるのが筋だろう。逆に学歴がなくても、優秀な人は頭角を現す。学歴詐称が世界中でもっと横行して、肩書きが無意味になれば良いと私は思う。詐称を取り締まるよりも、学歴や肩書きに頼らない方が健全である。

天才と何とかは紙一重という。モスコヴィッシは指導に優れ、私はどれだけ感謝してもしきれない。だが、時刻を間違えたり、事務手続きを怠ったりは頻繁だった。こんなこともあった。友人の学位審査がスイスのローザンヌ大学で行なわれ、審査員としてモスコヴィッシも呼ばれた。ところが約束の待ち合わせ時間になっても駅に着かない。やきもきしていると二時間ほど遅れてやってきた。師曰く、

「列車をまちがえてドイツの方角に行っちゃった。いやあ、ややこしいねぇ」。

あるいは、南仏で開催された学会で基調講演に招待されているのに、予定時刻になってもモスコヴィッシが現れない。私は学会に参加せず、パリの研究所で通信映像を待っていた。司会者はおろおろするばかり。

「事故に遭ったのか、もう年だからどこかで倒れたのか」

私達は心配したが、次の日に真相がわかった。何のことはない。ホテルで寝込んで目が覚めなかっただ

けだ。

## 縄張り根性

学際的アプローチを採る私の仕事を社会心理学だと認める人は日本にもフランスにもほとんどいない。ただし否定的な意味では私を社会心理学に振り分ける人もいる。

「お前のやっているのは社会心理学にすぎない」

こう嘲笑する社会学者や哲学者に何人も出会ったし、人権を専門にするスイス・ジュネーブ大学の哲学教授とパリ・ユネスコのシンポジウムで同席した際、

「社会心理学者は自由や責任など議論しなくてもよろしい。それは越権行為というものだ」

と叱られた想い出もある。

パリ大学十三校の中で社会心理学を教えるのは第五・第八・第十大学だけだ。その三校が「社会心理学パリ・ネットワーク」を結成した。一〇年ぐらい前の話である。自然消滅して、今はもうない。最初の会議だけ私も出席した。

「学際的アプローチを進めよう」

こんな提案が出たので、期待して会議の進行を見守った。しかし聴いてゆくうちに、彼らが使う学際的という言葉の意味を知って驚いた。哲学・生物学・社会学・経済学・言語学などとの協力体制を作ろう

というのではない。

「認知心理学・発達心理学・臨床心理学など、心理学内でもっと活発な情報交換をしよう」

冗談かと思った。笑い話のような提案だ。

「心理学内での関係を強化しても意味がない。社会心理学とは、心理学と社会学の分裂を止揚する試みではないか。社会学や哲学との交流こそ重要だ」

私のこの発言は、

「社会心理学の定義をいまさら蒸し返しても仕方がない。心理学の中での地位を築くことが急務だ」

と一蹴され、冷たい空気がその場に流れた。個人主義かつ実証主義偏重の心理学者は、社会学や哲学に接近する動きを警戒する。虎の尾を踏んだのだろう。信頼のおける友人に、この話を後ほどしたら釘を刺された。

「バカだなあ。そんなことを心理学部で言うヤツがあるか。我々には哲学が足りないなんて、禁句中の禁句だ。心理学者は哲学に劣等感を持っているのだから」

リール第三大学からパリ第八大学に移籍した時のこと。フランスでの大学異動は新任と同じ方式で募集する。博士号を取ったばかりの学生も、他大学にすでに席のある教員も同時に応募し、一番になった者が職を得る。私が異動した年は第八大学と第十大学に空きポストが一つずつあった。両方に願書を出したところ、第十大学の人事委員会が開かれる前日に、委員の一人が電話してきた。

「実は当大学の非常勤講師を採ることがすでに内定している。しかし来年、他のポストが空く予定なので、君の研究テーマとアプローチについて聞きたい」

来年空くポストの話ならば、今年の人事委員会開催前日に連絡してこなくてもよいだろう。訝りながらも説明を聞いていると、

「学際的アプローチを採る共同研究者が欲しい」

と言う。その言葉に励まされ、答えた。

「哲学、社会学、そして脳科学にも関心があります。社会心理学はもっと他の分野との連携が大切だと思います」

すると、困ったような声が返ってきた。

「いや、私の言いたいのは心理学内部での学際性のことで……」

がっかりするやら、あほらしいやら。

社会心理学パリ・ネットワークの会議では、若者の育て方とか、統計学の授業を一緒にするとか、どうでもよいことばかり議題に上る。学生の心配をする余裕があるのか。我々自身の無能さを見つめることの方が急務だろう。モスコヴィッシが言っていた。

「カントやニュートンのような大思想家が社会心理学からは一人も出ていない。そんな人間

を百年後に輩出するには、どうすべきか」

技術的詳細に気を取られ、浅薄な理論しかない現況を打破するために、学際的アプローチが有効だ。だが、そんな野心は誰も持たないらしい。

「天才は大学の外で生まれるから、大学教育の仕事ではない。大学は凡人を作るところだ」

との、お言葉。呆れて帰ってきた。それ以降、二度と会議に行かなかった。

# 第六章
# 何がしたいのか、何ができるのか、何をすべきか

この章では、異邦人のアイデンティティ問題を扱う。ここで分析する異邦人の不安は私個人の状況を超えて、より一般的な射程を持つはずだ。人間の学は頭だけではできない。考えるとは迷うことであり、身体運動である。だから研究対象にのめり込まなければ、魂のこもった分析はできない。だが同時に、対象と距離を取る醒めた眼を持たなければ、常識のヴェールは破れない。そのジレンマをどう乗り越えるか。

理解や評価の背景にはイメージがある。幸福だと感じるか、不幸だと嘆くか、そこにも思考枠が影を落とす。第一章で述べた型の役割と比喩の効果が、人生の意味づけにも働いている。

## 国際人と異邦人

ささやかながら私はフランス語と日本語で書いてきた。二つの言語で表現するのはエネルギーの無駄だと思う時期もあった。二十歳を過ぎてからフランス語を学んだ私にとって、今でも日本語を使うようにはいかない。論理を緻密に追う文章はフランス語で書けても、心の機微を捉える描写はできない。い

っそのこと日本語だけにするか。

しかしパリに生きる以上、フランス人に認められる仕事をしないと、大学での同僚や学生の手前、辛い立場に追い込まれる。学界が評価する実証研究、悪く言えば重箱の隅をつつく仕事はもうしない。社会心理学を出発点としながらも、認知科学や政治哲学に視野を広げて、自由・平等・責任・主体など人間存在の根本的問題を考えたい。人の絆がどこから発生するのか探りたい。近代の罠を抉り出したい。社会心理学の狭い世界では窓際族になっても、本を出して人類学・哲学・政治・経済・歴史といった他の分野の人々に読んでもらえれば、平気でいられる。だが、大学や学会という専門家の世界にも、外に開かれた思想界にも自分の居場所がなければ、苦しいだろう。だからフランス語でも書き続けよう。少し前まで、そう考えてきた。

日本では、国文学・日本史・民俗学など一部の分野を除けば、知のほとんどが西洋からの輸入品である。だから、日本に帰った時に西洋での留学経験が有利になる。肩書き以外にも、これらの分野で成功するためには西洋語を理解する能力が要る。欧米の文献を紹介したり、翻訳したり、批評しながら、自分の考えを付け加えるだけでも仕事として認められるだろう。

パリで生活をする私にとって、これは日本社会や文化に関する本をフランス語で書くことに相当する。しかし日本についてフランス語で書いたり、フランスについて日本語で書く輸出入業者にはなりたくない。日本のことを専門にするなら、資料も豊富な日本に帰る方がよい。

だが、そんな強がりを言っても、フランス語を読むのが遅く、書くのが下手な私が日本に無関係なテーマでフランス人に対抗できるのか。フランス在住の日本人研究者が少ないために、日本社会の解説を求めてテレビやラジオから依頼が来る。オウム真理教事件の時などは酷かった。

「私は宗教の専門家ではないから解説は無理です」

テレビ出演を断ったら、

「いいえ、宗教に関しては何某先生を呼んであります。あなたには日本人としての感想を述べていただければよろしい」

このような失礼な話が持ち込まれるのは私に実力がないからだ。

それにしても何故、日本人だというだけで日本社会のことがわかると思うのか。フランス革命の歴史について質問するならば、フランス人数学者に訊ねるのではなく、セネガル人だろうがノルウェー人だろうが、歴史家に教えを請うのが筋だ。フランス人であれば必ずフランス語の文法を熟知するわけではない。同様に、日本人であれば日本社会の現象を分析できると考えるのはおかしい。フランス人の日本研究家はたくさんいる。知ったか振りをして素人の私が口を挟んではいけない。

そんな愚痴をモスコヴィッシにこぼしたら、

「お前は自分の顔を鏡で見たことがないのか」

と笑われた。こんなこともあった。先生を交えて四、五人で雑談していた時、フランス社会の開放性が話題に上った。

「日本に比べてフランス社会はずっと外に開かれている」

こう言う私をじっと見つめながら、先生、静かにポツリ。

「いつまでたってもよそ者はよそ者だ。それはフランスでも変わらない」

ルーマニアからやってきたユダヤ人学者は五〇年以上フランスに住んでも、そう言わざるを得ない思いがあったのだろう。

ともあれ、日本人なのだから日本のことがわかるという素朴な偏見を利用するつもりなら、日本社会の研究者に徹すればよい。それが嫌なら、フランス人に負けない実力をつけなければならない。

「外国人にしてはよくできる。フランス語が母語でないのに大学教師になれた」

それでは意味がない。私の外国経験を評価する日本人はいるだろう。しかし、日本に無関係な仕事をフランス向けにする上で、異邦人であることにどんな価値があるのか。日本人であること、日本語を母語とすることがマイナスにしか働かなければ、そのような環境になぜ自分を置くのか。異邦人にしか生み出せない新しい視点を提出できて初めて、日本人である私がフランスで研究する意義がある。だが、そんなことが可能だとはとても思えなかった。

パリからリールに向かう新幹線。車窓から外を眺めていると、ふと日本の景色が重なる。四十歳になろうとする頃だった。

「自分のしていることは誤りではないか。もっと素朴なところに生きる意義があるのではないか」

研究だけでなく、フランスでの生活自体に疑問を感じ始めていた。確かに、異邦人はまわりから干渉されなくて気楽でいい。だが、それは裏を返せば、生活臭がないという意味である。いつも旅をしているおかげで日常生活の陳腐さから逃れている。走り回っているおかげで肝心な問いを回避している。そんな不安をぬぐえなかった。豊かな文化を満喫するようでも、時々、風が体を吹き抜けるような寂しさがあった。

友人が学位審査を受け、お祝いにピアノバーに行った。伴奏に合わせて皆が合唱する。どの曲も有名なものばかりだ。だが、酒と歌に酔いしれるフランス人の仲間とは違い、曲に付随する記憶が私にはない。エディット・ピアフやイヴ・モンタンの旋律を聴いても、青春の想い出は蘇らない。パリに住みだしてから孤独を感じることは多々あったが、異国に生きる寂しさをこの時も噛みしめた。

フランスに残ると決心したのは諦念からだった。四十五歳頃だったろうか。

「日本に帰ってやり直すには遅すぎる。もう逃げ場がない」

大学生のうちに日本を離れ、外国生活の方が長くなろうとする私は、帰国子女とそれほど変わらない状態になっていた。日本社会で生きる柔軟さや忍耐はもうない。それまでは、

「まだ日本に戻れる。帰国すれば、次の目標が見つかるに違いない」

と思っていた。しかし結局、悟らざるを得なかった。

「逃げの姿勢からは何も生まれない」

se faire une raison というフランス語表現がある。

「仕方がないと諦める。甘受する」

と仏和辞典は説明する。仏英辞典を引くと、

「to accept the inevitable, to make the best of a bad job（避けられない事態を受け入れる。つまらない仕事でも最善を尽くす）」

と載っている。言語によりニュアンスが違う。フランス語の表現に raison（理由）という単語が顔を出している。ここで faire は英語の fabricate（捏造する。でっち上げる）に相当する。raison にかかる不定冠詞 une にも留意すると、

「自らに対して、恣意的な理屈を何か一つでっち上げることで納得する」

そんな意味である。騙されている事実に気づかないように、無意識に自らを騙す。人生は結局、どこかで納得するしかない。

「日本に帰ってやり直すには遅すぎる」

宣告を受け入れた後は、不思議なくらい気持ちが楽になった。すると同時に、日本人であること、そしてフランスに住むことに拘泥する自分に気がついた。フランス人に語るか日本人に語るかと悩むのは、

アイデンティティの不安があるからだ。

「私は何者なのか」

だが、問いの立て方がそもそも間違っていた。

「どちらの社会に対しても、異邦人として生きればよい」

これが問題解決の鍵だった。フランスと日本を個別に捉えるのではなく、両者の関係あるいは差異に視点を移せばよい。

「異なる価値観の衝突から新しい価値が生まれる」

大学の授業でこう説いている。自分が今悩む問題の答えがすでにそこにあった。他人に説教しながら迂闊にも気づかなかった。頭が考える前に口が勝手に話す。結局、無意識が的を射ていた。

国際人という言葉がある。自国と外国の文化に精通し、どこにいても、その土地の人々と同じように振る舞える者のことを言う。国境に拘らず、普遍的な価値観で生きる人を意味することもある。グローバル人材やグローバル・リーダーという新自由主義の呪文も同じである。

私が目指したのは、その逆だ。フランスでも日本でも自然に生きられる国際人ではなく、どこに居ても周囲に常に違和感を覚える異邦人。グローバル人材の反対に位置する社会不適応者、非常識人間である。大切なのは、日本人の情報を活かすことでもなければ、フランス文化から知識を吸収することでもない。東洋思想と西洋思想を統合するとか、両者の短所を斥け、長所を選び取ることでもない。

「魚の目に水見えず」

常識が目を眩ませる。だから、常識の不条理に気づかされる異文化環境に生きること、それ自体に意義がある。思索の第一歩は、そこから始まるのだ。

## 四十代の不安と焦り

少し時間を遡ろう。フランスに来て一五年ぐらい経った時のことだ。

「このままフランスに住み続けてよいのか」

教職に就き、経済的に安定した頃、迷い始めた。それまでがむしゃらに飛ばしてきた変化の激しい生活が終わり、毎日の繰り返しに退屈しだした。諸国を旅したり、アルジェリアに行った時期はもちろんだが、パリに住んでも初めの頃は、いつ他の土地に移るかわからなかった。それに学生でいる間は論文に集中して、将来何をするのか決めなくてもよかったから、アイデンティティの問題が深刻にならない。だが、リール大学の教員という新環境に慣れた頃、私は四十代に突入し、不安に駆られた。

「こんな人生を歩みたかったのか」

この時初めて時間の重みを感じ、驚いた。私の迷いは二つの原因に由来していたと思う。一つは、

「どのような仕事に就きたいのか。何がしたいのか」

という若い時に誰もが抱く問い。もう一つは、

「日本人である私が何故フランスに住むのか。それは人生の目的に合っているのか」

という、外国に長く住む者ならば必ずいつかは突き当たる疑問だった。

何故、この時期に問題が発生したのか。博士論文を書くとエネルギーを消耗する。そのため終了直後、しばしば不安に襲われる。

「dépression post-doctorale（博士号取得後の鬱病）」

というフランス語の表現がある。日本の大学新入生が罹る五月病のようなものだ。四十歳を過ぎて青春の病に罹るとは間抜けな話だが、異国の孤独な環境で生活していたので、時間が経つのを忘れ、モラトリアム状態が長く続いた。そして暇つぶしのゲームが終了した時、遊びに飽きた子が機嫌を損ねるように、私も不安に駆られたのだろう。

それまで、他にやる可能性がたくさんあると思っていた。だから学位を取った後、

「自分は本当に何がしたいのか、何をすべきなのか」

と問い直した。だが、

「これからできることは残されてない」

と気づき、愕然とした。

子どもじゃあるまいし、四十になった人間がこんなことを言うと、誰が聞いても呆れるだろうが、

「もうオリンピックにも出られない、ボクサーにもなれない、ピアニストにもなれない。出

世して裕福に生活する道も踏み外した。それどころか、研究の世界においても、分野を改めて数学者や物理学者になるには遅すぎる。知らない間にすべてが手遅れになってしまった」

そんな衝撃だった。ピアニストやボクサーになれなかったり、オリンピックに出られないのは才能がないからで、年齢とは関係ない。わかりきったことだ。だが、それが現実の重みを伴って迫ってきたのは初めてだった。大学に就職して数年経った頃、苦しい胸の内を郷里の友ＳＫに綴った。

健康でいても脳が活発に働くのはあと二〇年ぐらいか。それはどんな長さだろう。俺が歩んできた道を振り返ると、初めての外国旅行をきっかけに日本を離れ、アルジェリアなどの回り道を経てパリで社会心理学を始める前半の一〇年については、自分ながらよくやったという自負がある。だが、地道に勉強して世間的な肩書きを得た後半の一〇年は正直つまらない人生だった。あとの二〇年をこのような惰性で生きて良いのだろうか。

学位を準備する間にはいろいろ学んだ。「年金生活者」になれ、好きなことを毎日考えながら自由に暮らせるようになった。理想ばかり追っても生きてゆけないし、他に大したこともできなかっただろう。だから結果的にはこの選択が正しかったと思う。だが、どんどん狭まる選択肢の中でも可能性が少しは残っているならば、それを探ることが大切だ。そうしないと必ず後悔するに違いない。

ここに「年金生活者」という表現が顔を出している。国家公務員の身分を自嘲して、フランスで我々教員がしばしばする言い方だ。フランス語はrentierだから、正確には「金利生活者」である。若い時に勉強して取った学位を資産として、世間に通用する肩書きの下に、裕福ではなくとも普通の生活には困らない金が毎月振り込まれる。大学人のそんな実情を揶揄している。私はここで「年金生活者」と意訳した。

「やるべきことはすでに終わった」

と当時感じていた様子が、この表現に露呈している。

## 二流の人間

博士論文を終えて大学に就職することは到達点どころか、研究者としての出発点である。やるべきことが終わったなどとは、おかしい。だが、確乎とした実感があった。ＳＫに宛てた手紙を続けよう。私の矮小さとともに、問題の根が現れている。

俺の目標は「一流」になることらしい。かといって何でもよいわけではないし、単に周囲からチヤホヤされたいだけでもないようだ。それなら「大学の先生」でも苦しむ必要はない。「物になる」という表現がある。その方が近いかもしれない。問題は、何をすると俺は物になったと感じられるかだ。あの世で坂本龍馬に会って、

「おぬし、娑婆では何をしてきた」

と尋ねられた時に、

「へい、国家公務員を少々」

とは、とてもじゃないが恥ずかしくて答えられない。

俺は小学生の時に手品が好きだった。テレビで人気のミスター・マリックは岐阜出身の人で、若い頃からの手品狂いだった。当時まだ松尾昭という本名で、名古屋のデパートに設けられたマジック・コーナーで働いていた。毎週日曜日、開店から閉店まで居座って彼の手さばきを見つめる俺をかわいがってくれた。松尾さんの実家に泊まって手品を教えてもらったり、高校生の頃に綴った奇術日記を見せてもらったりもした。岐阜の奇術クラブに一緒に行ったり、ショーを手伝ったこともある。手品のことばかり毎日考えてきて、ついに成功したのだと思う。松尾さんなら龍馬の前に行っても恥ずかしくない。

「変なことばっかり、やってたんだなあ」

笑いながらも、

「それでも一生懸命生きたんだな」

と、誉めてくれるにちがいない。

人生に成功するとは、どういうことか。自分が本当にやりたいことをして生きることだろう。だから物になれずに、成功していないと感じるのは、自分のやりたいことができていないからに違いない。ホッケーも駄目だった。才能がないだけでなく、力の限界まで努力する誠意と勇気さえなかった。お前はスポーツマンでなかったから、こんな感覚が分かるかどうか知らないが、日本代表選手に喫茶店に誘われ、憧れのスターと言葉を交わす時の感激というものがある。単に有名人と親しくなるのとは違う。

「これから俺も入っていこう、入っていきたい」

そう憧れる世界で成功した人たちと今、現実に席を同じくする喜びだ。

「いつか彼らのようになろう」

数年間努力した。だが、俺はそのような人間になれなかった。

その後二〇年が経った。自分のやりたいことは未だにわからない。もうオリンピックにも行けないし、ピアニストにもなれない俺にとって、候補になりそうな唯一の可能性が研究者あるいは思想家になることだろう。だが、それはホッケーの場合と同じで、この分野で成功した人の名前を聞いて、いつかこの人たちのようになりたいと憧れているだけだ。

子どものようなことをいつまで言っているのかと、お前は呆れるだろう。しかし実際、俺の現状がこんなだから仕方ない……。

早稲田の先輩で、日本代表の合宿に私を呼んでくれたＫＳ監督が、千葉で行なわれた合宿の後で広島に帰る際、私も名古屋まで新幹線に同乗した。その時に言われた言葉を思い出す。

「日の丸のユニフォームを着るのは、そんなに難しいことじゃない。果実は目の前にぶら下がっている。もう少し背伸びすれば、果実に手が届く。それなのに、お前達はどうして、そのもう少しの努力をしないのか」

本当にあと一歩だったのか、あるいは乗り越えられない大きな山が聳え立っていたのか。それはわからない。しかし、どちらにせよ私は負けたのだ。

「二流のどこが悪い。公務員でなぜ悪い。一流とか二流とかいう発想自体が誤っている」

そんな反論は、当時直面する悩みに無力だった。頭ではわかっていたからだ。

「人生に二流はない」

この当たり前の事実を納得するには、ほど遠いところにいた。

幼い頃から私は目立ちたがり屋だった。そして、その目立ちたがる仕方が変わっていた。

高校二年が終わる頃、ホームルームで生徒が順に将来の抱負を語った。女生徒が言う。

「平凡な人生でいいから、他人に迷惑をかけず、弱者に優しく、市民として恥ずかしくない人間になりたい」

それを受け、私は吠えた。

「俺の考えは違う。他人の目など気にしてはいけない。犯罪者になってもいい。周囲にどんなに迷惑をかけてもよい。そんなことは問題ではない。それよりも世界に一人しかいない個性的な人間になって、何か大きなことをしてから死にたい」

何になるかは問題でないから、

「とにかく物になりたい」

そんな気持ちや野心が強かった。こんな想い出もある。高校三年の時、同じクラスに酒屋の次男坊がいた。ラグビー部の選手で頑丈なゴリラのような奴だった。一度、級友数人で彼の家に遊びに行った時のこと。部屋に入るとバンジョーがおいてある。

「あれ、お前、こんなものどうするんだ」

と訊ねた私に、ちょっと照れながら、

「うん、俺が弾くんだ」

と言う。ラグビー部のゴリラにまさか音楽ができるはずがない。

「おい、ちょっと弾いてみろ」

からかうつもりで水を向けた。するとカントリーの軽快な調べが返ってきた。文化の香りなどまったくない山猿が、実は私など手の届かない高みにいた。瞬時にして彼は別世界の人になった。才能を持つ人間の前に、何もできない木偶《でく》の坊がしばし突っ立っていた。

私の歩んできた道は万事どこか、ひねくれている。手品という風変わりな芸に興味を覚えたのも、陸上ホッケーという誰もやらないスポーツを選んだのもそうだ。アテネ・フランセに通っていた時に、周囲に逆らってアルジェリアに関心を示したのも同じ心の動きではないか。小学生の時、少林寺拳法を習っていた。これも普通の子がやる稽古事ではない。フランスに住みだした時、孤独を紛らわせるために音楽をやろうと習い始めたのも、オーボエという珍しい楽器だった。

私は常に他の人と違うことに関心を抱いてきた。だが、それは独創的だからではない。

「競争率の低い活動に熱中すれば、俺でも一番になれるかもしれない」

そんな下心があったからだろう。

「いつか周りを見返してやりたい」

機会ある毎、珍しいことに次々と挑戦した。そして物にならないと分かると、どれも急速に興味を失って諦めてきた。

早稲田の政治経済学部を出て有名企業に就職する道を選ばず、アルジェリアを経て大学を中退し、フランスに居着いた背景にも、二流の自覚を持つ私がいつか一流になる方策としてドロップアウトする、そんな動機が隠れていたのではないか。親戚全体を見回しても、私以前に大学に進学した者は一人もいない。それどころか、喧嘩早くて親の手に負えず、少年院に送られた中卒者が母方の従兄弟にいるし、父の兄は刑務所に世話になったことのある前科者だった。また父方の従兄弟の一人は入れ墨を背負った元暴力団員である。彼の父の左小指には第一関節がなかった。指物師だったので、仕事で怪我したのだと思っていたが、親子二代のヤクザだったのかも知れない。

「東大に行きたい」

とでも言おうものなら、

「トーダイって、室戸岬の灯台か」

そんな冗談しか返ってこない家庭環境に育った私が、正攻法ではかなわないので、横道にいったん逸れて敗者復活戦に挑もうとしたのかもしれない。

大学教員になった今の私しか知らない人は、小さい頃、優等生で勉強好きだったと誤解する。パリで知り合う日本人留学生の多くは若い時から成績優秀で、研究者・教員の道にすでに進路を定めた人たちだ。だが、私は勉強では平凡な人間だった。

中学時代、私は不良だった。大したことはしない。どの学級にも三、四人いる小さな反抗者だ。喫煙を覚え、自転車を盗んだり、万引をして遊んだ。徒党を組んで喧嘩を吹っかけ、粋がった。しかし悪戯の発覚、そして親の呼び出しが重なり、

「こんなことを続けていては駄目だ」

と反省する機会があった。二年生の秋、体育祭直前だった。なぜ改心したのかは今でもよくわからない。

「徳という字は人と人とを合わせて十四の心と書く。お前も十四歳になったのだから、もう悪さはやめたらどうだ」

父に諭されたのを覚えている。母の涙にも絆され、

「両親に申し訳ない」

と思ったからかもしれない。それ以降は真面目に勉強するようになり、成績も上がった。私の変身ぶりは学校中で評判になり、

「あの不良だった小坂井を見ろ。やれば誰でもできるんだ」

前科者の成功話のようにホームルームで私のことを取り上げる先生も出た。

高校に入学してからはホッケーに熱中したので勉強はしない。成績は悪く、中学の不良時代よりもひどかった。三年生の秋、インターハイと国体予選が終わってからは勉強を始めるが、それまではどん尻にいた。しかしホッケーの強い大学に推薦で入るつもりだったから、落第さえしなければ良かった。持久力を奪うタバコは吸わなかったし、酒も飲まない。居眠りする以外は授業時間も無駄にせず、練習計画や試合の作戦を練るために有効利用した。勉強のことさえ別にすれば、立派な優等生である。

劣等感を抱くことと、劣等であることは違う。何をする時でも、私以下の人は少なからずいた。しか

し自らが掲げる目標から見れば、はるか遠くの位置に私はいた。理想と現実との落差に悩む。それが劣等感の正体だ。劣等感と野心は表裏一体の関係にある。劣等感があるから頑張る。だが、野心があるからこそ、自らに不満を抱く。理想の姿と比較して自分の至らなさを自覚するから、劣等感に苦しむ。

## できる人は演じ、できない人は教えたがる

手品の世界に、

「できる人は演じ、できない人は教えたがる」

という箴言がある。演技に失敗し、タネがばれてしまう。その時、照れ隠しも手伝って、頼まれもしないのに種を明かすアマチュア・マジシャンを揶揄している。大学人は違うと言えるだろうか。

価値を自ら生む思想家や作家のイメージと、他人のフンドシで相撲を取る教師や評論家のイメージとが、自己形成を経る過程で乖離していった。教えることは自らの勉強につながるし、蓄積された知識を社会に還元する役割は有意義である。そういう次元の話としては思想家と教師は重複しうる。しかし、ここで言いたいのは別のことだ。

パリで見た映画にこんな場面があった。主人公は高等師範学校で哲学を修めた秀才。サルトルやフーコーなど世界に誇る知識人を育てたエリート校を卒業した彼には野心があり、一介の教師になるだけでは満足できない。パリ第十大学勤務という設定だ。学部は違うが、私もこの大学で講師を二年間勤め

た。主人公にはたいした論文も著作もない。ある若い思想家の論文が有名になり、主人公の教え子も興味を持つ。授業後に、

「先生、この著者ご存じですか」

と尋ねる。

「よく知っているよ。高等師範で同級だったから」

こう彼が答えると、

「えっ、先生、こんな偉い人と知り合いなんですか。すごいですね」

と感心されてしまう。家に戻れば戻ったで、つきあっている彼女との会話に苛立つ。

「あなたなんて、ただの教師じゃないの」

嘲弄する彼女に対して、

「いや、俺は批評家だ」

主人公が反論する。その時、ナレーションが入る。

本当は作家を名乗りたいのだが、あいにく一冊も本を書いていないので、作家だと言う度胸はない。しかし無名の雑誌に論文が載ったことがあるので、批評家なら名乗れると思っているのだ。

「たかが論文を二本書いただけじゃないの。それも誰も注目していないし。あなたはただの教師よ」

嫌がらせを繰り返す彼女に苛立つと共に、劣等感に悩む主人公。自分の姿を重ね合わせて私は心を痛めた。その頃、友人ＳＫに書いた手紙に、こうある。

有名大学の教授になることが仮にあり得たとしても、そんなことでは「二流の人間」や「能なし」の烙印は俺から消えない。ボクサーならば有無を言わさず相手を叩きのめし、リングに沈めよ。音楽家ならコンサートの手応えから自分の価値を判断せよ。今、俺にわずかなりとも可能性が残っているとしたら、それは本を出し、自分の考えや行動を綴り、そこから何かを得る人が現れるように努力することだろう。それが自らを救うために今、俺に残された微かな可能性ではないか。

「他人の作品に文句ばかり付けずに、お前が自分で書いてみろ」

評論家のコメントに腹を立てた作家がどこかで述べていた。評論家に対する作家の優越感がそこに見える。教員と思想家の関係も、これと似ていないか。フランスの哲学者が言う（A. Renaut, *L'ère de l'individu,*

Gallimard, 1989)。

哲学史の研究は大切な学問分野ではあっても、創造的価値のないものとして扱われてきた。哲学史に従事する者は哲学教師の位置に貶められ、また往々にして彼ら自身が卑下した態度を取ってきた。その対岸には思想家として崇められる哲学者がいると考えられてきた。

そして、そのように哲学者と哲学者とを分けることの誤りを説く。確かに評論は意味のある行為であり、芸術作品を生み出せない人が苦し紛れにする仕事ではない。思想家と学者を簡単に分けることもできない。だが、このような弁明が必要になる事実自体、裏を返せば、

「学者は本物の思想家ではない」

そういう思いが大学人の間にも広まっている証拠である。哲学者・中島義道も言う（『哲学の教科書』講談社学術文庫、二〇〇一年）。

［……］少なく見積もってその九割が、他の人の哲学の解説ないし解釈です。カントの〇〇〇について、フッサールの〇〇〇について、という「ついて論文」がほとんどです。［……］諸見解を手際よくまとめ、論争点を明らかにし、「本稿ではこういう問題を指摘した、終わ

り」という論文が多いのです。

［……］例えば、モーツァルトの創作活動とモーツァルト研究は天と地ほど異なる。ピカソが産み出した作品とピカソ研究とは、はっきり別物です。［……］そして、文学ですら、創作と文学研究とは画然と異なるものとみなされております。［……］西行研究者があふれているのに、そのうちで出家した学者をついぞ耳にしない。ランボーに憧れるなら、地道なランボー研究家だけはなってはならない。ランボー自身の生きざまとパリ大学の世界的ランボー学者の生きざまとは、共通点のまったくないものです。

［……］あなたが日本哲学会の大会に出席して、任意の参加者に「自我とは？」「時間とは？」と問うてごらんなさい。待っていましたとばかり答える人はほとんどいないでしょう。しかし、「カントの時間論とは？」とか「フィヒテの自我論って何？」と問えば、たちまち洪水のような答えが返ってくるのです。たしかに、例えば時間について自分固有の解答などサッと出るものではない。ですが、二十年やそこら本当に真剣にこうした問いと格闘していれば、おのずと自分固有の見方が生ずるはずだと思うのですが、猛烈にカントやベルクソンやハイデガーと格闘はしていても時間という事項とは格闘していない人がじつに多いのです。

教員であることを私は恥じてきた。日銭を実力でぶんどってくるジャズマンやボクサー・野球人・サッカー選手、クラシック音楽の演奏家・画家・小説家・落語家・手品師、そして将棋・碁・麻雀やパチンコのプロ……、彼らは厳しい格闘の毎日を送る。それに比べて私は安定した生活を享受する国家公務員だ。

「先生って人種、要は学生よりも先に教科書を読んだというだけでしょ」

こう嗤う人にも出逢った。子ども時代の経験から、教員には小市民の悪いイメージがつきまとう。私にとって、平凡でつまらない人間の代表だった。

理屈としては承知していても、自分の行き先に待つのが教職だという明らかな事実が学生時代には見えなかった。博士課程に入ってすぐ新入生が集められ、モスコヴィッシから入門心得を聞いた。

「これから五年ほど後に君たちは学位を取り、大学に就職する。しかしプロの世界に入るのは簡単でない。しっかり絞るから覚悟しておけ」

そう言われても、外国人の私がフランスの教員になれるとは想像しなかったし、なりたいとも思わなかった。だから実際に大学に就職して教壇に立った時、

「こんなはずじゃなかった」

と戸惑ったのだろう。

「何がしたいのか、何ができるのか、何をすべきか」

この三つの問いは相互に関連する。どの問いへの答えが欠けても、生きる意味は見いだせない。本当にしたいことが見つかれば、そのために努力し、上達する。また努力するうちに、正当化する理屈が現れる。反対に、うまくいかなければ、選択肢から振り落とされる。初めは興味がなくても、成功して周囲に誉められると、自分の天職のような気になる。そして好きになる。

私の場合は、自分の考えが活字になり、研究者としてやってゆけそうな感触に励まされ、思索が楽しくなり、ひるがえって努力するという循環ができていった。そうなれば自然と自分の仕事の正当化が起こる。

「暇を貪る税金泥棒でもいい。ルソーもパスカルも世の役立たずだった」

しかしもともと、これが天職だという確信がないから、障害にぶつかると、すぐ不安になる。

煮え切らないで、いつまでも迷う理由は学校嫌いに加え、異邦人として大学に関わってきた事情とも無縁でない。若い時から勉強が好きで、学者になる道を自然に選ぶ人間なら、

「なぜ研究するのか。どのように学生と向かい合うのか」

と、これほど悩まないだろう。学問と教育に、よそ者として接する私は、大学人のあり方に批判的な視点を持ち続けてきた。

教員を目の敵にしつつ、教職に就いたのは矛盾している。教員と思想家とがいったん二つの別な存在としてイメージされ、自分は教員ではなく、ものを考える人間だと理屈付けたおかげで両者の葛藤を一

時的に忘れられた。だが、教員と研究者は現実に重なり合うから常に緊張を孕む。矛盾が意識に噴出する都度に、

「なぜ書くのか。本当に研究がしたいのか。教員を続けるべきなのか」

こう問い返し、自らの姿勢をその都度決めてきた。

## 手品に夢中だった日々

ある日、自分でも予期しない方向から葛藤の解決がやってきた。

「何でもいいから一番になりたい」

こういう単純な発想の萌芽は小さい頃からあった。だが、それが取り返しのつかない状態になったのはホッケーが原因だろう。競争世界のイメージに引きずられ、理想と現実の隔たりに悩み、自分を二流だと卑下してきた。その点、スポーツは残酷だ。優劣が誰の目にもはっきりとわかる。

どこまで行っても上には上がある。だから、ものごとを上下関係だけで捉えていては、いつになっても心の平安は得られない。それに教員よりも思想家を上位におく考えが子どもっぽい。

野球の好きな子どもはピッチャーになりたがる。しかし、ほとんどの子は競争率の高いエースの座を諦め、他のポジションにつく。強肩で脚の速い子ならセンター、器用な子ならショートやセカンド、頭が良くて肩の強い子ならキャッチャーというように。そして練習しているうちに、宛てがわれたポジシ

ョンの魅力を発見し、ピッチャーだけが野球じゃないと自覚する。ピアニストなら、コンチェルトを弾く独奏者に憧れる。だが、超絶技巧の才能が自分にないと悟り、伴奏者になるための訓練を始める。伴奏者は二流のピアニストではない。独奏者とは異なる技術や知識が要求される別の仕事だ。華やかなヴァイオリンの世界で成功する夢を抱くも芽が出ず、ヴィオラに転向する若者がいる。初めは劣等感を持つかも知れない。しかし、いぶし銀のようなヴィオラの魅力にいつしか取り憑かれ、結局、この道が自分に合っていたと後にわかる。俳優なら、主役になりたいだろう。だが、主役は何人も要らない。それに、生まれついた顔はどうしようもない。希望が叶えられなかったおかげで、脇役の醍醐味を発見することもある。飛行機が好きだが視力が弱く、パイロットになれない。それでも整備士になって空の世界で働きたい。作家志望者が国語教師になったり、編集の仕事に就くこともある。そして、そこで自分の天職を見つける。

必要な才能や適性はどの分野にもあり、誰もが同じ職業を選べるわけではない。できることならピッチャーになりたかった。サッカーなら、背番号10を付けて得点王になりたかった。オーケストラを従えてコンチェルトを弾くソリストになりたかった。脇役ではなく、スターとしてスポットライトを浴びたかった。プリマドンナとして『白鳥の湖』が踊りたかった……。でも、それは才能に恵まれた、わずかな人だけに許される僥倖である。

世界は不平等だ。才能は不公平だ。だから、限られた可能性の中で自分の道を見つけるしかない。大学人も同じである。学術研究に秀でる人もいれば、学生の教育に精を出す者がいてもよい。思弁的な本を書く人間もいる。物理学は分業で営まれる。理論を生み出す人、実験をする人、そして実験装置を開発する人。どれも不可欠な仕事だ。世界の多様性を認め、各自の個性を活かす場所を探す。それでよいではないか。こんな簡単なことが私にはどうしてわからなかったのだろう。

上下関係の一元的な見方から脱けられたのは、ホッケーとは別の、子どもの時に刻み込まれたもう一つのイメージのおかげだ。本書の前身『異邦人のまなざし』を綴りながら自分の過去と意識的に対峙し始めた頃、手品に再び興味を持ち始めた。手品に夢中だったのは小学生の時で、中学生も半ばになると興味を失った。それから一〇年ほどしてフランスに移住し、奇術から遠ざかっていた。

話は少し戻る。後にミスター・マリックとして活躍する松尾昭氏の演技を名古屋のデパートの手品売り場で見つめていた時、ドクター澤として知られる世界的マジシャン・澤浩氏が立ち寄った。マリックさんの当時の師匠だ。ドクター澤は個性溢れる奇術を多く編み出した（宮中桂煥編『澤浩の奇術』東京堂出版、二〇一三年、第二部「メソッド（澤浩の奇術の考え方）」小坂井執筆を参照）。彼ほど詩的で多彩な作品を考案し、世界中で賞賛される日本人は他にない。

「僕、そんなに手品が好きなのかい」

声をかけられ、食事に誘ってもらった。この出会いがきっかけで彼の家に遊びに行くようになる。手品のタネや演技のコツだけでなく、観客への視線の持っていき方や、ステージでの歩き方なども教わった。それ以降、毎週日曜日はデパート通いの代わりに、澤さん宅にお邪魔するようになった。見たことのない不思議なマジックばかりで、まるで御伽の国に迷い込んだようだった。

「ザ・プロフェッサー」と呼ばれた、奇術界の神様ダイ・バーノンが来日した際、ドクター澤の代表作「真珠物語」を見て、

「澤は天才だ」

と思わず呟いたエピソードはマジシャンの間でよく知られている（YouTubeで「The best of magic Hiroshi Sawa」と検索すれば、若い頃に英国BBC放送局で披露した演技が見られる）。

澤浩という歯科医に大阪で初めて出会った時、私「バーノン」は本当に驚いた。彼はわずか二十六歳か二十七歳の若者だった。「貝殻の奇術」「ピアノの奇術」「煙の輪の奇術」「透明人間の奇術」「タコの奇術」……、彼はとても変わったマジックをすると通訳から教えられたものだ。（*Genii,* 34巻1号、一九六九年九月）

日本の澤は最も独創的な奇術師の一人だ。最近彼は「ロサンゼルスの」マジック・キャッスルに来ていて、私たちに手品を見せてくれた。新しい演出を考えろと私は説く。その意味を彼の作品はまさに体現している。

何枚かの葉が付いた小枝を澤は取り出す。裏表を見せた後、「風が吹いてきて、テントウ虫が木に留まります。」と言う。驚くなかれ。可愛いテントウ虫が数匹、突然現れるではないか。彼は一匹ずつそっと取って掌の中に入れ、ゆっくりと手を閉じる。再び手を開くと、これまた驚くことに、先ほどの小さなテントウ虫たちは消えてしまい、その代わりに大きなテントウ虫が一匹出てくるのだ。（*Genii*, 39巻12号、一九七五年十二月）

帰国する都度に母はミスター・マリックの活躍を話す。私は澤さんに可愛がってもらった日々が懐かしく、また会いたいと思いながらも、現住所がわからないことを言い訳に連絡を怠っていた。今から二〇年ほど前、再会の機会がついにやってきた。パリから電話すると澤さんは私のことをよく覚えていた。「ダンシング・ケーン（踊るステッキ）」というステージ・マジックの出し物がある。手からステッキが離れ、自由自在に空中を華麗に舞う手品だ。格好いいので、大学の奇術クラブが開く発表会では定番の一つになっている。薄暗い舞台で演じても不自然でないように澤さんが考えた作品にヒントを得て、火が出る仕掛けを私が十歳の時に工夫したステッキがある。その話が澤さんから出て、

「良いアイデアだったなあ」

と懐かしがってくれた。私の拙い試作品は今も澤さん宅の倉庫に保管してある。その辺りの事情を澤さんが書いてくれた（宮中前掲書、澤浩「刊行に寄せて」）。

フランスの社会心理学者である、小坂井敏晶君を紹介します。彼は突然、我が家にやってきました。二〇〇二年のことです。正確に言うと、彼は三二年ぶりに、大人になってやってきたのです。

彼に最初に会ったのは、私がまだ名古屋に住んでいた一九六九年頃でした。当時小学生だった彼は、私と親交のあった松尾昭君（現ミスター・マリック）の教えを受けることもあったと記憶しています。そのころは、私も松尾君も病的と言ってよいほど、マジックにのめり込んでいましたから、小坂井君もかなりその影響を受けたと思います。当時、私たちは「ダンシング・ケーン」という奇術の研究をしていました。私はケーンを吊る糸の存在を観客に気づかれない方法として、ケーンの両端にライトを付けることを考案しました。これは空中から取り寄せた二個の「明かり」が一個ずつ、ケーンの両端に移り、その後「ケーンが浮揚して、踊り出す」という現象です。少し照明を落としても自然に見えます。ステッキを回転させたり、踊らせると美しい光の軌跡が描かれます。当時としては画期的だったようで、教え子だった松尾君（ミスター・マリック）や近藤君（現（株）テンヨー副社長）も気に入って、褒めてくれたことを覚えています。

さて、これを見た小坂井君は、非常に面白いことを思いつきました。彼は、ケーンの上部に小さなトーチを付けたのです。これをスローに動かすと、幻想的で味のある現象となったのです。私は彼のアイデアが気に入り、後に、火が付いたままで三本に分裂するダンシング・ケーンに応用しました。これは、ハワイで開催されたＰＣＡＭステージコンテストで優勝した坂本一魔が演じた「火の鳥」の手順に組み込まれています。

手品のタネの考案は研究とよく似ている。相容れない二つの現象・データの矛盾を、驚くような手腕で解くモスコヴィッシ。同様にドクター澤は、自然にはあり得ない現象を柔軟な水平思考で生み出す名人だ。三〇年以上も音沙汰のなかった不肖の弟子を温かく迎え、とびきり不思議な奇術をいくつも教えてくれた。

## 科学とマジックの共通点

ところで手品のことを考えていた時、ハッと気づいた。私は何故、アインシュタインの相対性理論やダーウィンの進化論に惹かれるのか。それは彼らの理論が正しいからではない。私を虜にしてきたのは解決の美しさと意外性だった。理論の正しさなどには初めから興味なかったのだ。

当の研究者には新発見でも、あるいは一般の人々が知らない事実でも、学界で既知ならば価値を持たない。したがって論文として発表できない。だが、過去に誰も思いつかなかった知識を人文・社会科学や哲学の世界で生み出すのは、まず不可能である。私は学界の習慣に洗脳されていたのだろう。心理学は自然科学に近づこうと努力している。そんな環境で学んできたからか、無理と頭では分かっても、これまで誰も発表していない説でなければ無意味だと思ってしまう。

「私は素人相手に粋がっているのか」

本を著す都度にそんな不安が頭をもたげる。そして、

「やはり重箱の隅をつつく論文を書こうか」

と迷う。

日本社会についてフランス語で書いたり、フランス社会について日本語で書く輸出入業はしてこなかった。しかし結局、私の書くものはこの域を超えていないのではないか。日仏間の水平的な輸出入ではなくとも、専門知識を一般読者に切り売りする垂直的な輸出入でないか。

「これでは、他人の知識を暗記して繰り返す教師と同じだ」

そんな声が何度も私を襲った。

だが、これでわかった。

「そうか、俺は科学に興味がなかったのか」

物理学や生物学の本を心躍らせ読みふけっても、手品を見るのと変わりなかったのだ。私の求めるものは新しい学説でもなければ、現実をより正確に把握する理論でもない。解法の美しさや意外性に惹かれ

ているのだ。私が書く本や論文はすべて、このアプローチで貫かれている。
日本の西洋化を扱った『異文化受容のパラドックス』で、外国人の少ない〈閉ざされた社会〉が、異文化要素を貪欲に取り込む〈開かれた文化〉を持つ謎に注目した。社会が閉ざされるにもかかわらず文化が開くのではない。逆に、

「社会が閉ざされるからこそ文化が開く」

そして、西洋の植民地にならなかったにもかかわらず、日本が西洋化したのではない。逆に、

「欧米の植民地支配を受けなかったからこそ顕著な西洋化が起きた」

『民族という虚構』では、現実と虚構、変化と同一性、記憶と忘却という、通常は反対概念として捉えられる組み合わせの相補的な関係を説いた。虚構に支えられない現実はありえない、

「虚構のおかげで強固な現実が成立する」

と立論した。

「色即是空　空即是色」

世界は夥しい関係の網から成り立ち、究極的な本質はどこまでいっても見つけられない。だが、その関係こそが堅固な現実を作り出す。般若心経に出てくるこの言葉や、「無用の用」で知られる老荘思想に強く惹かれてきたのも同じ理由である。

「変化しないからこそ変化できる」

禅問答のような論理構造の正しさも示した。問題に内包される矛盾を鮮明にした後に、それを意外な角度から解く。いつも同じ手法だ。

全体主義と個人主義が反義語をなすどころか、自由を重んじる近代個人主義を極限まで突き詰めた時に、反対項に位置するはずの全体主義に行き着く逆説をルソーの社会契約論を例に検討したのもそうだ。

「疎外や支配なくしては、人間の自由がそもそも成立しない」

この解釈も同じパタンである。

『責任という虚構』（東京大学出版会、二〇〇八年）もそうだ。人間が主体的存在であり、自己の行為に対して責任を負うという考えは近代市民社会の根本を支える。他方、人間が自律的な存在ではなく、常に他者や社会環境から影響を受けている事実を社会科学は実証する。また脳科学や認知心理学が明らかにするように、行為は意志や意識が引き起こすのではない。意志決定があってから行為が遂行されるという常識は誤りであり、意志や意識は他の無意識な認知過程によって生成される。

自律的人間像に疑問を投げかける科学の因果論的アプローチと、自由意志によって定立される責任概念の間に横たわる矛盾をどう解くか。解決策の一つは、自由や責任を維持するために実証科学の決定論的アプローチや研究結果を否定することだ。もう一つのやり方は逆に、実証科学の成果を完全に認めて、いっそのこと自由や責任の概念を否定する。だが、人間社会にとって不可欠な自由や責任という概念の放棄は実践的観点から到底できない。かと言って実証科学の研究結果に背を向けるのも建設的でない。どうしたら矛盾が解けるか。フランスの社会学者ポール・フォーコネが答えを教えてくれた（P. Fauconnet, *La responsabilité. Étude de sociologie*, Alcan, 1928［1ère édition : 1920］）。

普通信じられているように自由は責任が成立するための必要条件ではなく、逆にその結果である。人間が自由だから、そして人間の意志が決定論に縛られないから責任が発生するのではない。人間は責任を負う必要があるから、その結果、自分を自由だと思い込むのである。

自由と責任の関係に関して論理が逆立ちしている。自由だから責任が発生するのではない。逆に我々は責任者を見つけなければならないから、つまり事件のけじめをつける必要があるから行為者を自由だと社会が宣言するのである。

『人が人を裁くということ』の問題設定も同じ型を踏襲している。裁判員制度導入をめぐって、一般市民と職業裁判官のどちらが正確に判断できるかが議論された。だが、この問いは本質を見落としている。被告人が真犯人であるかどうかは、ほとんどの場合、当人しか知らない。警察には彼らの犯行仮説があり、検察には検察の事実推定、被告人にはその言い分、弁護士には弁護士の主張、裁判官には裁判官の判断がある。それ以外にもマスコミの解説や世間の噂もある。これら多様な見解の中で、最も事実に近いと定義されるのが裁判の判決である。事実そのものはどこにもない。判決が正しいかどうかを判断する手段は存在しない。

犯罪を裁く主体は誰か、正義を判断する権利は誰にあるのか。これが裁判の根本問題である。誰に最も正しい判決ができるかと問うのではない。論理が逆だ。誰の判断を正しいと決めるかと問うのである。主権者たる人民の下す判断を真実の定義とする、これがフランス革命の打ち立てた理念であり、神の権威を否定した近代が必然的に行き着いた原理だった。

素人市民の方が裁判官よりも誤判が多いか少ないかという問いは意味をなさない。事実がわからない以上、判定しようがないからだ。答えは制度の内在的性質からは出てこない。どのような裁判形式ならば国民の信頼を得られるか、社会秩序が安定するかが肝心なのである。見えている事実は、ある特定の視点から切り取られた部分的なものにすぎない。観察された事象が世界の真実の姿なのかどうかを知る術は、我々人間には閉ざされている。科学において理論や事実が承認されるのは、それらを導く手続きが信頼されるからだ。

これらの逆説はどれも手品に似ている。新発見よりも、当たり前だと誰も疑わなかった常識を覆す醍醐味。無意識のうちに、そのような型を学んだのだろう。多数派が少数派を影響するという常識に挑戦して、

「社会を変革する真の立役者は少数派である」

こう説くモスコヴィッシの少数派影響理論に興味を覚えたのも、そのような感性が私にあったからだ。手品と研究活動は共通点が多い。スペイン最大の奇術師アルトゥーロ・デ・アスカニオはかつて言った（J. Etcheverry, *The Magic of Ascanio*, Páginas, 2005）。

観察とデータ分析における鋭い感性を奇術は育てる。そして疑いの大切さを教える。どの現象にも原因があることを奇術は意識させ、アイデアを論理的に組み立てる。疑いなく、奇術は想像力に富み、独創的な精神活動の一分野である。端的に言うならば、分析・調整・演繹・創造性などの知的作用が奇術の特徴である。

私は科学者ではない。科学者でなくても恥じる必要はない。憧れのアインシュタインは私にとって科学者ではなかった。美しさを愛する芸術家であり、奇想天外な解決を生み出す手品師だった。

「せっかく心理学を勉強したのだから、それをマジックに活かせ」

ドクター澤は助言する。しかし私は逆に自分の思索に手品を活かした。

「我々の使命は、聖書と大自然という二冊の書物の解読である」

物理学者ガリレオ・ガリレイは述べた。宗教の経典と同様、宇宙のメカニズムの解読も難しい。大自然が起こす不思議の種明かしが科学なら、不思議な現象の創出が奇術である。洗練されたセンスと美意識に恵まれたモスコヴィッシとドクター澤。この二人に出会わなかったら、学徒としての私の思考法はありえなかった。二人との不思議な出会いこそが、私の人生に起きた最大のマジックなのかも知れない。

学界に受け入れられなくとも、私はまちがっていなかった。授業だって工夫すれば、驚きや美しさを演出できる。眼から鱗が落ちる感覚を学生に味わってもらえるならば、教師であっても恥でない。

「教師を毛嫌いするのも、教師であることを誇りに思うのも同じことだ。お前は反対のことをしているつもりだろう。しかし結局は教師に執着しているだけだ」

一緒に酒を飲みながらモスコヴィッシに言われたことを思い出す。

## 教授にならなかった理由

私は一九九三年にリール第三大学の臨時教員になり、翌年、准教授として採用された。その後二〇〇二年、パリ第八大学に異動した。六十七歳の定年退職まで私は准教授のままでいる。なぜ教授にならなかったのか。

長い間、私は教授になる気がなかった。管理職として会議や書類作りに追われるだけで、利点が見つからなかったからだ。

「日本の大学は会議や雑用が多くて、俺には耐えられない」

現在、京都の大学に勤める、高校の同級生ＳＫにこう言ったら、

「日本の大学の方こそ、お前には耐えられない」

と笑われた。そのぐらい私は大学運営に貢献しない。しかし委員を断り、会議をサボる私は、授業振り分けの優先順位を後回しにされたり、講義内容に干渉されるようになった。また一〇年近く前に研究所を移籍し、私の立場がさらに悪化した。異動に反対した当時のパリ第八大学社会心理学研究所長ＪＰが画策し、

「移籍を許さない」

という脅しの書簡が学長から届いた。教育省に宛てて誹謗文書も送られた。

移籍先のパリ第五大学社会心理学研究所で所長を務めるＭＲ教授は以前、第八大学での同僚だった。モスコヴィッシに近い学際的アプローチを採っていたのでお互い気が合った。彼が第五大学に異動した後、話のできる同僚が周りにいなくなったので、ＭＲの研究所に所属替えした。日本の習慣と違うのでわかりにくいだろうが、教員としては第八大学に所属したまま、研究所だけ第五大学に移籍した。

「教授になれ。利点は三つある」

ＭＲはしきりに勧めた。第一に給料が増える。五十歳までに教授に昇進すれば、定年退職の時点で五割近く給与が高くなる。国家公務員は最終年収を基に年金受給額が決まるので、退職時の給与が五割多ければ、年金も五割増しになる。安月給の身には無視できない誘惑である。

ただし、パリに住みながら地方大学に赴任すると、かえって赤字になる。国家公務員は勤務地居住が原則であり、交通費が出ないからだ。パリでは第五・第八・第十大学しか社会心理学を教えないのでポストの数が少なく、潜り込むのは難しい。その上、会議に参加せず、委員も断る私の悪評がパリでは広まっている。だから地方の大学に異動する可能性が高く、教授になっても金銭的利益はない。

次の説得材料として、

「教授になると本を出版しやすくなるし、講演によく呼ばれる」

とMRは言う。だが、出版といっても社会心理学の教科書である。准教授よりも教授の肩書きの方が出版社の対応は良い。それに教科書は執筆分担が多く、教授が編者を担うのが普通だ。しかし教科書など私は出したくない。誘われても例外を除いて、今までお断りしてきた。編者になどなろうものなら、原稿の締め切り日や字数を守らない著者への対応だけで疲れてしまう。管理職の仕事は御免こうむりたい。

講演も社会心理学の学会や研究会に呼ばれるだけだ。そんなもの行きたくない。社会心理学者の前で何度か話したが、聴衆はたいていポカンとしている。彼らの考える社会心理学と私のアプローチがずれているからだ。教科書を書いたり、講演に呼ばれても、それは私にとって無駄な宿題が増えるだけである。

それでも私が教授になろうとしたのは、ＭＲが挙げる三つ目の理由、研究と教育における自由を確保したかったからだ。山崎豊子『白い巨塔』が描く、日本の国立大学医学部のような厳格な序列制度ではないが、講座制を布くフランスでは多くの事項の決定権が教授に委ねられる。前著『社会心理学講義』の基になった修士課程の授業もなくなった。新しく赴任した教授に振り分け、

「お前は低学年の授業を担当せよ」

と言われたからだ。パリ第八大学の研究所に所属しない教員は原則として修士・博士課程を指導できない。だから、研究所のメンバーになった新任教授に優先権が与えられる。それまで教授ポストが一つ空席だったので、代わりに私が担当していただけだ。教授に昇進すれば、こういう横やりもなくなる。

私は職業をまちがえたのだろうか。大学に勤めたおかげで暇ができた。好きな本を読んだり、気ままに文章を綴ったりできる。その意味では良かった。奨学金をもらいながら一生、学生を続けるようなものか。日本の大学教員は私と比較にならないほど忙しい。会議や報告書作成などの事務もある。学生と酒を飲んだり、ゼミ合宿をしたり、同僚とのつきあいも多い。だが、忙しい代わり、定年退職する時、いろいろな想い出が残るだろう。しかし授業に行って、終わったら直ぐ帰宅する私には何もない。

「私が大学を厭うのは、私自身のせいではないか。大学運営に積極的に関与すれば、かえって自由になれ、大学人としての生き甲斐を持てるのではないか」

野球人・星野仙一の言葉を思い浮かべた。

「迷った時は一歩前に進め」

手始めにパリ第五大学で博士論文の指導を試みた。だが、失敗だった。私はモスコヴィッシに教えてもらった経験しかない。だから彼のやり方を念頭に学生に接したのだが、これがよくなかった。

第一に、時代がすでに変わっていた。私が社会科学高等研究院で学んだ頃は、時間を十分にかけて論文を書き上げる余裕があった。私は博士論文を四年半で仕上げた。モスコヴィッシの弟子の中では速い方だ。一〇年かける学生もいた。出来が悪いからではない。フランス人ながら彼は現在、ロンドン・スクール・オブ・エコノミクスという英国の名門大学で教授をしている。

博士課程を三年で終える制度に今は変わった。数年かけてテーマと方法論を練り上げる贅沢はもはや許されず、指導教授が長年行なってきた研究の下請け作業になった。研究課題も実験変数も教授がおおむね決める。学生は言われるままにアシスタントとして遂行すれば、無難な論文が迅速にでき上がる。文章を書けない学生が多いが、それも教授が助ける。博士課程で行なう研究は連名で発表するので、教授にとっては自分の業績が増え、学生も迷わない。双方ともに得する戦術だ。

だが、こんな大量生産方式の安直な指導をモスコヴィッシの門下生は受けなかった。私がリール第三大学に勤めていた時、統計計算・データ解釈から文献収集・執筆に至るまで、毎週二時間以上、学生と顔を突き合わせて懇切丁寧に指導する同僚の姿に驚いた。モスコヴィッシはもっと骨太のナタを振るった。本質的な批判、驚くような提案、そして時には、すぐに意味が摑めないような指導だったが、時間が十分ある私たちには、それで良かった。考える訓練を積む上で、このやり方は正しいと今でも思う。

しかし博士論文の位置づけが変わり、考える訓練はおざなりになった。基礎技術を身につけるだけのステップになってしまった。

モスコヴィッシという世界的権威と、凡人の私との違いを迂闊にも忘れていた。これが論文指導に失敗した二つ目の原因である。博士論文を書き上げるまでに学生は何度も悩む。

「どうして仮説通りのデータが得られないのか。問題設定に不備はなかったか。このアプローチで良いのか」

そんな不安を払拭するのも指導教官の役目である。しかし、この手の心配は多分に心理的な原因で生ずるので、技術的な助言だけでは解決しない。統計解析の誤りを指摘する、他の解釈の可能性を示唆する、より先に進むための文献を薦める……。こんなことなら私にもできる。論文指導とは、そうした合理的な行為だと思っていた。だが、暗中模索の学生に必要なのは、

「この人に付いていけば、大丈夫だ」

という安心感である。いわば宗教だ。モスコヴィッシなら、

「お前ならできる」

の一言ですむ。しかし教授でもない私が何を言っても限界がある。准教授と教授の間に研究能力の差はない。だが、若い学生は肩書きや権力に騙されやすい。こんなことに気づいたのも、かなり最近である。

教育は知識の単なる伝達ではない。初学者にもわかるように、かみ砕いて説明することではない。学生の誤りを直すのは簡単だ。だが、学生が自ら問いにぶつかり、自分自身の解決を見つけるよう導くのは難しい。

ＭＲ教授に勧められ、教授ポスト応募に必要な博士課程指導資格（ＨＤＲ）を取ったり、大学評議会の資格認定などを経て、パリの東一五〇キロほどに位置するランス大学の教授選に私は志願した。シャンペンの産地シャンパーニュ地方の大学である。書類選考で上位三人に残り、面接に呼ばれた。だが、研究所異動を強行した私に当時、

「今に見ておれ。お前のためにならないぞ」

と捨て台詞を吐いたパリ第八大学の社会心理学研究所長ＪＰをパリからの列車で見つけ、驚いた。彼は数年前に南仏の大学に転勤していた。この日に偶然、ランス大学で彼が講演に呼ばれた可能性は低い。教授選の審査員として来たのだとわかり、私の採用はないと、その時点で悟った。案の定、私は失格になった。研究所異動で対立したのは一〇年近く前のことなのに、わざわざ飛行機と鉄道を乗り継いで遠くまで邪魔しにきたわけだ。いくつもの学会で会長を務めていたぐらいだから、その情報網から私の応募を知ったのだろう。翌年、私は南仏のニーム大学とノルマンディ地方のカーン大学にも応募したが、両方ともすでに内定者がいて私は次点だった。

よほどの天才でない限り、フランスでは制度内でしか力を発揮できない。メルロー＝ポンティ・フー

コー・デリダ・ブルデューたち歴史に名を刻んだ知識人は高等師範学校の卒業生であり、フランス学問界の頂点に立つコレージュ・ド・フランスなど制度の枠内で地位を保ちながら活躍した。すでに説明したようにフランスの教育システムは極端なエリート主義である。東大卒業生が各界に君臨する日本の比ではない。政府が変わって大臣を辞めたり、国会議員が落選した後で、国営大企業の社長に就任したり、繋ぎに大学教授や高級官僚を経て、また政界に復帰するなど、ポストのたらい回しもよくある。天下りの連続だ。グランゼコル卒業者をマフィアに喩える人もいるぐらいである。それは学問の世界も変わらない。

教育省の役人が推進する改革や、理不尽な派閥争いと積極的に闘う友人もいた。しかし皆、支配勢力との権力闘争に負けていった。徒党を組むやり方を私は最初から信じなかった。研究所内の人間関係を目の当たりにして、集団心理にうんざりしていたからだ。権力にすり寄る学生や同僚の矮小さ、縄張り根性に辟易した。これは各人の資質が原因というよりも、集団に生ずる必然的なメカニズムである。組織の運営は私にとても無理だと悟った。私は組織と闘わずに逃げた卑怯者だろうか。

私の思弁的アプローチは心理学部では受け入れられない。打開策として社会学部への異動を試みた。それには眼に見える業績でアピールしなければならない。査読付き論文しか認めない心理学部と違い、社会学部では著書を評価する。二〇〇八年に上梓した『責任という虚構』は幸い、日本で好評を得たので、フランス語版 *Responsabilité morale et fiction sociale*（『道徳責任と社会虚構』）を作ってみた。

『民族という虚構』の元になったフランス語版*L'étranger, l'identité. Essai sur l'intégration culturelle*（Payot, 2000）がよく売れて、文庫になってからも増刷されていたので、版元の担当編集者に先ず打診したが、一読しただけで、その後は口も利いてくれなくなった。最初の章で提示したホロコーストの解釈に腹を立てたからだ。ドイツ出身の哲学者ハンナ・アーレントの『イェルサレムのアイヒマン　悪の陳腐さについての報告』（H. Arendt, *Eichmann in Jerusalem. A Report on the Banality of Evil*, Penguin Books, 1994［first edition: 1963］）が誤解され、叩かれたのと同じ事情である。私独自の解釈どころか、彼女の時代と違い、すでに歴史学界の常識になっているテーゼであり、私はその論理を突き詰めただけだ。だが、事情通でない編集者の眼には修正主義者の弁と映ったのだろう。

その後、大手の版元数社に原稿を郵送したが、毎回、

「内容や文体の高い価値は認めますが、貴君の原稿を受け入れる媒体が、残念ながら弊社にはありません」

就職の内定不合格通知のような定型の断り状が送られてきただけだった。紹介者もなく、無名の著者が持ち込む原稿など、ゆっくりと読む余裕がないのか。あるいはホロコーストを題材に非ユダヤ人が責任を論じること自体、フランスでは難しいのか。この失望も与かって、フランス語ではもう本を執筆しなくなった。わずかな例外を除けば、論文も書いてない。

「麓で見える風景と、頂から眺める風景は違う。上に登れば、視界が広がり、違う世界が見

えてくる」

ＭＲは言う。だが、私は山頂を目指さず、窓際族になった。制度改革により教授は管理職に変質した。権力が補強された代わりに、会議や報告書の数が増え、研究時間が持てなくなった。五十歳代も半ばになれば、ほとんどの教員は研究への情熱を失う。だから教授を目指す同僚が多いのだろう。私は力尽きるまで思想の戦士でいたい。自分の問題だけを追い続けたい。

## なぜ書くか

タイトルに「虚構」を含む本を三冊上梓している。『民族という虚構』（二〇〇二年）と『責任という虚構』（二〇〇八年）。虚構シリーズ三作目は『正義という虚構』になると思う。前二作においては、答えが見つかる前に鮮明な問いがあった。同一性と変化の矛盾をどう解くか。これが『民族という虚構』の問いである。自由と決定論の矛盾をどう解くか、主体の正体は何か。これが『責任という虚構』の問題設定だった。正義は一般に応報正義と分配正義に区別される。前者は悪がテーマであり、後者の課題は平等である。『責任という虚構』は処罰の論理を分析した。『正義という虚構』は平等と公正をめぐって考察する。ところで、明らかな矛盾に困った前二作と異なり、『正義という虚構』は、おぼろげながらも答えが先にある。しかし問いがはっきりしない。これは悪い兆候だ。

私が本を書く際、底に静かな怒りが常にある。論理だけでなく、書く動機が感情の次元で支えられないと、魂の入った分析はできない。前二作はどちらも、良いアイデアが見つかったから書いたのではない。私はプロではない。本など書かなくてすむならば、書かない方が良いのだ。私自身が矛盾に悩み、格闘するうちに答えが見つかった。そうでなければ、問題設定自体が浮ついてインテリのお遊びになってしまう。『社会心理学講義』を書き始めた時、こんなメールを編集者に送った。

変化について良いアイデアが見つかったので、それを中心に書くつもりでした。ですが、こういう研究者的発想が躓きの元でした。研究書や解説書はプロが書けばよい。社会心理学の参考書なら他の人にも書けるし、私よりも有能な人が多くいます。私のようなアマチュアが引き受ける任務ではありません。死ぬまでに書ける本の数は知れている。だから無駄なことはできません。読者のために私は書くのではない。これはアマチュアの特権です。私でなければ、できない仕事があるはずです。それを見つけようと試行錯誤しています。どんな切り口ならば、私の個性を活かせるのか。

私が虚構にこだわる理由を書いたメールも挙げよう。

『民族という虚構』『責任という虚構』と続き、虚構シリーズのようになってきたので、「虚構三部作だとすれば、次は何か？」と尋ねて来る人もいます。それでちょっと考えてみました。「正義という虚構」「支配という虚構」「過去という虚構」「国家という虚構」「死という虚構」……、書いてみたい気がします。ところが「信頼という虚構」「意味という虚構」「幸福という虚構」「愛という虚構」は書きたくありません。理由を考えてみました。虚構の仕組みを単に暴くだけでは、つまらないからです。

今まで気づいていませんでしたが、私がテーマにする虚構はいわば私の敵なんですね。責任や正義を敵と形容するのはおかしいようですが、その言葉の背後にある胡散臭さが嫌だからでしょう。敵と言っても死が特にそうであるように、絶対に勝ち目のない敵というか、消えることのない相手ですが。

それに対して信頼・意味・幸福・愛が虚構であるのは一目瞭然ですが、それでもそれらのカラクリには興味ありません。脱構築はできますが、そんなことをして何になるのか。後には虚無しか残りません。こう思うのは、それらが私の敵ではないからでしょう。過去は敵ではありませんが、それでも、その構造が気になるのは、年齢を重ねて人生の虚しさを感ずるようになったからでしょうか。

答えを見つけようとするから、こんなものを書いても意味あるのかと自問するのだと思います。四門出遊のように、解けない問題はたくさんある。本質的問題ほど答えはありません。

問いさえ明確にできれば、私の仕事としては十分です。あとは他の人が、あるいは次の世代が解いてくれるでしょうから。

デュルケム社会学を引いて、

「性犯罪は、性タブーを持つ社会に必然的に起こる正常な現象である」

と『社会心理学講義』に書いたら（より詳しくは『人が人を裁くということ』で先に展開した）、

「そんなこと、研究者はわかった上のこと。その上で、どう減らすかを考えているのが研究者である」

という批判をインターネットで見つけた。要は、私を敗北主義者だと言うわけだ。マルクスの有名な言葉を思い起こす人もいるだろう。

哲学者たちは世界をいろいろ解釈してきたにすぎない。大切なのは世界を変革することだ（フォイエルバッハ・テーゼ11）。

だが、それは勘違いである。私の意図は他にある。『人が人を裁くということ』の「あとがき」にこう書いた。

どうしても解けない問題は世の中にたくさんある。なぜ貧困家庭に生まれたのか、なぜ身体に障害を持って生まれてきたのか、なぜ美人に生まれなかったのか、なぜ、こんなに若いのに死ななければならないのか、なぜ、他でもない我が子が殺されねばならなかったのか。

誰にでも起こりうる不幸ばかりだ。これらの問いにどう答えるか。貧富の差を減らす政策を練る、身体障害者を差別しない文化を普及する、バリア・フリー環境を整備する、人間の価値は美醜では決まらないと説く、難病を克服するために医学を発展させる、防犯教育を充実させるとともに、法制度の厳罰化を通して犯罪防止にいっそう努める……。しかし、そのような答えでは問題の本質に到底届かない。

抑圧のない世界は可能なのか。あるいは人間の未来に待っているのは袋小路なのか。どこかに正しい世界があるという考えがそもそも誤っているのか。システムを構成する各要素が変化しても、システム自体の変容にはつながらない。出口を探してもがきながら我々は堂々巡りをしているだけなのか。

マルクスの分析を引こう。奴隷制・農奴制・封建制・資本制と経済形態が変遷するにつれ、剰余価値搾取の方法は変わった。奴隷の生産物は奴隷所有者がすべて取り上げる。自分がする労働の一部を農奴は領主の所有地に振り分ける。自ら生産した農作・畜産物の一部を小作農は封建領主に差し出す。これらの支配形態では搾取の仕組みが明白だ。

人間の労働力が商品の形態を取る資本主義社会では事情が変わる。労働力以上の価値が労働（すなわち労働力の消費）によって生み出される。しかし労働力の価値と労働の価値との差は労働者に還元されず、資本家によって吸収される。結局、搾取自体はなくならない。剰余価値移転の仕組みがより巧妙に隠蔽されるだけである。

マルクス経済学の正否は棚上げしよう。ここで示唆したいのは経済と政治次元での類似性だ。格差のない社会は実現できない。近代に成立した議会制民主主義は人間に自由と平等を与えたのか。そうではなく、不平等を隠蔽し正当化する形態が変わっただけではないか。近代になって奴隷制が廃止され、人間の平等が認められるようになった、まさしくその時に人種差別イデオロギーが台頭してきた。フランスの文化人類学者ルイ・デュモンは警告する（L. Dumont, *Homo aequalis. Genèse et épanouissement de l'idéologie économique*, Gallimard, 1977）。


これこそ平等主義が意図しなかった結果の恐らく最も劇的な例だろう。［……］イデオロギーが世界を変革する可能性には必ず限界がある、そして、その限界に無知なゆえに、我々が求めるところと正反対の結果が生じてしまう危険をこの事実は示唆している。

『西遊記』を思い出そう。どんなに足掻いても釈迦の掌から逃れられない孫悟空。これが人間の姿であり、私の問いの出発点である。答えがあると誰もが勘違いしている。だから社会問題を扱う本の最後には処方箋が出てくる。だからハウツー本がもてはやされる。だが、

「本当の答えはどこにもない」

病にかかれば治療したい。しかし、人は誰もいつか必ず死ぬ。この現実にどう対峙するか。善悪・正義・平等の問いも同じだ。原理的に答えは存在しない。それを示すために私は書き続けているのだと思う。

集団現象は人間の意志から遊離して自律運動する。こんな場面を想像しよう。火事だという叫びでパニックが起き、誰もが逃げ道を探す。しばらくして、危険はすでに去ったと知っても、パニックは容易に収まらない。逃げる必要がないと思っても、周りの人々が逃げ続けるから、私も逃げなければ、踏みつぶされてしまう。しかし私が逃げれば、隣人も逃げる。誤報だったと全員が知ってもパニックは収まらない。危険はないと隣人も私もわかった。しかし、その事実を相手が知っているかどうか不明だ。こうして、逃げる必要はないと思いながらも仕方なしに皆、逃げ続ける。道徳・宗教・言語・経済・噂・流行・戦争などの集団現象は、こうして生成される。人間の世界は人間自身にも制御できない。

歴史は確かに人間の相互作用から生まれる。ナザレのイエスが説いたキリスト教が世界に伝播したように、たった一人の異端者が社会に変革をもたらすこともある。しかし数世紀を経て魔女狩りや宗教裁

判の暴走を招いたように、その行方は誰にも制御できない。

世には「べき論」が氾濫する。だが、それらは人間の現実から目を背けて祈りを捧げているだけだ。集団現象を胎動させる真の原因は、それを生む人間自身に隠蔽され、代わりに虚構が捏造される。「べき論」は雨乞いの踊りにすぎない。しかし、それでも我々は「べき論」を語り続ける。それは愚痴を垂れてストレスを発散するのと変わらない。

「社会を少しでも良くしたいから、人々の幸せに貢献したいから哲学を学ぶ、社会学を学ぶ」

この素朴な善意の背景には無知や傲慢あるいは偽善が隠れている。それをまず自覚しなければ、何も始まらない。

美男美女もいれば、そうでない人もいる。才能に恵まれた者と、そうでない人。裕福な家庭に生まれる人間と、貧困に生まれつく人間。平和な社会・時代に育つ者と、戦乱のさなかに生まれ落ちる者。性差別や人種差別が脅威を振るう世界で女性・性同一性障害者あるいは被差別少数民族として生を受ける。どうして世界はこんなに不公平なのか。素質や能力あるいは努力に応じて富を得るという理屈は瞞着にすぎない。美醜・才能・幸福には原因がある。だが、その原因には必ずその原因があり、因果関係の連鎖はいつまでも続く。最初から不公平な競争に人間は投げ入れられている。

人間社会は二種類の最終原因を捏造した。一つは〈外部〉に投影される神や天である。人間の生は摂理に従う。神が主体であり、その意志が人間の運命を定める。こういう物語である。そして近代が創出した、もう一つの最終原因が自由意志だ。神を殺し、〈外部〉に最終原因を見失った近代は、自由意志と称する別の主体を〈内部〉に捏造する。これが自己責任という呪文の正体である（詳しくは近刊『神の亡霊』東京大学出版会を参照）。

日本を離れて、もうすぐ四〇年になる。外国人と一緒に生きながら、人種差別・民族紛争・移民問題・異文化受容について考えてきた。名誉白人症候群を研究課題に選んだ背景には、フランスで異邦人として生きる私自身の悩みがあった。日本人としての私と西洋および第三世界との関係を理解したかった。私は日本人なのか。日本人とは何を意味するのか。

ささやかながら文章を書き、いわば自己精神分析のような作業を通してアイデンティティの問題が少しずつ解決したのだと思う。すると今度は、日本人としての私と西洋や第三世界との関係ではなく、単に私と他者との関係という、より一般的な問題に関心が移っていった。それは『民族という虚構』を上梓した頃だ。本当に関心があったのは、民族よりも虚構だったと脱稿して初めて気づいた。集団に翻弄されつつも、集団から離れたら存在自体が危うくなる人間の姿を描きながら、人の絆の不思議さに、いまさらながら驚いたのだろうか。その後、『責任という虚構』や『人が人を裁くということ』を執筆した動機はこの辺りにあると思う。

信頼・約束・犠牲・贖罪・赦しの検討にいつか挑戦したい。だが、そのためには知識不足を補うだけでなく、自らの心と対峙し、腑《はらわた》を剔るような作業が必要だ。死ぬまでに書けるかわからない。私のような弱い人間に手が届くだろうか。

『民族という虚構』にも、『責任という虚構』にも、『人が人を裁くということ』にも、『社会心理学講義』にも、新しいことは何も書かれていない。私がぶつかった問題には、先達がすでに答えを出していた。私が無知だっただけで、私の問いの答えを人間はすでに知っていた。だが、それでよいではないか。時間が許す限り、力のある限り自らの疑問につき合えばよい。プラトンが、あるいは仏教がすでに答えていたと、人生を終える時に気づいたってよい。それで自分の問いに答えが見つかるならば、本望である。

# 終章

## 異邦人のまなざし

最後の章では、一般的な見地から異邦人の意義について考える。グローバル人材や国際人を評価する背景には何があるのか。明治以降、日本人は西洋を手本に近代化を進めてきた。そこに落とし穴はないか。第一章で示した矛盾の役割のように、異邦人は常識を破壊するための起爆剤である。だが、それは安易な立ち位置ではなく、自己のアイデンティティ崩壊につながる危機を伴う。異邦人の両義性に光を当て、我々の考察を締めくくろう。

### 多数派の暴力

日本には「不倫」という言葉がある。婚姻中の男女が愛人を持ってはならない、そのような関係は倫理的に許されないという社会的判断だ。フランス人の感覚は違う。

一九八〇年代初頭、フランソワ・ミッテラン大統領の就任まもなく、彼の隠し子についてジャーナリストが尋ねた。その時、

「ああ、私生児がいるよ。でも、それがどうかしたのかね（Et alors?）」

と切り返した。フランスでは政治家の私生活が公務と切り離され、愛人関係の暴露はタブーだ。この事実を国民が知るのは、一〇年以上後のことである。ところで、このエピソードが報道された時、

「愛人を持ったり、隠し子がいても悪くない」

ミッテランがこう開き直ったと理解した人が日本では多かった。だが、それは誤解だ。

「正しい愛の形を決めるのは社会ではない。私生活の是非は当事者の判断に任せよ」

これがミッテランの真意である。

一九九四年、オルセー美術館の彫刻部門学芸官である愛人アンヌ・パンジョとミッテラン大統領との間に生まれた娘マザリーヌの写真を週刊誌『パリ・マッチ』が掲載し、二十歳になった非嫡出子の存在を公にした。大統領と娘がレストランから出て来たところを盗み撮りした写真だ。政治傾向の左右を問わず、フランスのメディアは一様に暴露記事を非難した。いくつか例を挙げよう。

これが進歩と呼べるだろうか。フランスはあっと言う間に、ラテン社会そしてカトリック的な容認の伝統からアングロサクソンのピューリタニズムに変わってしまった。ピューリタニズムと言っても、実態は鍵穴の覗き趣味にすぎない。このまま行けば、世界中の新聞が足掻いている泥水にまみれて、すぐに我々も一緒にドブの中を這い回り、頭の上からゴミ箱をひっかぶる状態に陥るだろう（『ル・フィガロ』保守系日刊紙）。

悪いのは［原稿を書いた］ジャーナリストと雑誌の責任者だけだ。公人の私生活情報を今までも彼らは知っていた。しかし私生活には絶対に触れないというのが、これまでの慣習であり規律だった。今日になって何故、変えなければならないのか、我々には理解できない（『ラ・クロワ』カトリック系日刊紙）。

政治家の私生活を暴露すべきかどうかは、次の二つの問いへの答えで決まる。当人の公言に矛盾する嘘かどうか、そしてそれによって彼の公的機能に支障が出るかどうか、である。ミッテラン氏は私生児の父だが、これは他の多くのフランス人も享受する幸福にすぎない。それで彼の仕事が阻害されるわけでない。選挙に勝つ目的で道徳を垂れたことなど一度もない。ミッテラン氏にはマザリーヌという一人の娘がいる。美しく、幸せそうな娘がいる。何か問題でも？（Et alors?）（『ル・モンド』革新系日刊紙）

ちなみにマザリーヌ・パンジョは高等師範学校を修め、哲学アグレガシオンを取得した才女である。現在四十歳を超えた彼女は一〇冊以上の小説を著す作家活動のかたわら、パリ第八大学で哲学を教えるとともに、デカルトについての博士論文を準備している。

「不倫」に対するフランス社会の反応を、もう一件挙げよう。煉瓦職人だったモロッコ人の父とアルジェリア人の母の間に生まれたラシダ・ダティは司法大臣の要職にあった。一度離婚した後に独身を通していた彼女は二〇〇九年、在任中にゾラという名の女児を産む。父の氏名を公表しなかったため、マスコミは父親探しを始めた。当時、ダティには愛人が八人いたと噂され、テレビ司会者、フランスの閣僚、ファッション業界の大立て者、カジノやレストランを経営するグループの総裁、フランス電力（EDF）社長、スペイン元首相、当時現職だったサルコジ元大統領の弟、カタール主席検事の氏名が挙げられた。ただし、司法大臣の愛人生活や私生児の誕生を非難したのではない。人気取りの手段としてダティ自身、マスコミを利用してきた。その一環でメディアの側も、この話題に飛びついただけだ。大臣の職を辞したわけでもなければ、私生児の出産を理由に、辞任せよと迫る者もなかった。未婚のフィギュア・スケート女子選手が父親の名を公表せずに出産した際、非難の嵐が起きた日本とは大きな違いである。

愛と性のあり方は当事者の問題であり、是非を判断するのは社会でない。異性間であろうが、同性愛であろうが、三人以上の間で肉体関係を持とうと当人の好みの問題だという個人主義的主張と、不倫は社会的な悪であり、同性愛は倒錯だという裁断は、二つの異なるタイプの価値観をなす。

秩序が破られると、社会の感情的反応が現れる。それを処理して秩序回復を図る装置が、国家主宰の裁判であり、マスコミや世間が行なう私刑《リンチ》である。垂直方向に作動する法的制裁と、水平方向のベクトルを持つ村社会的けじめという、逸脱行為に対する二つの反作用はどの国でも共存する。しかし、これら二種類の懲罰反応が現れる比重は、各社会の人間関係のあり方に応じて異なる。

ヨーロッパ中世では、ギルド・教会・村落共同体など中間組織が逸脱者を懲罰してきた。ところが近代は中間組織を解体し、国家に権力を集中する一方、集団から解放された個人群を生み出す。西洋個人主義は、この二極化に呼応している。この動きに伴い、懲罰権の国家独占も進行する。対して日本では、個人主義を生み出す方向に近代化が進まなかった。そのため、国家が管轄する法律に則った処罰以外にも、中間組織や世間が行使する私的制裁は依然として勢力を保つ。日本人は欧米とばかり比べるが、社会の成り立ちや人間関係は他のアジア諸国やアフリカの方がよく似ている。

テレビのワイドショーや週刊誌を通して、他人の私生活に干渉する傾向が日本では強い。逸脱者に厳しい社会だ。逮捕に至らなかったり、不起訴になれば、犯罪ではない。だが、それでも痴漢・セクハラ・不倫などの逸脱行為を組織や世間は自主的に処罰する。

アメリカ合衆国のリベラル系インターネット新聞『ハフィントン・ポスト（The Huffington Post）』の日本語版（朝日新聞と提携）に、「牧師さん、不倫の現場に踏み込まれ　銃で脅され裸で逃走」という見出しの記事を見つけた（二〇一七年二月十一日。英語版は二月一日付）。最初にこう書いてある。

「アメリカ・フロリダ州に住む既婚者の牧師が、子供がいる既婚女性と性行為をしているところが見つかって逮捕された」

「逮捕」という二文字に驚いた。あまりにも解せないので、どこの国の話か、もう一度確認したぐらいだ。原文を読んで謎が解けた。

A married pastor in Florida who recently chastised the media for dishonesty was caught having sex with a married mom, according to a police report.

何のことはない。caught（catch の過去分詞）という単語を訳しまちがえたにすぎない。

「既婚の母親とセックスしているところを見つかった」

と書くべきところを「逮捕」と誤訳したのである。

「警察の報告によると（according to a police report）」

という但し書きにつられたのだろうか。しかし意味を考えれば、変だとすぐ気づくはずだ。不倫は悪い行為だという日本の常識に惑わされたのだろう。

「何人も、法律の定める手続きによらなければ、その生命若しくは自由を奪われ、またはその他の刑罰を科せられない」

日本国憲法第三一条は規定する。裁判所以外の組織が罰すれば、それは私刑《リンチ》だ。民主主義の規定によって選出・任命される裁判官には、処罰する正統性が付与される。しかし民間企業や学校に、そのような権限はない。

フランスでは懲罰権が国家に集中し、セクハラなどの処罰も警察そして司法に委ねられるのが普通である。また私生活上で罪を犯しても、それだけが原因で失職するのは珍しい。飲酒運転・脱税・窃盗・性犯罪などで逮捕されても、市民として法の裁きを受け、罰を科せられるにすぎない。私生活の規律と職業上の適性は別である。教師が小学生に性犯罪を行なえば、初等教育の職場から追放される。しかし学校の外で窃盗を働いたり、飲酒運転や脱税で捕まっても、研究者や教員として失格とは限らないだろう。

処罰の正統性は国家だけに認められる。法治国家である以上、原則は日本も同じはずだ。

「すでに社会的制裁を受けている事情を考慮して、寛大な処罰にする」

こんな判決が下るのは原理的におかしい。懲罰権の私的行使を裁判官自らが認めるのは法曹界の自殺行為である。公式な刑罰とリンチの乖離が性犯罪では特に大きい。痴漢の罰則が甘すぎるというならば、法律を厳しくすればよい。不起訴になるか無罪判決が出れば、犯罪行為をしなかったことを意味する。だが、現実にはどうか。痴漢や強姦事件において犯行を否認すると最長で二三日間勾留され、起訴に至る前にマスコミが実名を公表する。会社を馘首されたり、家庭が崩壊することもある。裁判で無罪を勝ち取っても、すでに手遅れだ。マスコミや世間のリンチを法律家はどう考えているのだろうか。

教員や社員が強姦や盗撮で逮捕されたり、麻薬使用で学生が捕まると、校長・学部長・上司らが記者会見を開いて頭を垂れる。性犯罪も麻薬使用も当人の私生活上の出来事であり、学校組織や企業が管理する問題ではない。これらの行為を制御する手段は学校にも会社にもない。それでも謝罪を表明しなければ、世間が赦さない。

リンチは当人だけに留まらない。凶悪犯罪が起こると、両親・兄弟姉妹・子どもにまで世間の糾弾は達する。親は我が子の罪を自ら背負い、一生かけて償う覚悟を決める。自分の子を犯罪者に育てようとする親はいない。被害者の遺族以上に辛い試練かもしれない。だが、世間は彼らを村八分にし、社会から抹殺する。ましてや親の犯罪の責任は子にない。親が人殺しでも、子に罪はない。行為者当人以外の責任を法は問わない。それでも世間は子を責める。

二〇〇八年に起きた秋葉原無差別殺傷事件の両親は、息子の行為に対してテレビ・カメラの前で謝罪した。犯人は成人だ。それでも罪の一端を親が引き受ける。一九七二年の連合赤軍事件の後、世間やマスコミから責められて犯人の親は離職し、引っ越しを余儀なくされた。自殺した近親者もいる。

一九八八年から八九年にかけて関東地方で起こった幼女連続殺人事件の犯人（死刑判決が下り、すでに処刑）の場合も、家族は離婚・辞職し、結婚間際だった妹は破談に追い込まれた。改姓した親族もいる。住み慣れた町を離れ、行方を隠した人もいる。被害者遺族への慰謝料を支払うため、父親は所有する土地を売り払った。そして事件から五年後に自殺した（『中日新聞』二〇〇六年一月十八日夕刊）。

## フランス人の結婚観

外国に住む上で一番必要なものは、情熱でもなければ、努力でもない。労働許可証である。これがなければ、金が稼げず、生活できない。

「いかに生きるか」

そんな高尚な悩みも現実の前には吹き飛んでしまう。フランスに住む日本人の多くは、この壁にぶつかり苦労する。企業が尽力してくれる場合もあるが、内務省の許可が下りるとは限らない。手っ取り早い方法はフランス人との結婚である。一〇年有効の滞在許可証が外国人配偶者に発行され、就職もできる。犯罪でも犯さない限り、許可は一〇年ごとに自動更新されるので、米国のグリーンカードと実質変わらない。更新する必要のない無期限の滞在許可証も最近、導入された。

「恋愛と結婚は違う」

「結婚は結局、金の問題だ」

こう言うと、古い考えだとか、保守的な態度だとか誤解されそうだが、フランス人の多くにとって恋愛と結婚は別のことだ。ただし、その意味が日本とフランスでは異なる。

日本ではこう考える。

「結婚して長い期間いっしょに過ごし、子をもうけ、家庭を築くための相手は、一時の感情に流されず、将来を見据えて冷静に決めなければならない」

つまり恋愛と結婚それぞれに相応しい別の相手がいるという理解だ。フランス人の感覚は違う。生活を分かち合い、子を産み、家庭を育む相手として愛する人を選ぶのは当然である。だが、なぜ結婚するのか。結婚に悩む日本人大学院生に書いた手紙がある。

今一番好きな男性と、求婚されている医者との間で心が揺れているとのこと。そもそも結婚という言葉の意味が問題です。

知り合いのフランス人教員が最近結婚しました。二人とも六十歳近くで、彼らの間には二十歳から三十歳ぐらいの子が三人います。一緒に生活し始めて四〇年近い日々が経ちますが、これまで二人は独身のままでした。日本と同様、フランスでも結婚の際、夫と妻それぞれに証人が必要です。そこで子どもたちが証人になったそうです。素敵ですね。何故、今頃結婚したのかと尋ねたら、

「高齢になったので、どちらかが死ぬと遺産相続が問題になるから」

という返事でした。

「結婚する」と日本で言うと、一緒に住むとか、女性の場合ならば、退職する、子を産む、食事を作るなどという諸事を含意しますね。フランスでは、これらのことは結婚と無関係です。一緒に住めば、家事や収入の分担を考えるでしょう。ですが、それは結婚とは別のことです。どのように共同生活を営むかということと、どのような法契約を結ぶかは違う話です。伴侶が病気になり、腎臓や肺の移植が必要なら、自分の臓器をあげてもいいと思うほど愛しても、結婚しなくてよいのです。

フランスでの男女あるいは同性の共同生活には、婚姻（mariage）、Pacs（Pacte civile de solidarité　民事連帯契約。「パクス」と発音する）、同棲（union libre　内縁関係。直訳すれば「自由な結びつき」）という三種類がある。婚姻の場合、夫婦いずれかの死亡時、残る配偶者に相続税がかからないし、死亡者が生前に受け取っていた年金の半額が配偶者に支給され続ける。Pacsの場合、パートナーが相続人として遺言状に明記されていれば、婚姻と同様に相続税が免除される。だが、パートナーへの遺族年金は支払われない。同棲の場合は遺言状があっても、パートナーに贈与税が課せられる。死亡者の年金も支払われない。

締結と解消の手続きも違う。婚姻は役所に出向いて宣誓する必要があるし、離婚は家庭裁判所に出頭しなければならない。協議離婚であっても、双方が弁護士を立てて裁判所の裁定を仰ぐ。財産分与、子どもの養育費などを公平に規定するためである。裁判官の業務軽減を図るために最近、法改正された。未成年の子どもがおらず、財産が一定額以内の協議離婚に限り、裁判所を通さずに公正証書の作成だけで離婚が可能になった。だが、弁護士を立てる原則は変わらない。弁護士の力関係に応じて、夫婦のどちらかに不利益が生ずる懸念もあり、裁判所の介入廃止が妥当かどうか、法曹界でも議論が続く。

Pacsの締結は、当事者連名の私文書で契約締結申請を裁判所に提出するだけでよい。解消も同様で、当事者連名の私文書で契約破棄申請を裁判所に提出する。弁護士の仲介も裁判所の判決も要らない。婚姻届・離婚届を役所に提出するだけで済む日本の手続きに似ている。あるいはどちらかが一方的に、huissier（法廷執行官）を通じて相手に通告すれば、その時点で連帯契約が終了する。相手の同意は必要ない。ただし、財産に関する係争が生ずる場合は家庭裁判所の判断を仰ぐ。

同棲関係の解消には何の手続きも要らない。二人の間に生まれた未成年の子どもがいる場合は民法の規定により、話し合って養育権と養育費を決める。条件をめぐって係争が生ずる時は家庭裁判所の裁量を仰ぐ。

所得課税の方法も異なる。婚姻とPacsは二人の所得を合計して申告するが、同棲の場合は各人別に計算する。一般的には前者の方が所得税の節約になる。私生児という感覚はフランスにもうなく、両親が婚姻関係にあるか、Pacs締結者か、あるいは同棲かは意味を持たない。二〇一四年にフランスで誕生した新生児の五七・四パーセントは婚外出産である。私生児だったり、両親の離婚が原因で子どもが差別される恐れはない。相続などの法的権利も一九七二年以降、嫡出子と私生児の間に違いがなくなった。

フランス国籍所有者と結婚すれば、外国人配偶者に滞在と労働の許可が与えられるが、Pacsや同棲ではカップルの外国人に滞在・労働権が与えられない。長期滞在許可証をすでに持っている場合はよいが、そうでなければ他の手段を講じなければならない。

以上の条件を考慮して有利な方法を選ぶ。

「恋愛と結婚は違う。結婚は結局、金の問題だ」

とは、こういう意味である。日本での言葉の使い方では恋愛の対象と結婚相手が違うが、フランスでは同一人物だ。愛する人と生活を分かち合う上で、婚姻およびPacsという契約形態、あるいは契約を交わさない同棲という、合計三つの選択肢から選ぶのである。

どの形を採るかに応じて金銭上の利点が異なる。だが、それは国家から支給される年金、あるいは徴収される税金の違いであり、カップル間での金銭授受ではない。白色申告と青色申告のどちらが有利かという問題と同じである。大切なのは愛し合うことであり、結婚するかどうかは金の問題にすぎないというフランス人と、結婚こそが愛の証であり、真剣に相手を想うならば、結婚するはずだと考える日本人。本当の愛を知っているのは、どちらなのか。

「もう仕事、嫌になっちゃった。誰か結婚してくれないかな」

なんて会話はフランスでは意味が通じない。結婚と退職は無関係である。

二〇一四年の統計によると、フランス全体で二四万二〇〇〇組が婚姻を結ぶ一方、一二万四〇〇〇組の離婚があった。半数が離婚する。Pacs締結数は婚姻数に迫り、二〇〇八年度の数字で結婚の半分、二〇〇九年には結婚三組に対してPacs二組、そして二〇一〇年には結婚四組に対してPacs三組まで増えた。

結婚とほぼ同じ保護を同性カップルに与える目的で一九九〇年に導入されたPacsだが、その後、異性カップルのPacs締結が多くを占めるようになった。国立統計経済研究所（INSEE）によると二〇〇〇年には異性間のPacsが一万六八五九組に対して、同性Pacsは五四一二組（Pacs全体の二四・三パーセント）だったが、二〇一四年には異性Pacsが一六万七三九一組へと一〇倍に増える一方、同性Pacsは六三三七組（Pacs全体の三・六パーセント）とほぼ横ばいである。

「異性間と同性間のカップルを同等に扱わない制度は差別だ」

この批判が実を結び、二〇一三年、同性婚法制化に至った。二〇一七年春現在、南アフリカ・アルゼンチン・ブラジル・メキシコ・ウルグアイ・コロンビア・コスタリカ・米国・カナダ・フィンランド・スウェーデン・ノルウェー・アイルランド・アイスランド・デンマーク・英国・ベルギー・オランダ・ルクセンブルグ・フランス・ポルトガル・スペイン・ニュージーランドの二三カ国が同性婚を制度化している。

日本では少子化が深刻である。女性の就労困難、長い労働時間や単身赴任を容認する風土、託児所の不足、ベビーシッターを使う習慣の欠如など、出産を阻害する原因は様々だ。ところで、婚期の遅れと結びつけられて少子化問題が議論される。対するにフランスでは結婚する人が減少すると同時に、人口は近年増え続けている。若者の結婚を促す政策を練るのではなく、逆に結婚制度を崩すことで、より多くの家庭が築かれ、子が産まれ、育つ。こういう水平思考はどうだろうか。

## 自分勝手と多様性

パリでスーパーマーケットに行き、外国で作ったクレジット・カードをレジで差し出す。使い方がわからず、店員が手間取る。

「こうしたらいいよ」

などと、お客が口を挟もうものなら、

「客に指図を受ける覚えはない」

と、真っ赤になって怒る店員がいる。あるいは銀行の手違いに苦情を言う。

「嫌なら、他の銀行に行ってください」

窓口の行員が言い返す。奥にいる上司は知らん顔。

「そんな態度だと、他の銀行にお客を取られるぞ。自分の銀行が潰れてもいいのか」

とでも反論すれば、

「自分の銀行ですって。それなら、どんなに嬉しいことか。残念ながら、私はここに勤めているだけなの」

「あなたにそんなことを心配してもらわなくてもいいわ。潰れたら、他の銀行に就職するから問題ありません」

そんな答えが返ってくる。これらは実際に私が見たり経験した光景である。日本では考えられないだろう。

従業員のこのような態度には、いくつかの理由がある。まずは労働組合の強さだ。日本のような企業別組合と違い、産業別に組織されているので、会社が潰れることも厭わず、同じ産業に属す労働者全体の利益を図る。したがって組合に守られる安心から労働者は職制に反抗しやすい。二〇年ぐらい前の話だが、パリのデパートがクリスマスに開店しようとした。十二月二十五日は祝日であり、日曜・祝日の営業は法律により基本的に禁止されている。そこでデパートは罰金を支払うと共に、割り増し賃金を出す約束の下に、休日出勤を希望する従業員を募り、開店を試みた。ところが、他の地方から来た大勢の組合員がデパートを包囲して客の入場を阻止したため結局、営業できなかった。

このような組合構造は、労働者が雇い主を頻繁に変える習慣とも関連する。日本では同一企業内で部署を変わることはあっても、同じ職種に留まりながら他の会社に異動する傾向は最近まで弱かった。朝日新聞の記者が読売新聞の記者になったり、三菱東京ＵＦＪ銀行の行員が三井住友銀行に再就職するケースはほとんどないだろう。日産からトヨタに変わるエンジニアもいまい。フランスでは、より良い条件を求めて、ソシエテ・ジェネラル銀行を辞めてクレディ・アゴリコル銀行に就職したり、自動車製造業内部で会社を変わるのは普通のキャリアパスである。逆に、同一企業内でエンジニアを営業に回すような異動は珍しい。

それから、先に挙げた店員や行員の言い分は、ある意味で理に適っている。彼らの雇い主は企業であり、客ではない。したがって客の要求を聞く義務はない。もちろん、それでは顧客を失うので経営者は困るが、客が店員に直接指示するのではなく、あくまでも職制にだけ従えばよいという考えである。当然ながら、こんな応対をされれば、フランス人も怒る。しかし文句を言う客自身が自分の仕事になると同じ態度で接するのだから、浮かばれない。

経営陣も負けていない。新幹線（ＴＧＶ）の線路に石が置かれて、ダイヤが乱れた。遅延の払戻しを求める乗客に対して国鉄総裁が答える。

「電車が遅れたのは国鉄のせいではない。だから返金はしない。文句があれば、石を置いた犯人を訴えてくれ」

「何て自分勝手な国民なのか」

日本人の目にはそう映る。労働組合の通訳をした時のこと。日本の労組代表者が尋ねた。

「時間短縮の趣旨は正しいと思いますが、サービス産業では困りませんか。日曜や祝日に商店が閉まっていると、勤労者は買い物できないでしょう」

するとフランス労働総同盟（Confédération Générale du Travail, CGT）の専従員が答える。

「いや、そんなことは労働組合の問題ではありません。私たちは労働者の利害だけ考えればよいのです」

この返答に日本の組合員は首をかしげていた。

「労働者も仕事が終われば、消費者なんですが……」

こんなエピソードもある。通貨がユーロになってからは偽札が減ったが、フランが流通していた時代にはスーパーマーケットなどのお釣りに偽札がしばしば交じっていた。変色した五十フラン札を摑まされたことがある。銀行に持って行き、偽札かどうか調べてもらった。偽札だと判明したので、本物と替えてくれるよう頼んでみた。

「本当は没収しなければいけないいんだけど、目をつむるから、タクシーにでも使ったら。夜なら暗いからバレないよ」

と偽札を返してくれた。日本なら大騒ぎだろう。

だが、これらは単に自分勝手がなす業なのか。

フランスではストライキが頻繁に起こる。民主主義的に選出された国会議員が正当な手続きを経て制定した法律でも、気に入らなければフランス人は無視し、あるいはデモやストライキによって覆す。警察官・機動隊員・軍人・消防士・裁判官・刑務官にストライキ権はない。だが、団結権と団体交渉権はあるので、非番にはデモをするし、組合が政府に圧力をかける。それ以外の国家公務員には団体行動権もあるので、教員や役人などが政策に反対してしばしば罷業する。私の勤めるパリ第八大学もストライキでしばしば大学が閉鎖される。サルコジ政権が大学改革を強行した二〇〇七年には全国の教員と学生が怒り、半年以上授業が潰れた。政府寄りの立場を支持する学長の乗用車に火が付けられた大学もある。

二〇〇八年、石油価格高騰に窮した漁民のストライキも日本では操業停止に留まったが、フランスでは漁船団が石油備蓄基地を封鎖した。長距離トラック運転手がストライキをする場合、高速道路に大型車を横向きに止めて通行不能にする。あるいは石油備蓄基地の入り口を封鎖して国の経済を麻痺させる。港湾労働者がフェリーをシージャックしたこともある。議会制手続きの遵守ばかりが民主主義を支えるのではない。最終的な正統性は議会代理人にではなく、国民にあると考えるからだ。

ストライキのために生ずる経済損失は膨大である。全国的なストライキの場合、一日当たり三億から四億ユーロの損失が出ると試算されている。二〇〇七年秋に九日間続いたゼネストの損失は国鉄だけで三億ユーロ（当時の為替レートで約四〇〇億円。年間収益の三割以上）に上り、全業種での損失総額は四〇億ユーロ（五千億円以上）に達した。エールフランス一社だけでも一九九七年に生じた一〇日間のストライキで約二五〇億円の損失を出した。だが、これを無駄とだけ捉えてよいのだろうか。

紛争が頻繁に生ずる状況は社会にとって何を意味するのか。既得権にしがみつく人々の姿も見える。だが、それだけではない。これら出来事の背景には価値の多様性がある。先に挙げた日本での「不倫」に対するマスコミのリンチ、結婚観、子どもの犯罪を親が謝罪する習慣は、同質性に起因する社会現象である。

朝日新聞の報道によると、生徒の髪の色や縮れ毛が生まれつきだと確認する「地毛証明書」の提出を約六割の都立高校が求めているらしい。高校の副校長が説明する。

「私立は都立より生活指導をしっかりやるイメージが広がっている。学校が乱れれば、入試の倍率が下がる」

証明書の是非以前に、そもそも頭髪を染めたり、パーマをかけたり、ピアスをすることがどうしていけないのか。未成年の喫煙も単に健康保護のためにすぎない。本人の問題だ。親が注意すればすむ話だろう。それなのに法律で規制し、タバコを吸う生徒を補導するのは何故なのか。

入れ墨禁止もそうだ。暴力団員の来店が困るなら、

「暴力団関係者お断り」

と明示すればよい。暴力団員が入れ墨をしている確率は高い。だが、入れ墨があれば暴力団員だという逆の理屈は成り立たない。夏の海岸で遊ぶ、小さなタトゥーを肩に入れた青年に、

「これ隠してね」

と見回りの自衛団員が指摘し、ばつが悪そうに若者が従う場面がテレビ・ニュースに映る。入れ墨自体が悪いわけでもないだろう。私生活に世間が干渉するのは何故か。

第三章の節「開かれた社会の意味」で犯罪の本質について考えた。社会規範からの逸脱が怒りや悲し

みの感情的反応を引き起こす、これが犯罪と呼ばれる現象の正体である。各社会の構造に応じて逸脱許容度は異なる。しかし逸脱は必ず生ずるし、また逸脱に対する抑止力も同時に機能する。均一な社会であればあるほど、ほんの小さな差異に対して強い拘束力が働く。したがって逸脱が軽微になっても、人々の主観的次元にとっては、その小さな逸脱が社会秩序への大きな反逆と映る。デュルケムは言う（*Les règles de la méthode sociologique, op. cit.*）。

［……］集団規範から逸脱する個人を含まない社会はありえない。そこで生ずる多様な行為の中には犯罪行為も当然含まれる。なぜなら行為に犯罪性が看取されるのは、その内在的性質によるのではなく、共同意識によって各行為に意味が付与されるからだ。だから集団意識がより強ければ、すなわち逸脱程度を減少するための十分な力が集団意識にあればあるほど、同時に集団意識はより敏感に、より気むずかしくなる。他の社会であればずっと大きな逸脱に対してしか現れないような激しい勢いで、ほんの小さな逸脱に対してさえも反発する。小さな逸脱にも同じ深刻さを感じ取り、犯罪の烙印を押す。

## フランス人にとっての日本人

カーンに住みだした一九八〇年代初め、田舎町に出かけて偶然知り合った若いフランス人女性の言動がふるっていた。

「ところで、どこの国から来たの」

と尋ねられ、日本人だと答えたら、

「えっ、でもあなたアジア人でしょ。ああ、東洋系（黄色人種）なのね」

という反応が返ってきた。彼女の言わんとする意味がすぐには分からなかった。そして日本人は白人だと彼女が信じていると判明した時には一瞬、二の句が継げなかった。

「日本人は誰でも、こんな顔をしているんだよ」

こう教えると、彼女はびっくりしたが、こちらの方こそ驚きだ。数日後、中学で社会科を教えるフランス人にこの話をしたら、納得のゆく説明をしてくれた。地理の授業で世界地図を与え、

「日本を見つけなさい」

と指示すると、生徒二、三人がスカンディナヴィア半島の辺りを探すと言う。コンピュータや自動車を輸出し、フランス経済を困らせる大国が極東の僻地にあるはずがない。それで「文明圏ヨーロッパ」の片隅を探すのだろう。日露戦争での日本勝利が白人優位の世界観と食い違うために、「異常事態」を説明する「理論」が当時の新聞に載っている。そう言って、古い新聞記事を見せてくれた。

日本は黄色人種の国と思われている。しかしそれは誤りである。実は日本には少数の白人

と多数の黄色人種とがいっしょに住んでいる。もちろん社会の中枢を握るのは白人だ。だから、日本がロシアに戦勝したからといって、黄色人種が白人に勝ったと考えるのは早計である。

同時期、似た説が日本でも唱えられた。自由主義経済学を紹介した田口卯吉は『破黄禍論』（一九〇四年）において、西洋で流行する黄禍論を批判した。だが、人種差別そのものに反対するのではない。日本人を他の非白人から切り離し、〈アーリア人種〉だと主張する（橋川文三『黄禍物語』筑摩書房、一九七六年より引用）。

余は従来の研究に於て大和民族は支那人と別種にして、印度、ペルシア、グリーキ、ラテン等と同種なることを確信したる者なり。故に余の見る所を以てすれば、黄禍論は其の根蔕に於て誤れるものなり。日本人を以て支那人と同じ黄色人種となせるの一点已に事実を誤れりとすれば、黄禍論は全く無根の流説たらざるを得ず。

［……］

故に余は日本人種の本体たる天孫人種は一種の優等人種たることを疑はざるなり。此の人種は天の如何なる方面より降りしかは、実に史上の疑問なり、然れども其の言語文法より推断すれば、サンスクリット、ペルシャ等と同人種にして、言語学者が称してアリアン語族と云へるものに属するや喋々を要せざる事なり。

『破黄禍論』の翌年に田口が著した「日本人種の研究」でも、日本人が白人だからロシアとの戦争に日本が勝利したのだと説いた。

経済力で欧米人と肩を並べる国民が、フランス植民地のベトナム人と同じツリ目だったり、アジアの辺境に住むとは、カーン近郊で出会った女性も信じられなかったのだろうか。彼女は大学生だと言っていたので、まるきりの無知でもあるまい。それに一九八〇年代初頭は日本が注目の的になっていたので、このような誤解には驚く。マスコミ報道を通して日本を身近に感じていた矢先に、生身の日本人と初めて出会って現れた反応なのか。あるいは田舎町だったからか。ペルシア絨毯は知っていても、ペルシア人（イラン人）がどんな顔をしているかわからないのと同じようなものか。

一九七〇年代中頃まではフランス人にとって、日本人もベトナム人も中国人も皆同じだった。アジア出身の生徒は小学校で

「Chinois（中国人）！」

と呼ばれ、細いツリ目をからかわれたと、パリで育った日本人から聞いた。

「毛沢東が死んでから、日本は大変みたいですね」

英文科の大学院生に言われて、苦笑したこともある。

西ドイツの国民総生産を日本が追い抜いたのが一九六〇年代末。米・ソに次いで世界第三位の経済大国に躍り上がったこの頃から、日本のイメージとそれ以外のアジア諸国のイメージとが乖離し始める。だが、経済的側面は強調されても、日本人自体には興味が持たれなかった。自動車やコンピュータを輸出する先進技術国というイメージだけが一人歩きし、日本人がどんな顔をしているのか気が配られなかった。

フランスの庶民にとっては今でも、日本人と他のアジア人はそれほど違わないのではないか。中国と日本を大統領が混同するほどだ。二〇一三年七月にフランソワ・オランド前大統領が日本を訪れた時のこと。同年一月にアルジェリアで日本人一〇人がテロの犠牲になった。安倍晋三総理と共に行なった記者会見で大統領は事件に触れ、失言した。

「この惨劇があった時、中国国民に対して私もお悔やみを申し上げました」

通訳が機転を利かして「日本国民」と訂正したらしく、当人は間違いに気づかなかったし、安倍首相も知らぬままだった（http://www.lemonde.fr/politique/video/2013/06/07/hollande-confond-peuple-japonais-et-peuple-chinois_3426345_823448.html）。

他のアジア人から自らを切り離し、西洋に同一化する日本人の傾向はよく知られている。この現象を私は「名誉白人症候群」と表現した（『異文化受容のパラドックス』）。アパルトヘイト（人種隔離）政策を採る南アフリカ共和国で、準白人として日本人が扱われ、また日本人自身が率先して、そう振る舞ってきた歴史事情に、この言葉は由来する。経済力を買われて一九三〇年代から日本人は、他のアジア人を含む非白人とは違う待遇を南ア国内で享受する。そして一九六一年に当時の内務大臣ヤン・デ・クラークが、

「居住区に関するかぎり、日本人を白人なみに扱う」

と国会で宣言して以来、名誉白人という不名誉な肩書きを正式に頂戴した。

日本人の名誉白人病を示す象徴的なエピソードを我妻洋／米山俊直『偏見の構造』（一九六七年）から引用しよう。

先に触れた、日本の著名な社会学者は、アメリカ南部を旅行して、ある町のレストランに入ってゆくと、中にいた白人がいっせいに彼を見たという。「だから私は〝何くそ〟と思って、白人の間に腰掛けたんです。みんなが見ているんですよ。〝敗けるものか〟と私そう思いましてね、腰掛けたんです。」この話を聞きながら、私たちは正直のところ、彼が〝何くそ〟と思って黒人の中に腰掛けたのかと思った。［……］「その黒人たちの中に座ってみようという気持ちは、お持ちにならなかったのですか」という私たちの質問の意味を、この社会学者は理解しなかったように思う。

人種差別に怒った日本人学者は、差別を否認する象徴的行為として黒人の隣に腰掛け、不当に虐げられる人々との連帯を示すこともできた。だが、彼は「有色人種」の範疇に自分が放り込まれることを拒否するとともに、名誉白人としての「当然の権利」を主張して白人のあいだに座ったのだろう。外国人排斥の姿勢を露骨に示すスキン・ヘッド数人にパリで取り囲まれ、

「私はベトナム人ではない。日本人だ」

と言ったら逃がしてくれたと得意顔で話す日本の若者にも出会った。一五年ぐらい前だったと記憶する。彼の無邪気さには呆れたが、本人が左翼を自任していたから、よけいに苦笑してしまった。

## 偽善

アルジェリアに合計で二年半も滞在したのに、私はアラビア語が話せない。いくつかの日常表現は覚えたが、アラビア語を積極的に学ぼうとはしなかった。第三世界に関心を抱く振りをしても、心の底では西洋に憧れ、

「英語とフランス語さえできれば、僻地にある二流国の言葉など知る必要はない」

そんな奢りが当時の私にあったからではないか。

アテネ・フランセに通い、アルジェリア行きを夢見ていた頃、旧宗主国の言葉で仕事をし、高給で雇わ

れる罪悪感からアジア・アフリカ外語学院を訊ねて、アラビア語教師に疑問をぶつけたり、入門書を買ってアラビア語を少しは勉強した。思想家・小田実に相談したこともある。

「アルジェリアでの仕事は日本の経済侵略の片棒担ぎではありませんか。本当に私は行っても良いのでしょうか」

ところがアルジェリア滞在中は、フランス語の勉強に熱心な一方、アラビア語は学ばなかった。クビになりそうだからフランス語だけで精一杯だったとか、正則アラビア語を覚えても一般のアルジェリア人には通じないという言い訳もある。しかし本心を問えば、やはり西洋に目が向いていたからに違いない。

フランス人に名誉白人として扱われ、またそうあろうとする自分に苛立って、人種差別反対集会にしばしば参加した。同時に、第三世界に同一化する自分に偽善も感じていた。アジア・アフリカを搾取する先進国に属す罪悪感と、西洋への憧れや劣等感を否定する動機とが複雑に絡み合っていた。新植民地主義を勉強しようとアルジェ大学やセネガル・ダカール大学への入学を計画したのも、この時期である。だが、現地の言葉を学ぼうともしない人間に何がわかるのか。モスコヴィッシのセミナーではなかったが、異文化受容のテーマでグループ発表があり、私が導入部を担当した。文化支配をキーワードに、西洋植民地主義に蝕まれた諸民族が白人に劣等感を抱く現象を取り上げた。研究発表というよりも、政治集会でアジるような発言だった。二〇分ほどの短い発表だったが、聴講生の数が次第に減ってゆき、話が終わった頃には出席者の数が半分ほどになっていた。後に続く他の発表者も左翼がかったアフリカ人やマグレブ（モロッコ・アルジェリア・チュニジアの北アフリカ諸国）出身者が多く、我々の発表は西洋糾弾の場になった。教室に残った学生から非難がわき起こる。立ち上がって否定するセネガル人がいた。

「アフリカ人がフランス人に何故、劣等感を持たねばならないんだ。俺はそんなこと絶対に認めない」

アメリカ人が怒鳴った。

「そんなマルクス主義の解釈は無意味だ」

セミナーが終了し、他の学生が退出した後、主催した先生が私に吐いた。

「君には失望した」

その言葉が西洋世界全体から突きつけられた離縁状のように耳を離れず、その後一週間はほとんど眠れなかった。このセミナーでの出来事を録音したテープは保管してあるが、今日でもおぞましく、聞く勇気が出ない。

フランスに住み始めて間もない頃、アフリカ人学生に交じって南北問題を討論した想い出もある。熱気を帯びた議論が終わって部屋を出かけた時、マリの友人がポツリともらした。

「でも、お前はいいなあ。俺も金持ちの国に生まれたかった」

私の偽善を非難したのではない。だが、この一言は強烈に利いた。一発でダウンを奪うテンプルへの豪快なヒットというより、時間が経つにつれて効果を増す重いボディブローだ。

教職に就く以前、私は通訳で糊口を凌いだ。フランス語を話せるからではない。日本語を話す日本人だからである。はるかにフランス語の上手なベトナム人やモロッコ人に同じ幸運は与えられない。私がスーツを着て高給を稼ぐかたわら、彼らはレストランの皿洗いやスーパーマーケットの会計係で最低賃金を得る。好むと好まざるとにかかわらず、私の生存は日本人として規定されている。

「私は自由な個人として生きている。日本人であることに特別な意味はない」

こう強がってみても、日本という名の様々な物語に私の存在は否応なしに搦め捕られる。日本と呼ばれる政治経済文化共同体に帰される歴史条件に私は浸っている。その条件から離脱できなければ、

「自分は日本と無関係だ」

と言っても何にもならない。

こんなこともあった。東アフリカの国ルワンダから来た留学生から尋ねられた。

「日本は英語圏なのか、フランス語圏なのか」

意味が分からなかった。聞き返しても同じ質問が返ってくる。

こう答えると、

「日本人は日本語を話しているよ」

「いや、日常会話のことじゃなくて、大学教育で使う言葉が知りたい」

と言う。そこで初めて気づいた。第三世界のほとんどの諸国において高等教育は旧宗主国の言葉で営まれている。アラブ化を強力に推進するアルジェリアにしても、私が通訳として滞在した一九八〇年代は大学の講義がフランス語で行なわれていた。アフリカ諸国の公用語の多くは英語・フランス語・ポルトガル語であり、大学教育だけでなく、日常生活の深部まで植民地支配の傷跡が残る。ルワンダにはキンヤルワンダ語・フランス語・英語の三つが公用語に指定されているが、学校教育には二〇一〇年までフランス語が使われ、それ以降は英語が話されている。

「日本では日常生活だけでなく、高等教育にいたるまで、すべて日本語でまかなっている」

私の答えにルワンダの学生は驚いていた。白人以外の国民が自らの言語だけで生きる可能性があるとは、それまで思いも寄らなかったのだろう。アメリカ人やフランス人、そして日本人の口から反省が時折こぼれる。

「私達は外国語ができなくていけない」

しかし自らの言語を持ち、外国語に頼らなくとも生活できる背景には、植民地にされなかった幸運がある。

講義の英語化を推進する大学が日本で増えている。日本語を廃止して英語を日本の国語にしようという動きが明治時代にあった。初代文部大臣・森有礼の立場だ（『英語国語化論』一八七二年）。森の発案は陽の目を見なかったが、第二次大戦で負けを喫した際に、日本語廃止論の亡霊は再び甦ってくる。作家・志賀直哉の「国語問題」（『改造』一九四六年）である。

「日本の国語ほど、不完全で不便なものはない」

日本語を廃止して、フランス語を採用しようと提案した。あれほど簡潔で素晴らしい日本語の文体を駆使する作家の言葉とは思えない。自ら植民地になるつもりだったのだろうか。

## 西洋への劣等感

カリブ海に浮かぶフランス旧植民地マルティニーク島。そこの出身者にフランツ・ファノンという思想家がいた。黒人が白人に抱く劣等感を鋭く批判した『黒い皮膚・白い仮面』（F. Fanon, *Peau noire, masques blancs*, Seuil, 1952）という書がある。そこには彼自身の屈折した感情が読みとれる。

私の魂のもっとも黒い部分から、点々と線影のついた地帯をよぎって、完全に白人になりたいというあの欲望がわきあがってくる。私は黒人として認められたくはない。白人として認められたいのだ。

［……］それをなしうるのは、白人の女でなくして誰であろう？　白人の女が私を愛するならば、彼女は、私が白人の愛に値するものであることを証明してくれることになる。私は白

人のように愛されることになる。

私は、白人となる。

［……］私は白人の文化、白人の美、白人の白さと結婚するのだ。

私の手がいたるところ愛撫する白人の胸の中で、私がみずからのものとするのは、白人の文化であり、白人の尊厳である。（強調ファノン。海老坂武／加藤晴久訳、みすず書房、一九七〇年）

一九五〇年代、マルティニーク島とグアドループ島（どちらも現在は「海外県」としてフランス領土に併合）からフランス北部のル・アーブル港に着く黒人男性が最初に取る行動、それは遊廓に行き、白人娼婦を買うことだった。白人女性の「愛」を勝ち取り、自らの価値を確認する。黒い肌を漂白し、ちぢれた髪を伸ばして白人に似ようとする。〈白い世界〉に入るための象徴的行為だ。〈西洋＝白人＝本物〉の世界に属す幻想を追い求める、悲しくも空しい仕草。ファノンの描く情景は対岸の出来事だろうか。

「ハーフ顔になりたい」

と、整形手術を受ける日本人がいる。ハーフと言っても、黒人に似たいのではない。日本のテレビ広告における白人の登場率を調べると、五本に一本ぐらいの割合で白人が現れる（二一・四パーセント）。また宣伝される商品名の約三分の二は西洋の言葉あるいは西洋風の表現を含む（六六・七パーセント）。これは一九八六年のデータだが（詳細は『異文化受容のパラドックス』）、前年にビデオリサーチが実施した調査

（『テレビCM白書　テレビジョン広告の動向』一九八五年）でも二一七九本のうち四四五本に白人が現れている（二〇・四パーセント）。また後に行なわれた調査でも結果はほとんど変わらない（萩原滋「日本のテレビ広告に現れる外国イメージの動向」『メディア・コミュニケーション』54所収、二〇〇四年）。

この数字の異常さを浮き彫りにするために、日本に住む欧米人の比率と、テレビ広告における西洋要素の登場率とを比較してみよう。一九八六年の調査時、欧米人居住者の割合は日本総人口のおよそ〇・〇五パーセントだった。したがって実際の居住率に比べて欧米人はテレビ広告に四〇〇倍以上の頻度で現れ、商品には約一三〇〇倍の割合で西洋名が使用されている。

企業や商店の名前に欧米語が氾濫し、本の装丁にも無意味な西洋語表現が使われる。日本語で書かれた本なのに、タイトルが英語に翻訳され、著者の氏名がローマ字表記される。それも氏名の順を反対にして欧米の真似をする。朝鮮人・中国人・ベトナム人はこんな不可解なことをしない。金芝河、金日成、毛沢東、ホー・チ・ミン……。西洋においても、そのまま氏名の順に書かれる。首相の名前がひっくり返され、Shinzo Abeと呼ばれても違和感を抱かない国民が日本人以外にいるだろうか。最近亡くなった俳優・高倉健の追悼特別展が毎日新聞社の主催で開かれ、立派な図録が作られた。真っ黒な表紙に健さんの顔が透かし彫りのように浮かぶ。だが、そのタイトルを見て仰天した。

「Retrospective KEN TAKAKURA」

これほど不似合いなタイトルも珍しい。一九八四年に放送された高倉健のドキュメンタリー番組は「むかし男ありき」だった。この方がどれだけ洒落ていることか。もちろん、こんな西洋かぶれは制作者や装丁者だけの責任ではない。消費者が望むからだ。それにしても何故、名誉白人現象の滑稽さ、異様さに気づかないのだろう。

「日本のテレビ広告に、なぜ外国人が登場するのでしょうか」

この質問には、「白人は美しいから」という回答が最も多く寄せられ、五割以上を占めた。そして若いほど、高学歴なほど、外国経験を持つ人ほど、この答えを選んだ。米国留学の経験があり、英語を教える四十代の女性は言う。

どんな文化の人々にも共通な美意識というものがあると思います。誰が見ても気持ちのよい形、例えば黄金分割のような……。ガイジンが美しいのは別に彼らが白人だからじゃなくて、人類全てに共通する普遍的な美観というものがあるように思えます。大きな物、例えば大きな頭を上に持ってくるとバランスが崩れるような……。とにかく彫りの深い顔と白い肌、そしてプロポーションのいい身体が一緒になると本当に美しいですね。

西洋の影響が原因で日本人の美意識が変化したという認識がない。人類すべてに共通する美のモデルがあると錯覚している。多くの日本人にとって美意識の普遍性は自明のようだ。

「なぜ白人が美しいのか」

と聞いても、その意味さえわからない。

「どうしてガイジンの方が綺麗かっていっても、当たり前じゃないの。誰だって肌が白い方がいいに決まってるし、プロポーションだっていい方がいいのは当然でしょう」（二十代女性）

なぜ、脚が長い方がかっこいいのか。鼻が高く、顔の彫りが深いと、どうして美しいのか、整った顔なのか。なぜ、「彫りが深い顔」と表現し、「デコボコの顔」と言わないのだろうか。頭が小さく、八頭身だと、なぜ均整が取れているのか。二十代半ばの生物学教師から、こんな説明を聞いた。

私たちの顔はずいぶんと変わった。脚は長くなり身長も伸びた。この変化はますます激しくなって、しだいに白人に似かよってきます。自然淘汰と獲得形質の遺伝によって少しずつ変わっていくんです。別に白人と同じような生活をしているから白人に似てくるんじゃない。そうではなくて、近代文明に生きる人は誰でも白人に似てくるんです。日本人だけじゃなくて黒人も最後には白人の身体的形質を獲得するようになります。もちろん数千年の年月が必要でしょうけど。

驚きで開いた口が塞がらない。

## 名誉白人

名誉白人現象の始まりは明治時代に遡る。

「日本人は西洋人より劣る」

という気持ちが開国後、知識人の間に広まる。劣等感は政治経済、軍事や文化にとどまらず、身体にも及ぶ。日本人の美貌について、先に言及した田口卯吉は述べる。

然れども全体に於て我が日本男子の面色は決して黄色にあらざるなり。其の欧米人種に比して揚らざるあるは、其の修飾の足らざるが為めなり。［……］然れども若し之れに修飾を加ふるときは、好しアングロ・サクソンの上等人種には及ばずとも、其の下等には勝るなるべし。ラテン人種に至りては、余は共に馳駢して多く劣らざることを見るなり。余は暫く婦人に関しては論ぜずして特に男子にのみ観察を限らんに、米国市場に於ては日本男子はポルトガル、スパニス等よりは婦人の愛を博すと聞く（橋川前掲書より引用）。

優越民族アングロ・サクソンにはかなわないが、欧米下層のラテン民族に比べれば、日本人はましだと言う。白人優越説を批判しながらも、人種差別の論理そのものは踏襲する。そして日本人を白人と位置づけて劣等感を補償する。

白人との混血を勧める論者も明治初期から現れる。福澤諭吉門弟の一人、高橋義雄は『日本人種改良論』（一八八四年。南博『日本人論──明治から今日まで』岩波書店、一九九四年に依拠）において、

「白人との混血を通して日本人の劣等形質を改良するべきだ」

と勧めた。名誉白人の肉体的劣等感を抉り出した遠藤周作の小説『アデンまで』を挙げよう。主人公は日本人だ。

「人種はみな同じよ」女学生はイライラして叫ぶ。「黒人だって黄色人だって白人だってみな同じよ」

そうだ。人種はみな同じだ。そのうち女が俺に惚れ、俺がその愛を拒まなかったのもこの、人種はみな同じだという幻影があったからである。女の肉体が白く、俺の肌が黄いろいと言うことはその愛情には毛頭も計量されなかった。［……］

「いいのか、本当に俺でいいのか」

「黙って。だいてほしいの」

人種がみな同じであるならば、なぜ、その時、俺はこのようなみじめな呻きを洩らしたの

だろう。［……］
息をつめて、二人はながいこと抱きあっていた。その時ほど金髪がうつくしいと思ったことはない。汚点一つない真白な全裸に金髪がその肩の窪みから滑りながれている。［……］灯はつけたままであったから二人の裸はそのまま、アルモワールの鏡にうつった。
最初、俺は、鏡の映像が本当に俺の躰とは思えなかった。［……］部屋の灯に真白に光った女の肩や乳房の輝きの横で、俺の肉体は生気のない、暗黄色をおびて沈んでいた。胸から腹にかけては、さほどでもなかったが、首のあたりから、この黄濁した色はますます鈍い光沢をふくんでいた。そして女と俺との躰がもつれ合う二つの色には一片の美、一つの調和もなかった。むしろ、それは醜悪だった。俺はそこに真白な葩にしがみついた黄土色の地虫を連想した。その色自体も胆汁やその他の人間の分泌物を思いうかばせた。手で顔も躰も覆いたかった。卑怯にも俺はその時、部屋の灯を消して闇のなかに自分の肉体を失おうとしたたかった。
……
［……］
船艙に寝ころがっている時、俺は眼の前の熱くさい、この黒褐色の肉体を凝視めている。その肉体は一個の物体である。俺は真からその肌の色が醜いと思う。黒色は醜い。そして黄濁した色はさらに憐れである。俺もこの黒人女もその醜い人種に永遠に属しているのだ。俺

にはなぜ、白人の肌だけが美の標準になったのか、その経緯は知らぬ。なぜ今日まで彫刻や絵画に描かれた人間美の基本が、すべてギリシャ人の白い肉体から生まれ、それをまもりつづけたのかも知らぬ。だが、確かなこと、それは如何に口惜しくても、肉体という点では永久に俺や黒人は、白い皮膚をもった人間たちのまえでミジめさ、劣等感を忘れることはできぬという点だ。

遠藤周作は一九五〇年から五三年までフランスに留学した。この作品は遠藤にとって初めての小説であり、帰国直後に書かれている。ちなみに、続いて発表した『白い人』は第三十三回芥川賞を受賞した。

一九八〇年代の初め、カーンで私が出会った三十代前半の日本人男性はアレルギー症状に苦しみ、帰国した。フランスに住み始め三年ほどして、発熱・頭痛・臭覚過敏などの異常が現れ始めた。医者に行っても原因がわからない。だが、症状は進むばかり。心身症である。良家に生まれた彼には、有名国立大学を卒業して社会で成功した兄がいると言う。高卒の彼はいつも兄と比較され、劣等感に苛まれた。男性が帰国する数日前、私は留学の理由を打ち明けられた。

「フランス人を嫁さんにしたかったんです。俺を軽蔑したみんなに、俺は馬鹿じゃない、ガイジンと結婚できるんだって、見返してやりたかった。だけど、ダメだった。けっきょく無理だった。失敗してこんなふうに帰るのは無念で仕方がない」

同じような理由から白人との結婚を望む日本人女性にも出会った。三十代後半の彼女は日本で結婚できなかった。カーン大学の学生食堂で同席した時、彼女が言い放ったのを覚えている。

「絶対にガイジンと結婚して、世間を見返してやる」

フランスに住む三十代半ばの女性が国際結婚の動機を分析する。

私の友達の中で、アメリカ人やフランス人と結婚した人がいるんです。この人達は大金持ちの娘さんなんだけど、結婚した相手はかなり貧乏なんです。もし夫が日本人だったら、彼女たち、絶対結婚してないと思う。どうしてかというと、夫の出身階層が彼女たちの家の格に比べられないからなんです。西洋人そして白人でありさえすれば十分なんですよ。もう一人の友達はフランス人の男性と結婚したんですけど、日本人だったら彼女自身だけでなく御両親も絶対に結婚に反対していますね。私たちはコンプレックスを持ってるんですよ。ひとに聞いた話ですけど、彼女はフランス人と結婚したのが自慢らしいんです。言ってみれば、彼女にとってフランス人の夫を持つことは世間的な肩書きになるんですから。

一九六八年、一人の在日朝鮮人がライフル銃で脅して人質を取り、静岡県の旅館に立てこもった「金嬉老事件」。日常的な差別に虐げられながらも、彼は日本人になりたかった（鈴木道彦「解説—橋をわがものにする思想」、ファノン『黒い皮膚・白い仮面』邦訳所収）。これも名誉白人と同じ心理だ。犯人の胸の内を聞こう。

［……］戦後も、アメリカ兵を敵視する感情が取れず、名古屋の中村遊かくで、奴らの車がむらがっているのを見て、日本女性をアメ公などにと云うまいましさから、タイヤの空気を抜いてやる事で、そのうっぷんを晴らしたこともありました。又、東京の上空で空中戦を見て、日本機が落とされると、ぢだんだふんでくやしがり、石を拾って空へ投げるほどの激しい敵意を表現したのも、私の感情が日本人化していたという事でしょう。

私が「朝鮮人」として、虐げられた事実は私の記憶の中にも多く残って居りますが、それだけに私は、朝鮮人が嫌いだったし、自分を早く日本人にしてしまいたいと思って、無駄な努力を無駄でないように思い込んでしたのです。

欧米を手本に日本は近代化した。そのため、知識の獲得は西洋化の形を取る。学者が著す書物には、必要ないのに西洋語がちりばめられ、芸術家の肩書きには欧米での留学経験が記される。「大文字の文化」などという表現を平気で使う、西洋かぶれの評論家や思想家。この使い方は一時流行った。西洋語では大文字と小文字の区別があり、意味が異なる場合がある。だが、日本語に大文字も小文字もない。

日本語の文章にこの表現を初めて見つけた時、すぐには意味が分からなかった。一〇ポイントの文字列の中に「文化」という二文字だけ一五ポイントの大きな字で印刷されているのかと思ったぐらいだ。

肯定的自己像を維持するために、西欧人を真似る名誉白人が現れる。黒人や他のアジア人に比べればましだという中流意識の論理自体により、本物の西洋人に劣る存在として、自らのアイデンティティを否定する。会話に西洋語をまぶし、整形手術で顔の造作を変えても、名誉白人は本物の白人にはなれない（詳しくは拙著『異文化受容のパラドックス』を参照）。

ファノンの作品が力を持つのは、抑圧状況を生きると同時に、それをすでに乗り越えているからである。西洋に憧れるだけでは名誉白人の脆弱な姿に気づかない。それでは変化がシステムの内部に留まり、かえってシステムの維持を強化するだけだ。私は西洋に惹かれながらも、第三世界というアンチテーゼを常に意識してきた。名誉白人現象に関心を持った理由は、この辺りにあると思う。

異邦人とは何か。この問いに満足な答えを与えるのは難しい。ドイツの社会学者ゲオルク・ジンメルが書いたように（G. Simmel, „Untersuchungen über die Formen der Vergesellschaftung", 1908 [tr. fr. 《Digressions sur l'étranger》, in Y. Grafmeyer & I. Joseph (Eds.), L'école de Chicago, Aubier, 1984, p. 53-59]）、異邦人は近くて遠い存在だ。共同体に属しながら、同時に異物として排除される存在。外部にいながら、何らかの関係を共同体と保ち続ける存在。これが異邦人である。思想家・柄谷行人は言う（「交通空間についてのノート」『ヒューモアとしての唯物論』筑摩書房、一九九三年所収）。

人類学者や文化記号論者は、共同体の外にある他者（異者）について語っている。しかし、そのような異者は、共同体の同一性・自己活性化のために要求される存在であり、共同体の装置の内部にある。共同体は、そのような異者を、スケープゴートとして排除するし、また「聖なる」ものとして迎え入れる。共同体の外部と見える異者は、実は、共同体の構造に属しているのである。したがって、この意味での他者は、なんら他者性をもっていない。異者は超越者であったり、おぞましい（アブジェクト）ものであったりする。しかし、フロイトがいったように、そうした超越性は、もともと内在的なものである。

共同体の常識に浸かった人々には当たり前の現象でも、異邦人は異常性を鋭く嗅ぎ取り、病的なほどに敏感な反応を示す。フランスの政治経済構造に組み込まれ、文化を共有する旧植民地の人々。フランス人でありながら、黒い肌ゆえに異質な存在として排除され続けるアフリカ出身者やアンティル諸島の人々。根強い差別に晒されるユダヤ人。西洋を手本とし、それに追いつけ追い越せと近代化を推進してきた日本人も、西洋に近い存在として自らを規定しつつ、異なる人間としての自己像を維持する。近くて遠い状況からは屈折した心理も現れるし、現実との格闘を通して新しい価値や思想が生み出される可能性もある。

異文化に生き、周辺的存在である点は共通しても、在日朝鮮人と私は同じ状況に生きていない。彼らのように重い運命を背負うわけでもない。異国に生きる上で中国人やポーランド人であれば問題にならないことを私は悩む。ユダヤ人ならば解決済みのことが、私には大きな疑問であったりもする。しかし、彼らとの違いを自覚しながら考えてゆけば、私自身の置かれた状況が次第に明らかになるだろう。そして異邦人の意味も少しはわかるかもしれない。

# あとがき

モスコヴィッシが二〇一四年秋、亡くなった。八十九歳の高齢だったから仕方ないが、一つの時代が終わった気がする。彼の下で学んでいた頃の社会心理学はもうどこにもない。射程距離が短く、理論的躍動のない、小粒の実験研究ばかりになった。

学生として一〇年間、教員として二〇年以上、社会心理学とつきあってきた。だが、何を言っても理解されないので、同僚とは研究の話をしなくなった。貧乏人だから辞職はできない。しかし心はもう大学から離れた。数年前に『社会心理学講義』を著し、自分なりのけじめを社会心理学とつけた。フランス語ではもう書かないし、学会にも行かない。講演を頼まれてもフランスではすべて辞退している。ある若い研究者への手紙に、こう書いた。

私は大学に一応勤めているけれど、同僚と関心が離れていくのがわかります。おしゃべりするテーマがもうないほどです。権力闘争に明け暮れる人もいるし、学生のお節介が好きな人もいる。結局、同僚とは違う職業に就いていると気づきました。同じ教員なのに、違う職業というのは変な言い方ですが、私は研究者でも教員でも学者でもない。道楽で本を読み、自分の気になる問題について考え、ささやかながら文章を綴る。学生の教育には関心がなくなったし、社会心理学の研究をしようなんて思わない。ましてや大学運営、つまり会議などの雑用には興味ありません。だから社会心理学の世界では評価されないし、大学では窓際族だし、拙著を読まない同僚にとって私は研究能力のない堕ちこぼれです。それでもいい。違う職業なのだから。これ、面白い発見でした。

毎年帰国すると、中学の同級生一〇人ぐらいと旅行に出かけ、酒を飲みます。集まりはもう一〇年以上続いています。銀行員も役人も医者もいる。彼らは私よりも高給取りですが、違う職業だから比較しないし、羨ましいとも思わない。これって大学も同じです。学会で認められる論文を書いても良いし、私のように実証研究をやめて好きな本を書くのも良い。学内政治に精を出して権力を牛耳るのも良い。自分の好きに生きる。大学にいるからって、皆が皆同じことをする必要はありません。医者と弁護士は違うことをする。それと同じです。もちろん私のようなやり方では出世しない。でも、いいでしょう。出世コースを歩む道もあるし、他のやり方もある。音楽家でも画家でも様々な活動の仕方があります。そんな当たり前のことに、やっと最近気づきました。

人生の第四コーナーを回り、最後の直線コースに入った。残りの時間は有意義に使いたい。これから私のしたいこと、私のすべきこと、私にできることは何だろう。

考察対象から距離をとり、価値判断を可能な限り排除するアプローチを私は採ってきた。

「事実から当為は導けない」

これが科学の基本原則である。自然落下の法則に関して、

「万有引力などというものをニュートンが発見したせいで、財布を落としてしまった。酷い野郎だ」

とは言わない。「べき論」を離れ、人間が実際に生きている姿、社会が現実に機能する原理を探るのが、人間や社会を研究する学問の使命である。

だが、私が価値判断を括弧に入れる理由は他にある。そもそも、どう生きるべきかという問いに答えはあるのか。どのような社会が正しいのかという問いに答えはあり得るのか。

ラトビア出身の哲学者アイザイア・バーリンは二つの自由を区別した（I. Berlin, "Two concepts of liberty", in *Liberty*, Oxford University Press, 2008, p.166-217）。一つは、自ら欲する通りに行動する可能性を意味する「消極的自由」。他者の自由を阻害しない限り、各人の自由は無制限に認められる。「人を殺す自由」や「強姦する自由」も理屈上は考えられる。しかし、そのような自由は他者の自由を害するから認められない。こう理解するのである。国家権力や他者の干渉から逃れるという意味で「〜からの自由」とも呼ばれる。ホッブズやジョン・スチュアート・ミルが支持した立場だ。

もう一つの「積極的自由」は、感情や欲望に流されず、理性が命じるままに正しい行動を取ること、

つまり自律を意味する。「人を殺す自由」や「強姦する自由」は、そもそも概念として成立しない。自由の範囲を基に規定される「〜からの自由」と対照的に、理想を定立する積極的自由は「〜への自由」と呼ばれる。この立場の論者としてはカントやルソーがよく知られている。

積極的自由は消極的自由よりも優れている。そう考える人は多い。だが、積極的自由は全体主義に繋がる危険な思想だ。人間の精神的完成は、古代ではプラトンが称揚し、近代に入ってからはルソーやカントの他にも、ロベスピエール・ヒトラー・スターリン・毛沢東・金日成など多くの論者が、この理念を掲げた。宗教裁判や魔女狩りを通して中世キリスト教も〈正しい世界〉を守ろうとした。普遍的真理が存在するという信念自体が問題だ。だから、全体主義から人間を救う「異邦人のまなざし」に私は期待するのである。

本書が陽の目を見る上でお世話になった二人に御礼を申し上げたい。

「絶版になってすでに数年が経った『異邦人のまなざし』を改訂して再び世に出したい。文庫版にして、より多くの読者に届けたい」

そう願って数社の門を叩いた。ところが拙稿を後押ししてくれた編集者の尽力も虚しく、企画会議を通らず、どの版元にも扱ってもらえなかった。

私が到達した結論は誤っているかも知れない。だが、突きつける問いの意義には疑いがなかった。最後のチャンスと考え、ライフネット生命保険株式会社創業者の出口治明さんに相談した。無類の読書家として知られ、自らも多くの本を著している出口さんは前著『社会心理学講義』を取り上げ、方々で紹介して下さった。一縷の望みをかけて、お願いしたところ、祥伝社の編集者・栗原和子さんに打診していただいた。草稿を読んですぐに企画会議にかけてくれた栗原さんは、改訂版として上梓するために構成の変更を提案して下さったり、細部にわたる適切な指摘を、それも迅速にしていただいた。遅筆の私にとって、彼女の助言がどれだけ役に立ったことか。出口さんの応援と栗原さんの献身がなければ、本書は読者の手に届かなかった。私のメッセージを正面から受け止めてくれたお二人に心から感謝している。

原著の生みの親は、当時、朝日新聞社に勤めていた渾大防三恵さんである。私が日本語で初めて書いた『異文化受容のパラドックス』（朝日選書）の編集者だった。所属部署で孤立していた渾大防さんは、『異邦人のまなざし』を上梓するために、彼女の信頼する友人を介して現代書館の村井三夫氏に連絡を取ってくれた。最初の打ち合わせにも渾大防さんは付き添ってくれた。

帰国するたびに会い、酒を飲みながらお互い愚痴をこぼす仲だった。彼女は私の成長をいつも気にかけ、叱咤してくれた。渾大防さんがポーランドのアウシュヴィッツ強制収容所を友人らと訪問したついでにパリに寄った時は何を話したんだっけ。朝日新聞社近くの築地で酒をおごってもらった時の話題は何だったか。お姉さんの家に一晩泊まって、富士山の見える温泉に一緒に行った時は何を議論したのか。パリの拙宅に彼女が一週間ほど滞在し、ゴッホと弟テオが眠る墓地近くの野原を散歩した光景が甦る。素晴らしい天気だった。彼女のしわがれ声もまだ聞こえる。だが、何を話したのかは思い出せない。

パリから帰国した直後、交通事故に遭って渾大防さんは亡くなってしまった。定年退職すぐ前の不幸だった。

「会社を辞めたら、ヨーロッパにもっと遊びに来たい」

そう言って楽しみにしていた渾大防さんだった。事故直前に投函されたプレゼントが、彼女が逝った後でパリに届いた。不思議な気がした。

本書は彼女にこそ読んで欲しかった。

「ちっとも成長しないのね」

と笑うだろうか。あるいは

「少しはわかってきたじゃない」

と褒めてくれるだろうか。『異邦人のまなざし』を世に送ってから一五年近く経ち、七歳年上だった渾大防さんが死んだ年齢に私も達した。あんな編集者に出会えた私は幸せだ。

二〇一七年五月、新大統領が選ばれ、希望と不安の入り交じるパリにて

小坂井敏晶

# 現代書館版「あとがき」（二〇〇三年）

自伝などというものは、普通にはできない偉業を成し遂げた人が書くのであり、私のように平凡な教員生活に納まり、ましてや人生半ばにすぎない若造が綴るものではない。それを十分承知しながらも拙い文章を上梓するのは、異文化に生きることの意味を考える上で、私のささやかな経験が少しは役に立つと信ずるからだ。私個人の体験を超えて、異邦人が秘める創造性と豊かさを伝えられれば、これほど嬉しいことはない。

わずかながら私は異文化受容について著書や論文を発表してきた。しかしそれらはいわゆる学術書や学会論文で、異文化にまつわる現象を客観的な立場で捉える、いわば外から眺めた分析になっている。私は考察対象から距離をとり、価値判断を可能な限り排除した考察を目指しているから、私が今まで書いてきたものに人間の生き様が直接出るようなことはない。しかし社会科学としてあくまでも外から分析する態度を続けていると、人間の苦しみや痛みを本当に捉えているのかという疑問に襲われることもある。喩えて言うならば、虹が形成される物理的メカニズムを明らかにしても、そこからは虹の美しさは決して摑めないもどかしさのようなものだ。民族・アイデンティティ・差別・支配などというテーマを扱っていても、そんな疑問や空しさが時々、私の頭をかすめた。

もちろん感情や価値観を露出する本はいくらでもあり、私が何らかの役に立てるとしたら、感情の高ぶるテーマを扱いながらも、これまでのように醒めた姿勢で仕事を続けることだ。自分自身を巻き込む問題状況から出発しながらも、より一般化した次元において謎を解いてゆきたい。

これまで私は民族や異文化受容をテーマにしたり、集団とは何か、他者とは何か、人と人との絆は何に由来するのか、責任概念には論理的な根拠があるのか、人間に自由はあるのかという問題を考えてきたが、そのような考察をしながら結局は自分探しをしているにすぎない。客観的な記述をしているつもりでも、私の本音や少数派に対する思いやりがどこかに現れているし、時には気持ちが高じてきて、つい机をドンと叩くような場面も見える。

もともと私は学者になることを目指していないので、インテリのお遊びのような空しいものは書いてこなかったつもりだ。扱う問題の背景には必ず私自身の悩みや疑問が横たわっている。

テーマ選択の仕方にもそれは現れるし、自らとの対話を通して出てくる疑問とそれに対する答えとを昇華した形で書く文章の行間には、私がささやかなりとも悩んだ軌跡が読みとれるはずだ。研究者の実存に無関係なテーマで人文・社会科学の研究が可能だとは私にはそもそも信じられない。

本書はそんな心の動きの中で綴られ、異文化の問題を主観的な角度から扱った私にとって初めての試みである。このような書を世に出そうと思いついたきっかけは、一九九九年に名古屋の予備校河合塾で「異文化に生きる」というタイトルの下に行なった講演だった。また異文化と創造性について述べた部分は、やはり河合塾で二〇〇一年に行なった講演「創造的発想への扉」が基になっている。私に声を掛けてくださった山田伸吾および杉山俊一の両氏にお礼を申し上げる。

朝日新聞総合研究センターの渾大防三恵氏は、河合塾での講演録画を見て、本書を綴るように熱心に勧めて下さった。編集を担当していただいた現代書館の村井三夫氏に巡り会うことができたのも彼女のおかげである。不況で本が売れない時勢にもかかわらず、無名の著者の半生記を出版するリスクを村井氏は快く引き受けて下さった。お二人の力添えがなければ、本書が生まれることはなかった。心より感謝の意を表したい。

現在の私を育て本書を書かせたのはここに登場する人々だ。こんなにも多くの人々のお世話になっていたのかと、原稿を読み直して改めて気づき、驚かされた。しかし本文で氏名を伏せたのに、ここに来て名指しで感謝の言葉を述べるわけにはゆかない。それにわざわざお礼を述べなくても私の気持ちはわかってくれると思う。

無理をして二浪を許し、東京の私立大学に送ったのに、息子はろくに勉強もせず、やめてしまった。早稲田除籍が現実のものとなった時、どんなに両親はがっかりしたことだろうか。しかし父も母もこの件では私に一言も文句を言わなかった。

父さん、母さん、そして友よ、どうもありがとう。

**小坂井敏晶**（こざかい・としあき）

パリ第八大学心理学部准教授。一九五六年愛知県生まれ。アルジェリアでの日仏技術通訳を経て、一九八一年フランスに移住。早稲田大学中退。一九九四年パリ社会科学高等研究院修了、リール大学准教授の後、現職。著書に『増補 民族という虚構』（ちくま学芸文庫）、『責任という虚構』（東京大学出版会）、『人が人を裁くということ』（岩波新書）、『社会心理学講義〈閉ざされた社会〉と〈開かれた社会〉』（筑摩選書）など。

---

**答《こた》えのない世界《せかい》を生《い》きる**

平成二十九年 八 月 十 日　初版第一刷発行
令和　五　年十一月 十 日　　第五刷発行

著者――――小坂井《こざかい》敏晶《としあき》
発行者―――辻　浩明
発行所―――祥伝社《しょうでんしゃ》　東京都千代田区神田神保町三－三　〒一〇一－八七〇一
☎03-3265-2081（販売部）　☎03-3265-1084（編集部）
☎03-3265-3622（業務部）

印刷――――堀内印刷
製本――――ナショナル製本



ISBN978-4-396-61617-5 C0030　　Printed in Japan
祥伝社のホームページ・www.shodensha.co.jp

## 好評既刊

# 仕事に効く教養としての「世界史」
先人に学べ、そして歴史を自分の武器とせよ。京都大学「国際人のグローバル・リテラシー」歴史講義も受け持ったビジネスリーダー、待望の1冊！

出口治明

# 仕事に効く教養としての「世界史」II
――戦争と宗教と、そして21世紀はどこへ向かうのか？
イスラム、インド、ラテン・アメリカ……。見えない時代を生き抜くために。世界を知る10の視点！

出口治明

# 謹訳 源氏物語《全十巻》
全五十四帖、現代語訳の決定版がついに登場。今までにない面白さに各界で話題！
第67回毎日出版文化賞特別賞受賞

林 望